成都民间博物馆里的

中国人民政治协商会议成都市委员会 编

镇馆之宝

生活·讀書·新知 三联书店

图书在版编目（CIP）数据

成都民间博物馆里的"镇馆之宝" / 中国人民政治
协商会议成都市委员会编 . -- 北京：生活·读书·新知
三联书店，2025. 8. -- ISBN 978-7-108-08057-8

Ⅰ . K872.711

中国国家版本馆 CIP 数据核字第 2025BN2329 号

责任编辑　张　惟
装帧设计　徐俊霞　王玲芳
责任校对　张　睿
责任印制　宋　家
出版发行　生活·讀書·新知 三联书店
　　　　　（北京市东城区美术馆东街 22 号　100010）
网　　址　www.sdxjpc.com
经　　销　新华书店
印　　刷　天津裕同印刷有限公司
版　　次　2025 年 8 月北京第 1 版
　　　　　2025 年 8 月北京第 1 次印刷
开　　本　787 毫米 × 1092 毫米　1/16　印张 27
字　　数　200 千字　图 235 幅
印　　数　0,001－2,500 册
定　　价　161.00 元
（印装查询：01064002715；邮购查询：01084010542）

序

1914 年 6 月的一天，在成都华西坝，华西协合大学理学院教授戴谦和将一件校钟放进了学校的储藏室。这是成都乃至中国西南地区的第一座博物馆——华西协合大学博物馆（今四川大学博物馆前身）的第一件藏品，也由此展开了成都与博物馆的故事。

成都是古蜀文明的重要发源地，是天府之国的中心，有着世界罕见的"3000 年城址不移，2500 年城名不改"的历史特征。古蜀文明与天府文化为这座城市带来了丰厚的文化遗产，也将"博物"的基因融入城市的血脉之中。

对于一座城市而言，博物馆的意义多元而丰富——它是一所知识丰富的学校、一张不断更新的名片、一个别开生面的会客厅。从 1914 年成都第一座博物馆诞生至今，博物馆不仅是成都历史的见证者和文明的传承者，也与城市一同生长，成为城市更新发展的参与者。

目前，成都的博物馆总数位列全国所有城市的第二位，其中非国有博物馆的数量居全国第一。如果说国有博物馆写下了成都的通史，那么一座座民间博物馆，就如同一颗颗璀璨的明珠，点缀着成都历史的一个个生动的瞬间。

2024 年，成都市政协围绕"挖掘利用巴蜀民间文博资源，进一步激发成渝地区双城经济圈消费活力"开展调研，对成都民间文博资源进行了系统、全面的梳理与研究。市政协集思广益，采撷华章，编撰了这本《成都民间博物馆里的"镇馆之宝"》。

"镇馆之宝"通常指博物馆中最珍贵、最具代表性的藏品，它不仅代表博物馆的收藏实力，还蕴含着独特的历史、文化和科学价值。作为国有博物馆的补充，成都民间博物馆里的"镇馆之宝"可谓包罗万象，涵盖了生物、自然、金石、玉器、陶瓷、美食、书画、非遗、工艺、家风等多个领域，甚至有的博物馆建筑本身就是一件"镇馆之宝"。或许仅从藏品价值而言，大部分民间博物馆里的"镇馆之宝"无法与国有博物馆里的"镇馆之宝"相媲美，但它们仍从不同侧面向公众展示了成都历史、文化的万千气象。

本书聚焦成都民间博物馆里的 90 件"镇馆之宝"，这些藏品均由成都民间博物馆申报后遴选产生。我们在编撰本书的过程中，深感这 90 件"镇馆之宝"无法代表成都民间博物馆的全貌，更觉民间博物馆里的"镇馆之宝"仍旧"养在深闺人未识"。希望它们及其背后的故事能够成为奉献给读者的文化食粮。

编委会

2025 年 2 月 18 日

目录

地 质 时 代

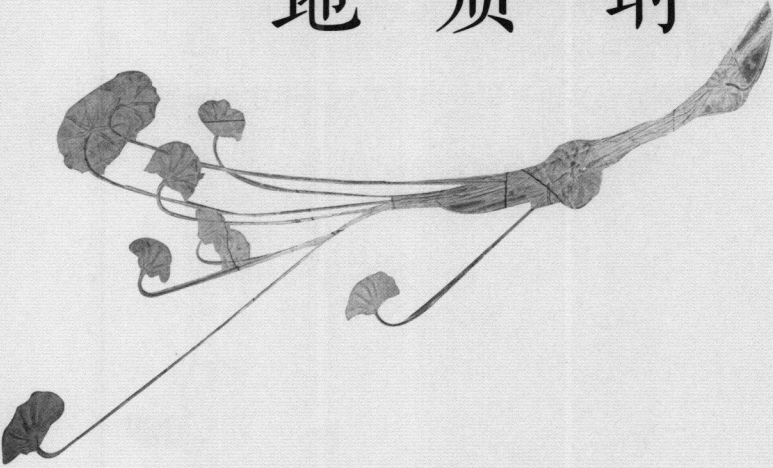

Geological Epochs

⊙ 一株 105 平方米的三叠纪海百合，是中国最大的单株海百合化石；

⊙ 一只 1.65 亿年前的蚂蚁和一只 1.45 亿年前的蜜蜂，堪称世界蚂蚁、蜜蜂的始祖；

⊙ 一面"蛙墙"，上面有 105 对三燕丽蟾化石标本，是中国已发现数量最多的蛙化石标本；

⊙ 一只新生代的巨犀，生前重量约为 15 吨，是中国已发现装架最大的巨犀骨架化石；

⊙ 一截晚更新世的乌木，原长 55 米，堪称乌木的老祖宗；

⊙ 一条来自侏罗纪、长 39.8 米的巨大恐龙，是中国已发现最长的马门溪龙标本。

中国最大的单株海百合化石
2.2 亿年前生命演化史诗

文 | 杨立

海百合，这个颇具诗意的名字，容易让人误认为它是一种植物。事实上，海百合并非花朵，而是一种古老而原始的海生动物，它诞生自以亿年为计数单位的远古时期。海百合身形优美，体态婀娜，随着海水的流动翩跹起舞，在蔚蓝的波光中摇曳，宛如朵朵盛开的百合花，所以被形象地称为"海百合"。

海百合的结构由冠、茎、根 3 个部分组成，生物构造表面上与植物相似，但依然属于动物范畴，似花而非花。根据生物学分类，海百合属棘皮动物门海百合纲，现代的海星、海胆、海参等都是它在海洋里的远房"表亲"。

令人遗憾的是，经历了亿万年沧桑的地质变迁，大部分种类的海百合已经灭绝，只有极少数量以化石形态保存在岩层里，成为无比珍贵的地质遗迹。一块块沉默的标本，也曾是一只只鲜活的生物，展示了远古生物世界的繁荣。

在崇州天演博物馆中，收藏了这样一块从时空深处款款而来的海百合化石。这只保存于 2.2 亿年前晚三叠纪黑色页岩（或泥灰岩）里的生物，创造了全新的纪录。其总面积可达 105 平方米，是迄今为止发现并修复的单体面积最大的海百合化石。一般而言，

105平方米的海百合化石，是迄今为止此类化石中被发现并修复的单体面积最大的

海百合冠部极难留存为化石，在地层中保存最多的是被海水打散的海百合的茎部，而它保存如此完整，体型如此硕大，细节如此精致，举世罕见。

乍眼一看，这个海百合不像盛开的百合花，而更似一轴在石头上雕琢出来的百荷图，有着栩栩如生的枝叶。它们生长在一根早已硅化的树干上，大大小小的叶子，或舒展，或微卷，或倾斜，亭亭玉立于凝固的岁月里，任由时间的风吹拂而过，展现昔日的美好。

这一整块精美的海百合化石，从贵州关岭远道而来。它的发掘地位于贵州省西南部关岭县，此地紧邻黄果树瀑布景区，被崇山峻岭环绕着，广泛发育了完好的三叠纪地层，成为全省乃至全国古生物密集分布地之一。近百年来，从著名地质学家乐森珣20世纪20年代末在关岭地区首次发现海百合化石开始，地质工作者不断在新铺乡一带约 2.2 亿年前的晚三叠纪地层中挖掘出了大量规模庞大、种类丰富、形态精美的古生物化石，其中以保存完好精美的海生爬行动物和海百合化石为最。这一罕见的珍稀生物群震惊了世界，被学术界命名为"关岭生物群"，更被古生物专家誉为"全球晚三叠纪独一无二的海生爬行动物和海百合化石库"。关岭地区海百合化石资源丰富，但属种单一，仅有一根"独苗"，即创孔海百合。

海百合为群居动物。长期以来，具有根茎结构的海百合被认为是浅海底栖动物，但关岭生物群中创孔海百合的发掘改变了这一观念。它们为了更好地获取食物，主动适应环境，从底栖到浮游，将自己的根部固着于漂浮的木头上，身体倒悬在水中，宛如一片"海百合森林"，在海洋中随波逐流，过着居无定所的浮游生活。由此，它们增强了觅食能力，扩大了生存范围，迅速占领了当时的特提斯海域。

在天演博物馆里，所有完整的、精美的海百合化石标本，都属于创孔海百合，采集自蜚声中外的关岭生物群。参观者很容易发现，这些海百合化石的根部都连着树干，那是判别它们生活方式的证据，也许又不禁要问，为何贵州关岭会生长着规模庞大的海百合？又为何海百合突然在三叠纪晚期走向灭绝？答案就写在

海百合化石是天演博物馆的一大特色，这株海百合如同一束花朵

看似普通的岩石里面。

在早、中期的三叠纪，关岭地区在构造古地理上属扬子海盆西南缘活动外陆棚地带。受印支运动和全球海退的影响，除了云黔桂交界处南盘江等地还是一个与特提斯洋相通的海盆（南盘江海）外，贵州的其余大部分地方已经隆升为陆，而南盘江断裂则继续扩展。关岭地区就位于南盘江断裂西北部，残留着一湾靠近陆地的浅海，为关岭生物群中各类动物的形成和发展提供了便利。这段时期的海洋水体平静，气候温暖潮湿，岸上的植物繁茂生长，大小的河流欢快奔腾，将富含营养的有机质注入大海，海百合等生物也因此有了食物保障。到了晚三叠纪初期，随着海侵扩大，海水加深，这里成了相对滞留的海湾（盆地），有机质过度存贮，诱发了海水缺氧和咸化事件。生态环境恶化，标志着关岭地区不再适合海百合等生物生存，直接导致了大量海洋生物的集群灭绝。

从天堂到地狱的转换，取决于地质变迁的"乾坤大挪移"。海百合死亡后，尸体缓慢地沉入海底，在稳定的海水和缺氧环境下没有被冲散的，得以以完整状态下沉到海底，经复杂而漫长的沉积成岩作用，变成罕见的黑色岩系化石库。

埋藏着化石的岩层，好像存储地球发展史的时空"U盘"，其中的石头"文件"客观记录了丰富的地质信息。大地的裂痕间，石头的纹路里，生物的标本中，无不镌刻着破解生命演化的密码，包括创孔海百合的生长与死亡。然而，物竞天择的永恒定律，只筛选出更适应环境的生物留存下来并繁衍至今。创孔海百合虽然已成为历史，但据统计，目前全球还有800余种海百合生活在海洋里，续奏着顽强不息的生命赞歌。

世界上最早的蚂蚁化石

恐龙时代的《昆虫记》

文 | 赵力

昆虫是高等陆生节肢动物，约出现在距今 4.2 亿年前，最初是细小、无翅的地面动物，其祖先可以追溯到类似蜈蚣和马陆的水生节肢动物，后来逐渐演化出翅膀。今天，昆虫已经是地球上最繁盛的动物类群，已知种类超过数百万种。

在地球漫长的历史中，曾经生活过无数的昆虫，它们的生活痕迹或遗体，会被泥沙掩埋起来。在随后的岁月中，这些昆虫遗体中的有机质分解殆尽，外壳等坚硬的部分与包围在周围的沉积物一起变成了石头。

众所周知，在化石过程中，昆虫的钙化能力很弱，与大型脊椎动物相比，存世量很少。而蚂蚁化石就更少了它们过小的遗骸在地质记录中很难留下痕迹。

成都华希昆虫博物馆保存的诸多昆虫化石中，堪称"镇馆之宝"的是一件 1.65 亿年前的蚂蚁化石，它比美国考古学家在亚马孙雨林发现的原世界上最早的蚂蚁化石还要早 4500 万年。根据哈佛大学蚂蚁专家推断，现代蚂蚁起源于 1.68 亿至 1.4 亿年前。因此，这件化石是世界上所有现存蚂蚁的鼻祖，是进化链的开始部分。

这块蚂蚁化石是在内蒙古自治区宁城县被发现的，保存在火山沉凝灰岩中，当时该地分布大小不同的大量湖泊，而周边存在火山。在一次火山喷发中，湖边植物上活动的蚂蚁被热死后落入湖中，火山灰迅速将它埋葬，形成非常细腻的沉积，使它得以保存下来。后来经过漫长的地质作用，又幸运地被古生物学家发现。

很少有人知道，黄蜂被认为是蚂蚁的祖先。随着时间的推移，黄蜂族群逐渐演化出复杂的社会结构和分工系统，变成了今天我们所见的蚂蚁。据现代形态科学分类，世界上已知蚂蚁种类有14125种，中国的蚂蚁种类超过600种。除了地球的两极和高山的雪线以上极寒冷区域，蚂蚁几乎遍布陆地上的各个角落。

蚂蚁是膜翅目蚁科昆虫，它们形体小，头部较大，拥有一对复眼和长触角，腹部呈卵形，体色多样，包括黑、白、黄、赤、褐等多种颜色。它们具有典型的社会性群体特征，包括相互合作照顾幼体，有明确的劳动分工以及子代在一段时间内照顾上一代。蚂蚁通常在春夏季繁殖，雨后初晴时巢内出现大量有翅雌蚁和雄蚁，工蚁可生存几星期或1—2年，蚁后则可存活几年甚至10年以上。

科学家们曾经做过一个大胆的推测，全地球大约有十千万亿只蚂蚁，占地球动物总数的四分之一，也就是说，平均每4只动物中便有1只是蚂蚁，堪称地球上最常见、数量最多的一类昆虫。蚂蚁在自然界的作用也非常重要，它们能够改良土壤结构，提高土壤肥力，分解有机质，扩散植物种子，部分蚂蚁种类还具有食用和药用价值。

昆虫化石是成都华希昆虫博物馆的一大特色，馆中收藏的昆虫化石达数千块，包含17个目，上百个科，年代在侏罗纪时代，距今大约1.65亿到1.4亿年前，几乎涵盖了我国已经发现的所有昆虫化石类群。这些化石中有不少保存得相当精美，蜻蜓的薄翼、

这块 1.65 亿年前的蚂蚁化石，向观众展现了蚂蚁的始祖的样子

蝎蛉的细嘴、甲虫鞘翅上的花纹都清晰可见，甚至蚂蚁的刚毛在显微镜下也根根分明，令人叹为观止。

从这些化石可以看出，在恐龙称霸的侏罗纪，昆虫种类也在大发展，除了之前就已经出现的蟑螂、蜻蜓和甲虫，蜜蜂和蝇类也第一次出现在地球上。通过对这些昆虫化石的研究，我们会发现生命之道的"大道至简，大智无声"，一些结构看似简单的昆虫，可以生存上亿年而无须改变，它们中有不少一直生存到今天，有的几乎和它们的后裔一模一样，如沫蝉和蜻蜓，它们的花纹和翅脉就几乎没有变化，可见进化得多么成功！

来自 1.65 亿年前的那只蚂蚁，与博物馆中珍贵的昆虫化石，让我们有机会与穿越亿万年的光阴，来自恐龙时代的小精灵面对面。在这些石头里，隐藏着一个个远古的《昆虫记》故事。

世界上最早的蜜蜂化石

谁为第一朵花传粉

文 | 赵力

1998 年，一个由中国和美国植物专家合作的研究团队宣布，从中国辽宁省 1.45 亿年前的侏罗纪晚期地层找到了世界上的"第一朵花"——辽宁古果。虽然科学家没有发现花的本体，而是从一块化石里发现的豆荚形状果实做出推论，但也足以让学术界震惊，因为果实只能由花形成——找到了最古老的果实就意味着存在最古老的花。这个消息吸引了美国、英国、日本等 20 多个国家的近百家新闻媒体蜂拥而至，并纷纷以"世界上最古老的花在中国"为主题报道了这一重大发现。

但是，当"最古老的花在哪里？"这一曾经令达尔文困惑并将其称为"一个讨厌的谜"的谜底被揭开时，研究者却忽视了第一朵花的花粉是如何被传播的。

众所周知，花的传粉分为自花传粉和异花传粉，而异花传粉有风媒和虫媒两大类。那么，世界上第一朵花是通过昆虫传播花粉的吗？ 2012 年 2 月，辽宁省朝阳市，也就是第一朵花发现地，一位化石收藏家向研究团队提供了一批他收藏的化石照片，照片里有两件辽宁古果的化石，其中一件的植株非常清楚、完整，一起出土的还有些昆虫化石。从照片上可以清楚地看出，

这只体长7毫米的小家伙，体积只有现代蜜蜂的大约五分之一，却是世界蜜蜂的始祖

古果和昆虫化石是在同一地层被发现的，都来自火山灰形成的沉积岩，是一次意外的火山爆发，将这些昆虫和古果同时埋藏，使它们一起成为化石。

研究发现，这批昆虫化石主要是蜡蝉、蜉、金龟子等以植物为食的昆虫，火山爆发前，这里显然是一片热闹的昆虫世界。一只昆虫尤其特别，它体长7毫米，只有现代蜜蜂体积的大约五分之一大，却具备现代蜜蜂的基本特征，除了比现代蜜蜂更多的腹部分节和较细的腿体现了远古昆虫的特征，其他特征都和现代蜜蜂相似，尤其是那对翅膀和触角，与现代蜜蜂几乎如出一辙。

这只小小的蜜蜂化石，就是一只蜜蜂始祖，如今存放在华希昆虫博物馆的库房中，堪称"镇馆之宝"。

大量科研资料证明，在漫漫进化路上，蜜蜂与花一直是协同进化的。蜜蜂为被子植物进行异花传粉，帮助它们实现基因转移，使植物不断发生遗传变异，在不同环境条件影响下，形成新的物种，实现了地球上被子植物的遗传多样性。世界各地发现的化石证明，被子植物在进化的过程中，花朵由小变大，外形逐渐多样化。蜜蜂为适应花朵的变化，在形态和结构上也发生了相应变化——身上的绒毛由稀变密，由短变长，得以使更多的花粉粘在身上。为了收集更多花粉，后足上逐渐进化出便于携带花粉的花粉筐，口器进化为

嚼吸式，有利于吸取花蜜。这只与古果同时被发现的蜜蜂体型正好适合可能也同样微小的古果花朵，它的身体上没有明显的绒毛，也与蜜蜂进化研究的结论相吻合。作为一个实物证据，它验证了许多科学预言的正确性。

那么它是不是最早的蜜蜂呢？关于蜜蜂的起源，学术界众说纷纭，欧美大多数科学家根据基因研究推测认为，蜜蜂最早出现于 1.2 亿年前的非洲，但是以往发现蜜蜂化石的最早记录也只是在 7000 万—6500 万年前。2006 年，美国俄勒冈州立大学的专家在缅甸北部的一个矿井中发现了一只嵌在琥珀中的蜜蜂，把蜜蜂的历史又向前推进了 3500 万年。而眼前的这只蜜蜂化石与辽宁古果一样，来自 1.45 亿年前！北京自然博物馆的专家几乎在辽宁古果面世的同时，就提出过根据世界范围内已知的蜜蜂化石的地史分布，古地理变迁，发展阶段以及其共生的动、植物化石等资料，推测蜜蜂起源于 1.3 亿年前的华北古陆。2009 年，又有人在《中国蜂业》杂志上一篇纪念达尔文 200 周年诞辰的文章中提出，按照食物链中蜂与花始终协同进化的规律，推测蜜蜂可能在辽宁古果后开始出现。这块蜜蜂化石的发现显然为这些推测提供了最有力证据。

那么，除了蜜蜂，还有昆虫可能为世界上最早的花传粉吗？这批化石中一只体长同样为 7 毫米、比蜜蜂化石保存更加清晰完整的虻化石，也应是候选者之一。它和现代喜欢访花的虻类外观极为相似，它和蜜蜂一起，带引我们来到这样一片景象前：1.45亿年前的北方大地上，郁郁葱葱的古果类植物丛中，体型娇小的远古蜜蜂和访花虻类一起，在庞大的恐龙脚边穿梭来去，为世界上最早的花传粉而忙碌着……

三燕丽蟾墙

1.25 亿年前的"蛙声一片"

文 | 杨立

"稻花香里说丰年，听取蛙声一片。"

在这首名叫《西江月》的宋词里，辛弃疾记录的是宋朝的蛙声，自带乡野之趣，表达了丰收的喜悦。那在生命演化的历史长河中，亿万年前的"蛙声"又是怎样的？

或许可以从天演博物馆珍藏的"蛙墙"上探寻奥秘。所谓蛙墙，是一块蛙类化石标本，学名为"三燕丽蟾化石墙"，挖掘于内蒙古自治区莫力达瓦达斡尔族自治旗地区，是中国目前发现保存化石最密集、化石数量最多的蛙化石标本。它保存了 105 对三燕丽蟾化石、3 只满洲龟化石及少量的植物化石，是十分完整且珍贵的化石标本。令人称奇的是，"蛙墙"是一面整块岩石，通过专业剥离得到了两面正负模化石墙，呈对称方式展现了远古蛙类的生命风采。

三燕丽蟾是古两栖类生物，主要生活在 1.25 亿年前的白垩纪，与恐龙共生。"三燕丽蟾"作为动物种属名称，其命名是有章可循的，"三燕"即古生物化石最先出土的地方——辽宁省朝阳市。在十六国时期，前燕、后燕、北燕三个地方割据政权，先后定都于龙城（故址在辽宁朝阳），故以"三燕"为地名代称，所以"燕"

应念一声。而"丽蟾"一词单独使用时，指的是化石种属。"丽"在此处不能解读为美丽，而是表示化石的精美和完整的保存状态。事实上，从三燕丽蟾的现存近亲长相推测，它们应该也是其貌不扬的，可以将其理解成一种来自远古的"癞蛤蟆"。

在动物分类学上，两栖动物中的无尾两栖类习惯被广义地称为"蛙类"，当然也包括青蛙和蟾蜍。相关化石证据表明，蟾蜍是青蛙的先辈，那么三燕丽蟾算得上是现代青蛙的老祖宗。

三燕丽蟾来自举世瞩目的世界级古生物化石宝库——热河生物群。热河生物群被誉为 20 世纪最惊人的古生物发现之一。这个繁盛于中生代晚期的生物群，以其化石数量特别丰富、保存精美完整而扬名，发现了早期鸟类、长羽毛的恐龙、原始哺乳动物、早期被子植物等大批珍贵化石，如狼鳍鱼、孔子鸟、中华龙鸟等。在我国境内，热河古生物化石的分布范围主要包括辽宁省、河北省和内蒙古自治区。

三燕丽蟾化石是我国已知最古老的蛙类化石。20 世纪 90 年代末，中国科学院古脊椎动物与古人类研究所的侯连海教授在辽西地区野外对热河生物群进行系统性发掘，并在朝阳市北票县（现北票市）四合屯意外发现了一块保存完好的无尾类骨架化石。经过王原、高克勤等学者数年的研究，摸清了该化石的产出地点、层位、地质古生物信息，并将其鉴定为新属新种，归入盘舌蟾科，定名为"三燕丽蟾"。这块蛙类的化石标本看似平平无奇，却是中国乃至东亚首次发现的中生代蛙类化石，被地质学家确定为中国第一件盘蟾类化石及亚洲盘蟾类最早的化石记录，为研究现代两栖动物的早期演化和迁徙提供了重要参考。由于三燕丽蟾标本保存了较为完整的化石信息，古生物学家可以借此复原其生物形态和生活特性。三燕丽蟾正型标本骨骼从吻端到臀尖的距离为 94 毫米，是一只体长约 10 厘米的中型蛙类，与现代蛙类骨骼相近。

这面三燕丽蟾化石墙，保存了105对三燕丽蟾化石、3只满洲龟化石及少量的植物化石

再根据肠骨和后肢特征分析，它还具有较强的跳跃能力。

一般而言，水陆两栖的蛙类很难被保存为化石，其一是因为蛙类骨骼本身比较细弱，容易被天气、气候等因素破坏；其二是由于蛙类生长环境相对潮湿，蛙类动物死亡后，遗体未被掩埋之前就腐烂了。在辽宁西部地区的热河生物群中生代地层中，竟然能够发现保存如此完整、骨架如此精美的蛙类化石，不得不说是一个奇迹。

在天演博物馆，这两面无比壮观的蛙墙完美复原了那个热闹鲜活、多姿多彩的生命场景。上面的三燕丽蟾化石形态各异、栩栩如生，有的在水中游泳，有的在陆地活动；有的在跳跃捕食，有的在安静避敌。如果是在春夏，或许还会轻奏小夜曲，用此起彼伏的鸣唱，表达对于爱情和繁衍的无限渴望。它们微小又伟大的生命，记录了诞生、发育、繁盛、死亡、埋藏和石化。

学者研究发现，白垩纪早期为热河生物群生长的繁茂时期，辽西一带淡水湖泊星罗棋布，气候相当湿润，适合各类生物繁衍生息。随着地壳运动，板块与板块之间发生碰撞与挤压，辽西地

一场突如其来的灾难，将这些三燕丽蟾封存在化石中

区发生了大规模、高频次的火山活动，有毒的气体和气溶胶、遮天蔽日的火山灰和快速恶化的气候环境，造成许多动物中毒或窒息，最终导致包括三燕丽蟾等在内的脊椎动物突发性集群死亡。

在岩层里，三燕丽蟾被尘封为化石，穿越了时空的沧海桑田，变成永恒的遗迹，在实验室里，在博物馆里，发挥着重要的科研价值。这一片"蛙声"，没有欢乐可言，更多是哀鸣之声，是死亡来临前的绝响，有着深深的亡家之痛，不禁令人扼腕叹息。它们在生命的最后，目睹繁茂的家园被毁灭，被围困在1.25亿年前的灾难中，唯有静静等待死亡降临。在那个天塌地陷的至暗时刻，新旧世界开始过渡，新旧秩序开始更替，新生代的生命演化大戏即将上演。

巨犀崛起

新生代世界上最大的陆生哺乳动物

文 | 杨立

　　犀牛，自古就是瑞兽，在我国传统文化中，历来有"石犀镇水""犀牛望月""拔犀擢象"等美好说法。尤其是唐代诗人李商隐吟出"心有灵犀一点通"之句，更为犀牛增添了几分神秘。作为大型哺乳动物，犀牛如今只能偏安一隅，主要分布在赤道两侧的热带和亚热带地区，黑犀、白犀、苏门答腊犀、爪哇犀和印度犀等，大多都被列为濒危动物，随时面临灭绝的风险。研究表明，犀牛拥有5000多万年的演化历史，是奇蹄目中最大的类群，具有最高的生态多样性，可谓枝繁叶茂。而着眼现在，"牛"丁凋零，令人唏嘘！

　　在犀牛家族族谱中，曾有一种是十足的"显眼包"，那就是号称地球上生存过的最大的陆地哺乳动物——巨犀。据估算，一只完全成年的巨犀，体重可达24吨，相当于8只现代犀牛的体重总和，是继恐龙之后，在新生代崛起的史前霸主。可巨犀依然逃不过史前生物的宿命，最终全部走向灭绝，湮没于地质历史的长河之中。幸好还有一块块化石标本，碎片式地留存了那个时代的动物乐土，重现了一段独属于巨无霸的光辉岁月。

　　在以收藏古生物化石著称的崇州天演博物馆，就陈列了这样

巨犀标本体长 9.6 米，竖立起来肩部高度可达 5.3 米，推测体重约为 15 吨，是迄今国内装架最大的巨犀骨架化石标本

一具巨犀化石标本。它无声地讲述着那场关于生存与毁灭的家族往事。这具化石生前所处的时代在约 3000 万年前的渐新世，发现地为宁夏回族自治区灵武市，它被定级为重点保护化石。标本体长 9.6 米，竖立起来肩部高度可达 5.3 米，头骨长而低，长 1 米左右，推测体重约为 15 吨，化石含量高达 80%，是迄今国内装架最大的巨犀骨架化石标本。

巨犀的家乡灵武，挖掘出了不少新生代哺乳类动物化石。早在 1956 年，著名古生物学家杨钟健院士等人就在灵武清水营发现了渐新世巨犀动物群化石，他在论文《甘肃灵武渐新世哺乳类动物化石》中描述道："清水营这个动物群最有代表性的动物自然是俾路支兽……这些动物生活的环境应当是湖沼地区及边沿的原野。但是渐新世的湖沼可能比现在多一些，分布广一些，而气候无疑是更湿润一些。"文中的"俾路支兽"，其实就是指巨犀。

古生物学家研究发现，巨犀生活在距今约 4000 万至 2100 万年前的古近纪和新近纪，在中新世早期完全绝灭。在这 2000 多万年中，它们一共演化出了 6 个不同的属，包括始巨犀属、额尔登巨犀属、巨犀属、准噶尔巨犀属、咸海巨犀属、吐鲁番巨犀属，陈列于天演博物馆的那具巨犀化石的归类为准噶尔巨犀属。

巨犀之"巨"，向来都是一个值得探索的话题。近年来，长期从事晚新生代哺乳动物研究的中国科学院古脊椎动物与古人类研究所邓涛研究员及其团队，以宁夏灵武清水营组发现的准噶尔巨犀为样本，推算出了包括准噶尔巨犀在内的多种巨犀的体重。其中，原始的沙拉木伦始巨犀体重约为 1.5 吨，而进化的准噶尔巨犀体重则超过 20 吨。不得不羡慕，它们的生活是多么滋润精彩。

巨犀家族的体型在发展演化中变得如此庞大，到底何故？主要还是与地质变迁、生活环境、生活习性等因素有关。邓涛团队研究发现，在灵武巨犀化石产地的地层中，发育着厚度超过 5 厘米的石膏层，足以表明当时的气候环境相对干旱。根据古生态重建，渐新世中亚地区的年平均气温在 10—20 摄氏度之间，广泛分布着温带阔叶林、灌木和稀树草原，非常适合繁衍生息。作为素食主义者，特别是以准噶尔巨犀为代表的巨犀主要以高处树枝上的嫩叶为食。适宜的气候、开阔的地盘、充足的食物、悠闲的生活，加之没有天敌威胁，长"胖"自然而然。

后来，随着青藏高原剧烈隆升，巨犀家族的生存环境发生翻天覆地的变化，适合巨犀生存的稀树草原环境渐渐被干旱荒漠或者茂密森林取代，由于躯体耗能较多，食物却严重短缺，导致巨犀家族在渐新世末期走向了灭绝。在渐新世晚期，大型巨犀相继灭绝，而体型较小的一属——吐鲁番巨犀，成为巨犀家族最后的

巨犀是在地球上生存过的最大的陆地哺乳动物

落日余晖。它们的消失，标志着这场生物演化大戏已经悄然落幕。

巨犀家族从诞生到兴盛，从兴盛到衰落，从衰落再到灭绝，不过是亿万物种都经历过或必将经历的一种循环往复。回望地质发展史，地球上已经经历了 5 次生物大灭绝，无数次的消亡在进行，无数次的重生在上演。物种的兴衰更替，都在印证"物竞天择，适者生存"这一演化铁律。如果说死亡是一种公平的程序，那么物种灭绝也是一种必然的筛选。巨犀家族，是时空交错后的惊鸿一瞥，是造物主心有灵犀的安排。

乌木老祖宗

四川盆地的岁月流转

文 ｜ 王国平

　　一说到乌木，人们往往会想到它稀世罕见，不易一见。其实，对成都人来说，乌木就在身边。四川盆地出土了大量乌木，成都也被誉为"乌木的家乡"。因此，在都江堰市遇见成都乌木艺术博物馆也就一点都不意外了。

　　游客未进博物馆，就会被门口太极广场中的天然乌木林所吸引。经过岁月侵蚀的乌木错落有致，与周围的绿水青山遥相呼应。博物馆拥有乌木藏品 2369 件（套），是中国首家研究乌木文化、对乌木实施挖掘和保护的民间博物馆，馆藏乌木数量和种类堪称世界之最。它由艺术家卢泓杰于 2000 年创办，2008 年落户于山清水秀的玉堂街道。

　　在博物馆里闲庭信步，仿佛回到了遥远的晚更新世。13000平方米的展厅里，巨大朴拙的原态乌木让人震撼，巧夺天工的艺术作品让人惊叹。

　　博物馆分为两期，一期展馆以扇形按《河图》《洛书》《八卦》巧妙布局，呈现"建木天梯""生生不息""巧夺天工"三大主题。二期展馆有 6 个展厅，"乌木老祖宗"就被陈列在这里。这段乌木原长 55 米，根部直径 2.3 米，重百余吨，据检测属桃金娘科，

乌木原长 55 米，根部直径 2.3 米，是晚更新世的巨大标本。目前展示的只是它的一部分，长度为 14 米

为 8 万能年前的古生物，仅埋藏年代就距今 4 万年以上，是晚更新世的巨大标本。目前展示的只是它的一部分，长度为 14 米。由于年代久远，部分木质已石化，演化成木石并存的奇妙现象。用手轻触，木质部分软糯似泥，石质部分坚硬如铁，让人不得不惊讶并感叹于大自然造物之神奇奥妙。成都理工大学刘兴诗教授、王兰生教授认为："该标本巨大，木石并存，举世罕见，十分珍贵，其价值不可估量，为第四纪晚更新世间冰期标本……具有极高的科研价值和保护意义。""该乌木的发现可能对四川盆地生态特殊性、地球生态未知领域，带来划时代之科考价值。"

"乌木老祖宗"的发掘还有一段故事——它来自成都平原与攀枝花大裂谷交接处的段马山河的一条古河床中。1958 年后，附近村

民先后发现这段乌木，但是由于它被河道沙石覆盖，并未引起太多注意。1985年夏天，人们惊奇地发现那段乌木在白天会发出闪闪金光，于是称它为"金光木"；又因其树体粗黑，形似大龙，亦称其"大黑龙"。因体积太大，以当时的技术难以发掘，于是以卵石回填。2004年，成都乌木艺术博物馆前往实地考察，历经4年发掘，这段当地人口耳相传了半个世纪的"金光木"终于重见天日。

成都乌木艺术博物馆里藏品丰富，其中还有被誉为"团结根"的"万根同心太阳神"，1996年出土于成都，是一个体积庞大、直径7米、重约8吨的完整古树根。工人们用了3年时间才将其从河底发掘出土，经碳-14法测定其埋藏年代距今7300年左右，树根圆形中空，根茎线条呈发射状向四周延展，犹如太阳散发出的万丈光芒。

乌木，又名阴沉木，是一种特殊的炭化木，唐代苏鹗《苏氏演

万根同心太阳神直径 7 米，重约 8 吨

义》称其为乌文木，记述它："其质坚实，老者色纯黑，多以制箸及烟管等物。"清代李调元《南越笔记》云："乌木，琼州诸岛所产，土人折为箸，行用甚广。《志》称出海南，一名角乌，色纯黑，甚脆。有曰茶乌者，自番舶，质坚实，置水则沉。其他类乌木者甚多，皆可作几杖。置水不沉，则非也。"

乌木的形成至少需要 3200 年，实质上是植物体在埋藏状态下的一种炭化过程，与泥炭的生成类似。地层变动、地震、洪水和泥石流的冲击，将生长在森林里的树木急速冲埋于地下，天长日久成为炭化木。乌木在中国分布较广，而四川省尤多。四川盆地四面环山，中间就像水库，挖地三尺即见水源，埋入古河床低洼处的部分树木在成千上万年的缺氧状态、高压环境和细菌微生物的共同作用下，植物纤维和环境中的水分子、地层中的碳分子不断置换，最终炭化而成千年不腐、不生不死的乌木。

如此说来，一件件乌木既是艺术品，也是开启史前文明、解读古蜀文化的钥匙，它们带领我们走进悠悠岁月，帮助我们梳理这片土地上的岁月流转和沧海桑田。

天演枝明龙

马门溪龙家族中的王者

文 │ 杨立

　　在成都市崇州市工业园区一片并不起眼的厂房里，藏着一家自然类博物馆——天演博物馆。10 余种 20 具恐龙化石标本被陈列在这里的恐龙世界展厅，其中有一个脖子细长、昂首阔步的庞然巨物，似乎要把游客带到电影《侏罗纪时代》中去，这便是天演枝明龙。"天演"取博物馆之名，是《天演论》之"天演"，可理解为生物进化；而"枝明"则是取恐龙专家董枝明之名，以纪念他在恐龙研究领域取得的成就。

　　与周围的小型恐龙化石标本相比，天演枝明龙化石标本具有碾压性的体型优势，可谓独领风骚。它的骨骼粗壮，四肢有力，长长的脖子上有颗小小的脑袋，掌控身体的活动。标本全长 39.8 米，高 15.6 米，足宽 2.4 米，其中最大尾椎长度可达 1.2 米。这具标本保存有 11 节颈椎、4 节背椎、42 节尾椎，化石含量达总骨骼的 33%，是目前已知最大装架的马门溪龙化石标本。

　　这条恐龙的故乡在千里之外的新疆奇台，其化石的发现，与百年前的一次科学调查有关。

　　民国十六年（1927 年）春天，中国、瑞典双方多次谈判协商，在北京正式组建中瑞西北科学考察团，一同前往中国新疆、内蒙古、

天演博物馆堪称恐龙的世界

甘肃等地开展野外调查和科学研究。这项工作由瑞典学者斯文·赫定和中国学者徐炳昶共同主持，当时正在清华大学兼职讲师的袁复礼（1893—1987）被幸运地选中，成为中方派出的 5 名学者之一，全程参与科学调查工作，后还长期任中方代理团长。

这是一场历时约 7 年的漫长调查。1930 年 12 月，正是新疆天寒地冻的季节，袁复礼率队在天山地区奇台县北 77 千米处，一个名叫白骨甸的地方，发现了两具大型恐龙骨骼。这是亚洲地区首次发现恐龙化石，推翻了过去学界"天山东部不可能有动物化石"的观点。其中一具修复后，经古生物学家杨钟健鉴定，被定名为"奇台天山龙"。通过这次调查，袁复礼声名大噪，被公认为"中国发现恐龙第一人"。

在古生物学分类上，天演枝明龙和百年前挖掘的奇台天山龙应为亲戚，同属马门溪龙。经对比，天演枝明龙的长度已经超过现收藏于新疆维吾尔自治区昌吉恐龙馆、号称"亚洲第一龙"的另一具马门溪龙化石标本，堪称"马门溪第一龙"。

马门溪龙是一类大型的长颈型蜥脚类恐龙，以非常长的脖子闻名，它的脖子几乎占身体总长度的一半。其化石标本主要分布于我国侏罗系地层中。在我国目前所有发现的蜥脚类恐龙中，马门溪龙的地域分布最广，化石最丰富，种类也最多。

马门溪龙作为古生物命名的出现，与四川有关。1952 年，工人们在四川宜宾市郊的马鸣溪渡口附近修建公路时意外发现了许多像骨头一样的"石头"，它们后来被打包送往北京鉴定。1954 年，杨钟健认真研究了这批"石头"，认为这是一种全新种类的化石，便以化石出土地点命名了恐龙。可能因口音问题，误将"马鸣溪"听成了"马门溪"，建立了马门溪龙属，从此"马门溪龙"作为属名一直沿用至今。

20 世纪 50 年代马门溪龙化石在四川被首次发现以来，在甘肃永登、重庆合川、新疆奇台、云南禄丰等地也陆续有化石被发现。

恐龙化石点位纵横西南和西北，尤以四川盆地发现的点位繁多，资源丰富，种类多样。

作为大型陆生爬行动物，恐龙主要生活在中生代。最早的恐龙出现于约 2.3 亿年前的三叠纪晚期，繁盛于侏罗纪和白垩纪，因此侏罗纪也被称为"恐龙时代"。在约 6500 万年前的白垩纪末期，恐龙的生存环境逐渐恶化，最终走向灭绝。截至目前，全球已累计发现恐龙 2000 多种，中国恐龙有 300 多种，内蒙古、辽宁、云南、四川、新疆等地相继发现了大量恐龙化石埋藏点，时代覆盖侏罗纪到白垩纪。

保存于 1 亿多年前侏罗纪红色地层里的天演枝明龙，作为马门溪龙家族的一员，从新疆被整体运至四川，超越了时间之渺渺，横亘了空间之远阔，来到马门溪龙的命名地和聚集地，在经历沧海桑田后，与生活在四川盆地的侏罗纪恐龙"亲戚"们重逢。

天演枝明龙长达 39.8 米，是中国最大的马门溪龙。它长长的脖子上有颗小小的脑袋

　　四川崇州天演博物馆是国家二级博物馆，以古生物化石和现代生物标本为主题的非国有博物馆，位于成都市崇州市崇州经济开发区金鸡路 1306 号。

　　2016 年，四川崇州天演博物馆正式对外开放，亚洲恐龙协会会长董枝明为该馆题写馆名。博物馆占地面积 24000 平方米，建筑面积 16000 平方米，分为一号馆和二号馆。博物馆宗旨为普及古生物学、生物进化及生物多样性、岩石矿物及地质演变历史等自然科学知识，展览以生物演化为主线，以地质时代各类典型化石标本为线索，展现海陆变迁及生物演变的全过程。

　　四川崇州天演博物馆现有藏品近 10 万件，藏品时间跨越数十亿年，其中许多标本在国内堪称孤品，尤以恐龙化石、海百合化石最具特色。

成都市崇州市崇州经济开发区金鸡路 1306 号

四川崇州天演博物馆

成都华希昆虫博物馆

成都市都江堰市青城山镇
青城大道 1 号

　　成都华希昆虫博物馆是国家二级博物馆，中国第一家具有国际一流水平的非国有昆虫专题博物馆，位于成都市都江堰市青城山镇青城大道 1 号。

　　2011 年，华希昆虫博物馆正式对外开放。经过 10 余年的发展，华希昆虫博物馆被众多国内外媒体誉为"亚洲最大的昆虫博物馆"，是收藏中国蝴蝶标本种类最齐全的博物馆，内设 17 个展区。博物馆建筑外观设计为写意蜀山山峰，以川西民居风格修饰细节，占地面积 12000 平方米，展厅面积 1880 平方米。

　　博物馆的藏品主要包括昆虫标本、昆虫资料照片、文献、艺术品，总量超过 100 万件。其中以蝴蝶标本最具特色，蝴蝶标本种类占中国已知种类的 95% 以上。

　　成都乌木艺术博物馆是一家以乌木为主题的非国有博物馆，位于成都市都江堰市青城大道中兴段花木城。

　　乌木艺术博物馆坐落于山清水秀的世界双文化遗产名城都江堰，占地70余亩，是世界首家以研究乌木文化、对乌木实施挖掘和保护、进行乌木艺术品创作和收藏的公益性大型主题民办博物馆。博物馆通过金丝楠木、金丝楠乌木讲述中国上下五千年的文化，用10余年时间打造出了一个陈列规模和藏品价值都堪称世界之最的乌木王国。

　　博物馆藏品包括千余件乌木艺术品，其中特级作品3件、一级作品35件、二级作品356件。

成都市都江堰市青城大道中兴段花木城

成都乌木艺术博物馆

自 然 精 灵

Fauna and Floral Specimens

⊙ 唐代银杏，阅尽千年岁月，200多年前遭遇闪电后，涅槃重生；

⊙ 雄、奇、险、陡俱全，堪称川派盆景佳作的"新松凌云"盆景；

⊙ 一头叫"先奈"的大象，国内最大、最完整的雌性亚洲象标本；

⊙ 金斑喙凤蝶，一个与大熊猫同一保护级别的品种；

⊙ 上千种不同种类的蝴蝶标本，来自西南横断山脉的蝴蝶秘境；

⊙ 阳彩臂金龟，中国最大的甲虫种类，华希昆虫博物馆收藏了一件中国之最的标本；

⊙ 一只展翅达17.5厘米的天蛾，世界上最大的川锯翅天蛾标本；

⊙ 《苍松图》奇石，苍松迎客，鬼斧神工。

"马祖魂归"古树

唐代银杏的千年时光

文 | 冯荣光

四川易园园林艺术博物馆坐落于成都历史久远的古金牛坝，园中美人湖畔，有一棵名叫"马祖魂归"的银杏古树。此树高约3米，不算伟岸，却古老苍劲，铁骨虬枝，绿叶满枝，向天而立，仿佛白发转青的长寿仙翁湖边打坐，神采奕奕，气质非凡。树上片片银杏叶，清新悦目，素雅脱俗。

这是一棵有故事的银杏树，它命运多舛，阅尽唐宋元明清几个朝代，感受了1000余年的人世冷暖。

银杏树原生长在灌县（今都江堰市）石羊场马祖寺（又名承天寺），相传为唐天宝年间马道一禅师所植，树龄近1300年。马道一（709—788），生于汉州什邡县马祖镇，13岁在什邡罗汉寺出家，20岁在资中落发，后受戒于渝州，曾师从著名僧人、新罗国王子无相禅师。作为南宗七祖怀让的传法弟子，马道一曾回什邡，在罗汉寺筑台为众说法，弘扬禅宗教义，故罗汉寺有"八祖道场"之称，马道一也被尊称为"马祖道一"禅师，禅宗最主要宗派洪州宗的祖师。

马祖寺的创立，与马道一不无关联。据时任灌县知县范承德康熙十一年（1672年）所撰《重建马祖寺记》载："马祖寺者，唐有禅师马祖，飞锡于此，遂以名寺。"唐宋时期，石羊场马祖寺与成都昭觉寺、草堂寺，导江迎祥寺齐名，享有"川西四大丛林"美誉。宋代以后，马祖寺几经兴废，于清初重建，康熙八年（1669年）达到鼎盛。在每年农历正月初九这一天，马祖寺都会举行隆重的祭祀仪式，这便是热闹非凡的"石羊场马祖寺庙会"。清人王梦庚《宿马祖寺》诗云"十里钟声隔树闻，丛林蓊郁绿云生"，可见当年马祖寺的香火之盛和环境之美。

1000多年来，马祖寺这棵银杏长得高大巍峨，像一把冠盖入云的巨伞，庇护着芸芸众生。石羊场一带的百姓将这棵树称为"神树"，民间有习俗，在吉祥的日子里，来这棵树下许愿，并在还愿时为银杏树挂红布条，以示感谢。春天风清叶茂，夏天葱葱郁郁，秋天金箔满树，冬季铁骨铮铮，这棵古银杏树让马祖寺一年四季都是景。

然而，清嘉庆十五年（1810年）的一天，一场罕见的雷雨突然降临，闪电霹雳如利剑劈向枝繁叶茂的马祖银杏树，3米长的树端轰然倒下，被狂风吹到30余丈外。住持遇公大和尚见状，忙命寺僧将树端枝种植在禅房外面的土坡上，希望断了的树端枝能成活。

说来也奇怪，第二年，树端枝果然活了，而且长势喜人，一时传为佳话。人们认为这是马祖魂归寺院，为吉祥、平安之兆。百姓纷纷为树挂红，以示敬仰，树端枝也成了马祖寺里的传奇。

不幸的是，土改时期，为"破除封建迷信"，马祖寺的僧人除体弱衰老的，其余强令还俗，僧人星散，寺庙冷落。1967年，有人乘寺庙无人管理之机，将马祖银杏盗走，从此流入江湖，被辗转倒卖。1982年，马祖寺得以重建。15年后，这棵银杏树又奇迹般的回到了马祖寺，结束了它的流浪生涯。1997年，银杏树被移植在成都古金牛坝易园美人湖边，从此得到了园林专家的呵护。在古金牛坝这块上风上水之地，老树发新枝，枯木又逢春，许多人慕名前来观赏这棵奇树，向马祖致以深深的敬意。它是树中的智者，不张扬不跋扈，淡泊而高远；它是树中的仁者，将温暖普施于众生，而不求索取；

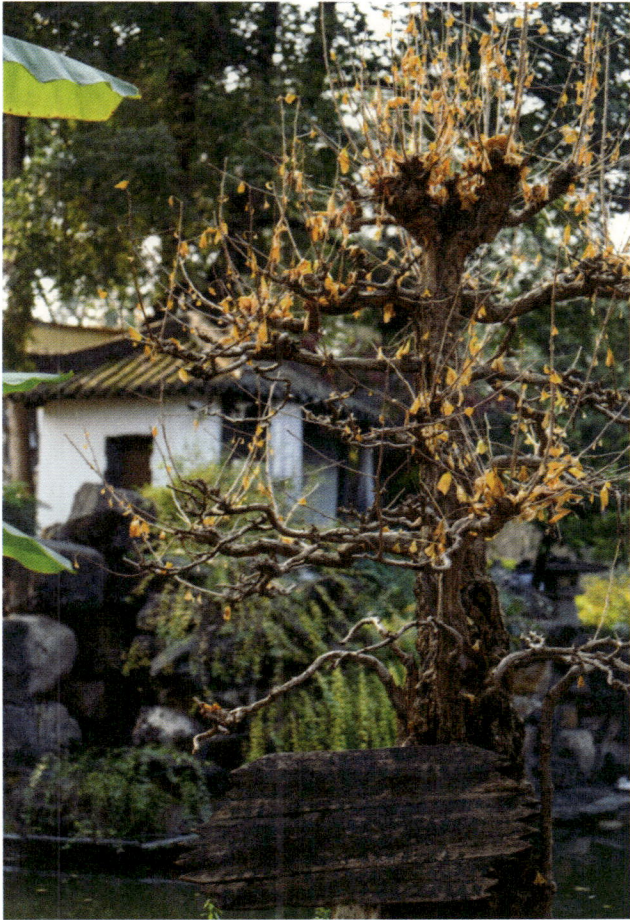

"马祖银杏"相传为唐天宝年间马道一禅师所植，至今已有1300年树龄

它是树中的强者，不惧风霜严寒，笑对天塌地陷。

　　成都遍布银杏，古银杏大多分布在青城山、龙门山、龙泉山，以及市区百花潭、杜甫草堂、青羊宫、望江楼、浣花溪、金牛坝、人民公园等地，其中不乏2000岁的汉代古银杏。在这座城市，有银杏的地方就有清香四溢的盖碗茶，人们喜欢聚在银杏树下，在氤氲的茶香中安闲地享受慢生活。成都人的性情与银杏息息相通，银杏则被视为成都的"市树"，而马祖银杏，也在成都人的呵护下，继续着自己的千年古树生涯。

"新松凌云"

川派盆景代表作

文 | 冯荣光

　　成都三邑川派盆景艺术博物馆坐落在温江区万春镇黄石村，这里是享有盛名的"花木之乡"，2024 年成都"世界园艺博览会温江分会场"就设在这里。博物馆内亭榭回廊，石山池塘，百花簇拥，绿树成荫。漫步园中，疏影横斜，水清鱼跃，翠竹垂盼，移步易景。园林化的博物馆拥有"三廊四馆五园"，"三廊"为：松石长廊、百花长廊、川派盆景长廊；"四馆"为：川派盆景博览馆、三邑馆、盆景大师馆、知音馆；"五园"则是奇松园、丹桂园、海棠园、暗香园、银杏园。

　　以大型罗汉松盆景"墨山叠影""高山流水""双松云石""诗意盆景长卷"为代表作的中国盆景艺术大师胡世勋创作于 1990 的得意之作"新松凌云"，是这座博物馆的"镇馆之宝"。

　　"新松凌云"是一棵主干笔直的罗汉松，树顶端和左右枝杈如同人的手臂，托起一簇簇绿云般的松针，豪迈、向上，精气神俱佳。罗汉松四周数块大小不一的黄蜡石，散点式摆放在垒土上，给人以稳重、泰然的沉雄气势。它们不仅起到了压脚的作用，还调和了色彩，寓意新松扎根于黄土大地，达到了视觉效果的和谐之美。主树左侧增置一株小型罗汉松形成对比，高低错落，互为衬托，增添一种审

成都三邑川派盆景艺术博物馆坐落在温江区万春镇黄石村，2024年曾作为"世界园艺博览会"的分会场

美趣味。这种看似随心所欲，实则用心至极的布局，使整体视觉比例更加饱满丰富，均衡又生动，形成简繁有至、内涵深邃的整体。

说来令人难以置信，"新松凌云"盆景罗汉松树身原本只是一个树桩。1990年的一天，胡世勋在邻家猪圈旁发现了一截被遗弃的罗汉松树桩，无头，无根，无枝。在别人眼里它只能被劈成薪柴，在胡世勋眼中这可是个宝！他将松树桩拿回园圃，开始认真琢磨。

胡世勋早年在温江乡下做过"五匠"：泥、木、雕、改、石，有工匠精神，也有精湛的手艺。看着看着，灵感来了：果树可以嫁接，脱臼的关节可以复位，这罗汉松树桩为什么不能嫁接？中医骨科的接骨，木匠做家具的逗榫，这个原理是通用的。面对这根光秃秃的罗汉松树桩，胡世勋借鉴传统骨科"接骨逗榫"的方法，对别的罗汉松树枝进行"截肢"，将它嵌入松树桩，以榫卯技术固定，成功

将新枝移植在罗汉松母体上。人们常用"无根之木，无源之水"比喻没有根据的事物，无根之木是不能成活的，树大根深，根深才能叶茂。胡世勋又从其他罗汉松根部"截肢"，然后将根以榫卯形式固定在木桩底部，再培土堆垒，让罗汉松真正"站起来""站得稳"。

胡世勋像一位技术精湛的外科手术医生，博采众家之长：巧借中医的"接骨斗榫""拧就闪歪"和西医的"器官移植""搭桥手术"之原理，用灵巧的双手，对木桩进行全面"丰体"术，换天棚，换头，换根，化腐朽为神奇，让它形如青春年少。

当年的松木桩，在胡世勋经年累月的呵护下，早已成景成势，高冠入云，飘逸灵秀。"新松凌云"是胡世勋盆景嫁接技艺的一次首创，多年来，他不断积累，总结经验，磨炼和提高技艺技能，进行各种更为大胆的尝试。他可以通过换根、换茎的方式，将一棵罗汉松变为几棵，甚至十几棵；他还可以将几棵、十几棵罗汉松组合起来，创造出更多造型别致、意境丰富的盆景。

川派盆景是中国传统盆景四大流派之一，大体可分为树桩盆景蟠扎技艺、自然类树桩造型、山石盆景造型技艺、树石组合类盆景四大类，大都因地制宜，就地取材，因材施艺，讲究布局取势。而这件枯木逢春的"新松凌云"，恰恰集中了川派盆景的诸多优点，雄、奇、险、陡，无一不具，是川派盆景流派中的瑰宝。

"新松凌云"盆景恰好集中体现了川派盆景雄、奇、险、陡的诸多特点

拾野之象 "先奈"

中国最大的亚洲象标本

文｜王青

天府熊猫塔位于成都市成华区，是中国西部第一高塔，也是成都的标志性建筑之一。塔高 339 米，成都人更喜欢称呼它为 "339"。2018 年，在川流不息、华灯璀璨的 "339" 商圈内，诞生了国内第一家开在商场里的自然博物馆——"拾野自然博物馆"。

踏入馆内，仿佛从繁华的都市瞬间穿越到一个趣味十足的 "野生世界"。博物馆占地 7000 平方米，在它的六大展厅内，展有包括亚洲的白额猛虎、北美洲的驼鹿在内的 500 余种 3000 余件动物标本或活体动物，堪称商场里的 "动物园"。

虽然今天人们在各大城市的动物园里几乎都能看到大象，但或许出乎许多人的意料，根据国际自然保护联盟的评估，亚洲象和非洲草原象已属濒危物种，而非洲森林象则已属极危物种。在拾野自然博物馆内，还有一头更加特别的大象，它的名字叫 "先奈"。

先奈是目前国内最大、最完整的雌性亚洲象标本，它长 5.3 米，宽 2 米，高达 2.62 米。这头雌性亚洲象生前生活在动物园里，因年迈体弱自然去世。2018 年，出于科普与教育的目的，先奈的遗体被交由专业团队制作成标本。它是拾野自然博物馆的 "镇馆之宝"，被亲切地称为 "拾野之象"。

为了生动还原先奈生前的真实面貌，制作标本的过程异常烦琐。首先要找出先奈生前的影像资料，再结合遗体皮张的情况，决定标本的基本形态，从而画出整个大象的图纸。图纸画好后，标本制作师会先用泥作材料，塑造一个缩小的姿态模型。随后参照泥塑模型，在硬度适中、环保稳定的复合材料上雕刻出具备精准肌肉群的大象模型假体。这是一项极其耗时耗力的工程，由 4 个标本制作师花费了将近 40 天的时间完成。

皮张的削匀和鞣制工作也异常艰难，标本制作师需要把近 3 吨重的象皮削匀至重量不足 150 千克、厚度仅 2 毫米的状态，再经过脱脂、酸制、复合鞣制等程序，使之变成触感薄而柔软、结实又不易变形的标本皮张，这个过程又足足花费了 34 天。随后，经过在模型上的反复试皮和微调，再装上从海外特别订购的高仿真义眼后，亚洲象假体就等同穿上了贴身的"真皮外套"。

此时的标本已经逐渐显现了先奈生前的姿态，制作过程进入到最后的定型阶段。标本的定型使用了 40000 根专用定型钢针，静置 20 余天。取走定型针后，还需将皮肤上原有的伤疤进行逐一修复和着色。最终，历时 110 天，栩栩如生的亚洲象先奈出现在博物馆内。近年来，越来越多的参观者通过这件标本了解到亚洲象的形态特征、生活习性、地理分布等，亚洲象的保护状况也由此得到更多关注。

我国现存的亚洲象种群数量约 293 头，主要分布在云南西双版纳傣族自治州、普洱市和临沧市。虽然今天的成都平原没有象群的踪迹，但根据文献资料和考古发现，可以得出一个结论：古人似乎比我们更容易看到大象。

《山海经·中山经》云："岷山，江水出焉……其兽多犀、象。"东晋蜀人常璩的《华阳国志》记述了很多蜀地物产，其中特别提到在岷山山脉有大象。这些文献的记载都昭告了一个事实：数千年之前的成都平原和岷山一带是有大象的，只是到了后来某个时候，象

拾野自然博物馆是国内首家开在商场里的自然博物馆

"先奈"高2.62米，长5.3米，是国内最大、最完整的雌性亚洲象标本

群才逐渐迁徙离去。古人因为象群的远去，产生了想念，才造出了"想象"这个词。

考古发现也为象群的存在提供了佐证。三星堆遗址目前已发现约 200 根成型象牙，金沙遗址也发掘了千余根象牙。不仅如此，古蜀人对大象有特殊的崇敬。在三星堆出土的玉璋上，就刻画了古代蜀人将象牙与玉璋一起用于祭祀神山的场景。金沙遗址出土的一件玉璋残件上也刻画了一个侧跪着肩扛象牙的人物形象，生动地描绘了祭献象牙的情形。

蜀人与大象的关系或许还不仅于此，天性温驯的大象曾被迫卷入到人类的战争中。《三国演义》中，西南地区有一支善于驯象的部落，他们将大象用于战争，庞大的体积和猛烈的冲击力一度令它们在战场上所向披靡。孤证不立，《明史》中也多次记载了云南、四川发生过"象战"的历史。

象群迁徙与消失的背后有着诸多原因，森林滥伐、土壤侵蚀、水利灌溉、农业过密、军事政治等。在拾野自然博物馆，被定格的大象先奈让我们重新审视这些历史，告诫人类要为濒临灭绝的亚洲象留出更多的生活和繁衍空间，或许有一天，它们才会踏上曾经生活过的这块土地。

金斑喙凤蝶

蝴蝶中的"大熊猫"

文｜赵力

　　走进华希昆虫博物馆，在蜂巢展柜区六边形展盒的中央有一只墨绿色、后翅有块金斑的蝴蝶，独占了一个展盒，下面的标签上写着"金斑喙凤蝶""国家一级保护动物""采集地：海南岛"。这就是被誉为"梦幻之蝶"的金斑喙凤蝶。它是一种极为珍稀且美丽的蝴蝶，独特的金色斑纹和优雅的飞行姿态，使其在昆虫学、生态学乃至艺术领域都占有重要地位。我国《国家重点保护野生动物名录》将它列为与大熊猫同一级别的一级保护动物，在中国已知的 2100 多种蝴蝶中，是唯一一种。

　　金斑喙凤蝶全身密布金绿色鳞片，墨绿色的翅膀有着金属光泽，前翅外缘有一条黑带，翅的端半部颜色较浅，基半部较浓，中间以一条黄绿色带分开。后翅外缘呈锐齿状，亚外缘有新月形黄斑，中域有一块大的金黄色斑，它的拉丁文种名"金色"因此而得。金斑正中有一小块黑斑，下方饰以灰蓝色的鳞片带，尾状突起长而直，末端为黄色，宛如一件精美的艺术品。雄蝶和雌蝶在颜色和斑纹上有所差异，雄蝶更为鲜艳，而雌蝶则略显暗淡。雌蝶体形更大，后翅有两条尾突，雄蝶只有一条。

　　在我国，金斑喙凤蝶主要分布在广西、广东、海南、福建、云南、江西等地，属于亚热带、热带高山物种，栖息于海拔 1000—2000 米的常绿阔叶林山地，鲜少到地面进行饮水等活动，因此不易被发现和捕获。成虫通常在清晨和傍晚活动，飞行姿态优雅，常在花丛中翩翩起舞。

全世界的金斑喙凤蝶标本数量很少，英国人最早曾于 1922 年 4 月在广东省连平县采集到 3 只，作为新种发表后，标本被保存在英国伦敦自然历史博物馆。60 多年后，金斑喙凤蝶才再次在福建武夷山、广东鼎湖山、海南尖峰岭等个别原始山地被人见到。国际上的蝴蝶研究者和收藏家对它趋之若鹜，标本商们更不惜重金求购，出价曾达数万美元一只，可谓目前世界上最昂贵的蝶种。

发生在一次邮票设计时的故事，也证明了它的难于一见。1961 年，我国准备发行一套 20 种中国蝴蝶的邮票，根据蝶类专家的意见，其中必须有一枚是金斑喙凤蝶。可邮票图案设计者在国内找不到这种蝶类的标本，不得不借助外国资料。当时世界上只有英国伦敦自然历史博物馆有金斑喙凤蝶标本，最后只能借用伦敦的藏品，才得以实现这套邮票的发行。

直到 23 年后的 1984 年，我国科研人员历经艰辛，才在福建武夷山国家级自然保护区捕捉到了一只雄性金斑喙凤蝶，从而结束了"国蝶"外藏的尴尬历史，这也是我国第一个发现金斑喙凤蝶的地方。这只雄性金斑喙凤蝶，也是当时世界上捕捉到的 12 只金斑喙凤蝶中最完美的。

在中国传统文化中，蝴蝶常被视为美丽和自由的象征，金斑喙凤蝶因其独特的金色斑纹，更是被赋予了高贵和神秘的意义，在一些地方还被视为吉祥的象征，出现在各种艺术创作和民间传说中。

作为珍稀物种，金斑喙凤蝶是生物多样性的重要组成部分。对其生存环境的保护对于维持生态平衡具有重要意义。对栖息地的破坏、气候变化和非法捕捉等原因，使得金斑喙凤蝶的数量急剧减少，

成都华希昆虫博物馆拥有占中国已知蝴蝶种类 95% 以上的蝴蝶标本

1989 年，它被列为国家一级重点保护野生动物，禁止任何非科研目的的捕猎交易，还被列为"十四五"抢救性保护的 48 种极度濒危野生动物之一。它在国际上也被列入《濒危野生动植物种国际贸易公约（CITES）》附录Ⅱ，严格管制贸易。

除了金斑喙凤蝶，华希昆虫博物馆还收藏了金带喙凤蝶、阿波罗绢蝶、二尾褐凤蝶、三尾褐凤蝶、褐凤蝶、中华虎凤蝶、太白虎凤蝶等所有我国被列为保护物种的蝴蝶，以及世界各国的国蝶和保护蝶类等数百种珍稀濒危蝶种。此外还有数十万只世界各地的蝴蝶标本，来自五大洲 70 多个国家，其中亚洲种类超过 4000 种，中国种类超过 2000 种，占中国已知种类的 95% 以上，是国际学术界公认的全球收藏中国蝴蝶种类最齐全的自然博物馆。

蝴蝶秘境

横断山脉"追蝶记"

文 ｜ 陆离

　　走进成都市双流区白湖公园，映入眼帘的是一片波光粼粼的湖泊。公园得名于白河，即双流的母亲河，古称"色水"。白河全长18.85千米，沿途分布了由9个人工湖和林盘区组成的公园景观，这就是双流人津津乐道的"五湖四海"。而凤栖湖，便是其中的一个湖。

　　凤栖湖的东岸，一座名为"追蝶记"的博物馆内，上千种不同种类的蝴蝶标本汇集其中。而其中的"镇馆之宝"，就是由黑紫蛱蝶、金裳凤蝶、君主绢蝶这些珍稀品种蝴蝶标本组成的一个"蝴蝶秘境"……

　　这么多的蝴蝶，它们来自哪里？据博物馆的讲解员杨明超介绍，博物馆内上万枚蝴蝶标本，其中大部分来自横断山脉。从2005年到2020年，前中国科学院研究员邓合黎带领野趣生境环境设计研究院的研究团队，历经近16年在横断山区调查、研究蝴蝶，而追蝶记蝴蝶标本博物馆，便是他们以调查收集到的蝴蝶标本及相关科研成果作为展示核心打造而成的。

　　蝴蝶广泛分布于全球各地，从赤道到北纬83°的地区都有其身影。而邓合黎的蝴蝶团队进行调查的横断山脉，对于蝴蝶研究者来说是

金裳凤蝶是蝴蝶中的"长寿冠军"，但寿命也仅有1个月左右

君主绢蝶的翅膀上嵌有红蓝色的圆斑，如同王冠上的"宝石"

一个神圣的地方。

在我国西南部，川藏滇三省区交界处，有一大片高耸入云、山高谷深、平行相间、呈南北走向的山脉群。它们西倚青藏高原，东临成都平原，截断了东西间交通，故名横断山脉。放眼全球，横断山脉地质构造都是一个特殊的存在，其地形地貌以"七脉六江"举世闻名。如果从高空俯瞰这个区域，起伏的皱褶和深切的断裂充斥其中，7条山脉平行排列，山脉间峡谷沟壑，6条大江在其谷底肆意穿行。从平原到高山，从低纬度到高纬度，横断山脉拥有热带、亚热带、温带、寒带等多个温度带，被称为"一山有四季，十里不同天"。

近20年来，横断山脉成为全球公认的重要生物多样性研究热点区域之一，因地形地貌复杂、海拔落差大、气候差异等原因，吸引了许多自然科学工作者的目光。由于横断山脉还是显花植物（通常指那些具有花的植物）的摇篮，而蝴蝶与显花植物关系密切，有学者推测，横断山脉有可能是蝴蝶的起源、分化中心。颇为有趣的是，双流区追蝶记蝴蝶博物馆内的蝴蝶标本主要是根据海拔梯度进行梳理展示的。其中500—1500米的海拔梯度为低山带生境，这里植物多样性最高，多种蝴蝶的寄主如木兰科、壳斗科、樟科、芸香科植物在此欣欣向荣，因此也是蝴蝶生存的最佳区域。

黑紫蛱蝶便生活在这一区域内。黑紫蛱蝶拥有一袭黑色翅膀，翅面基部和中部随着观察的角度不同，时而呈现出蓝黑色，时而呈现出紫色。一年中，只在盛夏之际才能见到它们翱翔于原始森林的边缘。美丽的花朵并不能吸引黑紫蛱蝶，反倒是树液、酸臭的烂水果更能令其"闻香而来"。黑紫蛱蝶是中国最珍贵的品种之一，2021年被列入《国家二级重点保护野生动物名录》。

同属于国家二级重点保护野生动物的金裳凤蝶是大型凤蝶，主要分布在海拔高度1200米以下。但由于其活动范围广，在2500米海拔的中山带生境也能发现它们的踪迹。金裳凤蝶雌蝶翅展120—

150毫米，雄蝶翅展100—130毫米，前翅黑色翅脉两侧有灰白色鳞片，后翅呈金黄色，黑斑仅位于翅边缘，从侧后方观察，其后翅有荧光。雄蝶后翅的金黄色在逆光下看，会出现类似珍珠在光照下的色彩反射，随着光线角度的变化，呈现出青、绿、紫等颜色，十分美丽。金裳凤蝶还是蝴蝶界的"长寿冠军"，普通蝴蝶的寿命一般为10—15天，而它们的寿命往往能达到1个月。

横断山脉海拔3000—4500米的区域被研究者称为"高山带生境"，主要是针叶林、灌丛、草原地带。这里环境极端恶劣，强风，强紫外线，日夜温差大，植物生长周期短，山头和高原造成地理隔离，易受全球气候变化影响。高山带的蝴蝶普遍体型小，躯体覆盖鳞毛，多有金属光泽，颇具特色。

绢蝶一直是高海拔的蝶类代表，而君主绢蝶又是中国特有种，体型在同类中最大，后翅各四枚红色及蓝色圆斑，栖息于海拔3000米以上的地域，也是国家二级重点保护野生动物。绢蝶喜欢在阳光充足的开阔地带活动，以花蜜为食，飞行时姿态优美，其素雅的翅膀上嵌有红蓝色的圆斑，如同王冠上的宝石，在阳光下闪耀，无愧于"君主"之名。

据介绍，追蝶记蝴蝶博物馆馆藏的每一件蝴蝶标本制作都需要耗时两个月以上，而在野外采集、研究蝴蝶更加旷日持久。这便是博物馆名字的由来，也正是这些蝴蝶研究者的辛苦奉献，才为我们带来这样一个万蝶展翅、野趣盎然的"蝴蝶秘境"。

阳彩臂金龟

中国最大甲虫种类的最大标本

文 | 赵力

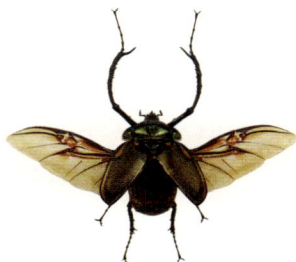

　　浩瀚的自然界，隐藏着无数令人惊叹的生命奇迹。其中，阳彩臂金龟以其独特的魅力，成为生物学家、自然爱好者心中的一抹亮色。作为昆虫世界的明星物种，阳彩臂金龟不仅拥有华丽的外貌，更扮演着维系生态平衡的微妙角色。其名称中的"阳彩"二字，生动地描绘了其体表在阳光下熠熠生辉、色彩斑斓的景象，而"臂金龟"则直接指出了其家族归属和形态特征——强健的前臂。

　　栖息在南方深山密林中的阳彩臂金龟，是我国最大的甲虫种类。华希昆虫博物馆保存的最大个体体长达 8.8 厘米，是中国已知最大臂金龟属种类标本。它的头、胸部呈现出具有金属光泽的深暗铜绿色，甲壳上有一些如同腐蚀后出现在青铜器表面的小凹痕，覆盖大部分身体的鞘翅呈暗褐色，带有淡淡的浅褐色碎纹。带金属光泽的铜绿色是结构色，它是由于甲壳表面精细的显微结构，如嵴、纹、小面和颗粒等引起的光学效应，其形成主要是由于昆虫体壁上的细微结构，如极薄的蜡层、刻点、沟缝或鳞片等，发生折射、漫反射、衍射或干涉。例如鸟类的羽色、蝴蝶的翅色以及甲虫体壁表面的金属光泽和闪光等都是典型的结构色。

　　最特别的是，雄性阳彩臂金龟具有长度超过身长近 2 倍的树枝状长脚。这种超长前脚显然是无法用于行走的，甚至是运动的累赘。而它们真正的用途，与求爱有关。根据野外观察经验，体型娇小、六足正常的雌虫总是躲藏在深深的树洞中，不肯轻易露面，体型巨大的雄虫即使发现了雌虫躲藏的地方也无法进入，性急的求爱者不得不将它长长的手臂伸入洞中挑逗示爱，如果它的技巧足以撩拨起雌虫对它的兴趣，雌虫便会大大方方地爬出来。此时雄虫立即用前脚把雌虫整个抱住，生怕它再缩回洞里去。

但是，庞大的身躯和过长的手臂显然妨碍了它们的活动能力，使它们的生存面临危机。在 20 世纪初出版的昆虫图鉴中，它们已经被描述成珍稀的甲虫，一本 20 世纪 20 年代出版的杂志上，记载着当时的昆虫研究者曾经以每只 8 个银元的高价，在四川峨眉山收购这类甲虫。而那时一担米的价格，还不到 1 个银元。

阳彩臂金龟主要分布于我国南方及东南亚部分地区的热带雨林和亚热带常绿阔叶林中。它们偏好湿润、阴凉、植被茂密的环境，这样的环境不仅为它们提供了丰富的食物来源，还有利于隐蔽和繁殖。在觅食过程中，它们会利用敏锐的视觉和嗅觉寻找食物，并运用强壮的足部攀爬于树木之间或地面之上，展现出惊人的灵活性和适应性。

阳彩臂金龟的繁殖季节在最炎热的 7 月到 8 月，交配后，雌性会寻找合适的朽木产卵，卵经过一段时间后孵化出幼虫。幼虫阶段是阳彩臂金龟生命周期中最为漫长和关键的阶段，它们需要在朽木中度过 2—3 年不等的时光，其间通过不断进食和蜕皮逐渐长大。幼虫发育成熟后，它不会马上外出，而是继续蛰伏，直到次年夏天。

作为生态系统中的一员，阳彩臂金龟对于维持生物多样性具有重要意义，它们的特定生活习性和对环境的敏感性也成为生态系统健康状况的指示。通过对它们的研究，可以深入了解昆虫的生长发育规律、行为习性以及适应机制等科学问题，为生物多样性保护和生物进化研究提供依据。受人类活动对自然环境的破坏和过度采集等因素的影响，阳彩臂金龟的野生种群数量急剧下降，目前已被列为我国二级保护动物。

除了阳彩臂金龟，华希昆虫博物馆还收藏有格彩臂金龟、越南彩臂金龟、马来彩臂金龟、茶色长臂金龟、西瓜皮长臂金龟等，世界上所有已知臂金龟属物种，以及世界上最重的甲虫亚克提恩大兜虫、世界上最大的天牛泰坦大天牛、世界上最大的虎甲大王虎甲等一批属于世界之最的甲虫物种，它们数目众多，是博物馆中仅次于鳞翅目的第二大藏品类群。

小朋友们正在参观华希昆虫博物馆

川锯翅天蛾

世界上最大的天蛾科标本

文 | 赵力

　　说起蝴蝶与蛾，我们似乎能迅速从外形上将它们区分开来。其实，蝴蝶和蛾同属于鳞翅目，这个庞大的类群全世界已知约 20 万种，中国约 8000 种。蝴蝶也是一种特殊的蛾，它们不是并列关系，而是包含关系。蝴蝶是从蛾衍生出的、进化程度相对高的一小类。如果把鳞翅目比作一棵树，蛾就是主干，而蝴蝶是从主干侧生出的枝杈。

　　天蛾科（Sphingidae）是鳞翅目的一科，通称天蛾，科名取自希腊语"Sphinx"，即希腊神话中的怪物"斯芬克司"，也就是古埃及的狮身人面像。18 世纪的科学家在命名时，觉得它们奇特的体型就像斯芬克司。

　　世界上已发现的蛾种数多达 16 万，是蝴蝶种数的 10 倍。虽然蛾算蝴蝶的"表亲"，但由于它们大多在夜间活动，多数种类色彩暗淡，给人的印象远不如蝴蝶深刻。但世界上几乎每一个地区都有天蛾的踪影，其主要特征是前翅狭长，后翅形似团扇，且明显比前翅要小一点。除此之外，它们的复眼大，胸部粗壮，腹部末端尖，从头到腹部呈锥筒形，停歇时翅膀向后掠，后翅叠在前翅下面，远远看上去像战斗机。

　　川锯翅天蛾是世界上最大的天蛾科种类，一年产生一代，成虫

5 月初出现在川西海拔 1000 多米的山区。2015 年 5 月，华希昆虫博物馆的科考队员在成都青城山考察时，发现了一只锯翅天蛾的个体大小超过此前记载的世界纪录。该种过去最大翅展记录是 15.6 厘米，而在青城山采集到的个体大多在 16 厘米以上。

如今收藏在华希昆虫博物馆的库房中的这个川锯翅天蛾标本，最大展翅达 17.5 厘米，是世界上最大的川锯翅天蛾标本。它的体翅呈蓝灰色，胸部背板呈黄褐色，腹部呈灰色，披有端部呈白色的较长鳞毛，近端部有 3 条灰色纵带，纵带下方有黑斑。前翅上，自翅基至顶角有斜向的白色带，并散布有紫黑色细点，外缘锯齿状，这也是它得名的原因。后翅呈褐灰色，近后角处有白色和紫黑色条斑。

大家都知道蝴蝶会传粉，其实天蛾也一样，而且其传粉效率远超蝴蝶和其他蛾类。在很多地区，如果没有天蛾参与授粉，当地很多作物的生长就会遇到困难。蜂类传粉能力虽然很强，但在一些海拔非常高的地区不易生存，那里的植物传粉主要就靠天蛾，因此天蛾对高海拔生态环境尤其重要。它们体型较大，喙强壮，能够快速、持续地飞行，时速可达 40—50 千米。

天蛾一般是一年一代或者两代，大部分成虫寿命只有一两个星期到一个多月，北方有些天蛾成虫会越冬，就像冬眠一样，生命稍长一点。一些种类的天蛾分布非常广，像鬼脸天蛾和白薯天蛾，幼虫吃的植物种类也很多。川锯翅天蛾分布在海拔 1000—1600 米的范围，只吃蔷薇科植物，应变能力比较弱。研究表明，川锯翅天蛾对于推导地质演化过程有帮助，它们生活的区域在冰川时期可能是一个避难所，等冰川消融，地势隆起以后，这类天蛾无法再离开当地，只有被困在那里独立演化。

世界上的天蛾共有 200 多个属，大约 1700 种，中国记录的天蛾科共 71 属 277 种，成都华希昆虫博物馆中除川锯翅天蛾，还收藏有 100 多种天蛾，其中包括不少有趣的种类，比如蛾中"网红"、

这只川锯翅天蛾发现于成都市青城山

常被误认为蜂鸟的咖啡透翅天蛾，会偷吃蜂蜜的鬼脸天蛾，等等。咖啡透翅天蛾的体型比较小，翅膀是透明的，飞行速度快，访花的时候伸出的口器很长，像鸟的嘴；鬼脸天蛾躯体肥大，胸部背面有鬼脸形斑纹，不但长相特别，而且十分狡猾，会模仿年轻蜂王的"嗓音"，发出一种特别急促的声音，不费吹灰之力，就潜入蜂房偷吃蜂蜜。它们同华希昆虫博物馆的"镇馆之宝"川锯翅天蛾一起，向人们展示着蛾类昆虫的力量之美。

《苍松图》奇石

仁智兼者乐石

文｜冯荣光

　　走进位于温江区生态大道的成都市人华奇石博物馆，仿佛步入了一个令人眼花缭乱的奇石世界，大自然的鬼斧神工让人目不暇接。"奇石"在我国的历史源远流长，可追溯到3000多年前的春秋时期。孔子云："仁者乐山，智者乐水。"后人则说："仁智兼者乐石。"石作为大自然馈赠给人类的珍稀宝物，自古受到青睐。石头是静态的，它的美在于内敛，不张扬却坚强无比；它福寿无疆，生命永恒，是长寿的标范。著名作家贾平凹在散文《丑石》中赞美道："我又立即深深地感到它那种不屈于误解的寂寞的生存的伟大。"

　　奇石，又称怪石、巧石、异石、孤赏石，是指自然条件优异而未经创作的自然原石。因其材质、造型、色彩及花纹不同寻常，呈现出斑斓绚丽的图纹石和千奇百怪的造型石。这些奇石有着悠悠岁月的遗痕和丰富的人文内涵，成为人们观赏、收藏和把玩的"宠石"。

　　成都市人华奇石博物馆常年展出奇石珍品百余件，石种60余种，以长江图纹石为代表，主要包括岷江石、青衣江石、大渡河石、涪江石、沱江石、雅砻江石、金沙江石等川派江河图纹石、造型石和意象石，也有来自西藏的藏玉，云贵高原的江河奇石和内蒙古、新疆、青海的戈壁石。

《苍松图》奇石天然的石面上呈现出宛若"迎客松"的图纹

　　博物馆展区分为 2 层，1 层主要展示大件展品，2 层展示精品小件。展品中的长江图纹石《苍松图》《红梅赞》《唐卡》《三生》《云龙》收录在出版于 2018 年的《国家非物质文化遗产 · 中国名石档案（二）》中；此外还有岷江纹石《守候》、长江石《元宝》、西藏藏玉《金蟾》。其中《苍松图》作为川派奇石的重量级名石，是人华奇石博物馆的"镇馆之宝"，尤其引人注目。

　　《苍松图》系涪江丹景石，何谓涪江丹景石？丹景石是涪江石中主要的石种，产出于河流卵石，一般体积比较大，石面光洁细腻，形状圆滑，具暖色调图纹，色彩喜气高雅。丹景石表面因含铁的氧化物产生红色、褐色及过渡的色块、色线，由此构成人物、动物、山水、树木、云海等自然风光，极富诗情画意。

　　《苍松图》宽 41 厘米，高 37 厘米，长 16 厘米，正面以赭红色为主色调，天然石面上呈现三棵坚韧挺拔的苍松，其中紧挨着的两棵形如黄山著名的"迎客松"，破石而生，树冠如幡似盖，侧枝横空斜出，似展臂迎客，姿态苍劲。苍松与崖石构成险峻的画面，祥云缭绕，自然和谐，在静态中显现出灵动和缥缈奇幻的视觉功效。另一棵高耸笔立，力拔山兮，颇有气势。三松并列，高低错落，互为呼应，构成浅浮雕图案微微凸现于石面，不能不让人感慨大自然的奇幻和玄妙。

丹景石托盘底座是由精心选择的红木制作的，经过馆长肖传星亲自构思设计，配以雄山激水和仙翁弈棋雕塑。弈棋隐士于松下谈笑风生，轻风雅语，妙趣横生，与《苍松图》珠联璧合，相映成趣。

一石尽现雄奇险怪，难怪肖传星在《苍松图》题记中云："余尝思之，纵丹青妙手搜尽心力亦不能逾也。"由此可见，奇石之魅力在于"天然去雕饰"，惊人之处在于造化之神功，以人类难以臆度的姿态演化成诡谲奇石，大大超乎人类的艺术想象力和创造力。

古人云："得石者福，玩石者乐，品石者寿，藏石者福禄寿。"肖传星对奇石的理解有与众不同的感悟，也练就了他识石、辨石的火眼金睛。30多年来，他不断地寻石，买石，目前已收集5000多吨石头，而博物馆展出的奇石仅占总量的1%。因此，肖传星有个宏大构想，那就是进一步扩大人华奇石博物馆的规模，使其成为四川省内奇石展品数量最大、品种最全、内容最丰富的奇石博物馆，向广大观众和奇石爱好者展出更多、更有趣的奇石，也将中国古老的"仁者乐山，智者乐水，仁智兼者乐石"的理念发扬光大。

　　四川易园园林艺术博物馆是国家三级博物馆，中国唯一非国有国宝级园林艺术博物馆，位于成都市金牛区金泉路 8 号。

　　2000 年，易园园林艺术博物馆经四川省文化厅、四川省文物局批复正式成立，2015 年被旅游局审核通过评定为 AA 级旅游景区。博物馆基本陈列分为两类，一类为室内展，包括易园美术馆珍藏作品展、古典家具展、古典建筑构件展、川派园林艺术展；另一类为室外展，陈列展览各式园林建筑、奇石名木，包括奇石名木展、川派盆景艺术展、川派园林艺术展。

　　博物馆藏品分为"园林生物藏品"和"园林文化藏品"两大类，共计 1513 件（套）。其中"园林生物藏品"以奇石名木和川派盆景为特色，"园林文化藏品"包含陈子庄、冯建吴、李琼久等名家的书画作品。

成都市金牛区
金泉路 8 号

四川易园园林艺术博物馆

成都三邑川派盆景艺术博物馆

成都市温江区万春镇黄石村9组

　　成都三邑川派盆景艺术博物馆是一家以川派盆景艺术为主题的非国有专题博物馆，位于成都市温江区万春镇黄石村9组。

　　三邑川派盆景艺术博物馆坐落于花木之乡成都市温江区万春镇黄石村，占地130余亩。园内荟萃了数以千计的全国各派盆景精品和奇石异木，具有多处雅致灵巧的川西民居建筑群和百亩标准化大型树桩种植区。博物馆采用传统园林典型手法而进行匠心营造，呈现"三廊四馆五园"的空间格局。"三廊"为松石长廊、百花长廊、川派盆景长廊；"四馆"为川派盆景博览馆、三邑馆、盆景大师馆、知音馆；"五园"则是奇松园、丹桂园、海棠园、暗香园、银杏园。整体景观丰富多彩，精致典雅。

　　博物馆藏品以盆景为主，共计300余件（套）盆景艺术精品，特色藏品包括罗汉松、金弹子、贴梗海棠、紫薇、银杏、梅花等树桩盆景及川派山水盆景。

　　成都市成华区拾野自然博物馆是国家二级博物馆，国内首家在城市商业综合体中建设的非国有自然博物馆，位于成都市成华区双林路 339 号 A 幢 3 楼。

　　拾野自然博物馆坐落于成都 339 商业综合体内，紧邻成都地标建筑、中国西部第一高塔——天府熊猫塔，展陈面积约 7000 平方米。拾野自然博物馆秉承"城市中心、重拾野趣、连接自然"的建馆理念，以互动体验为核心功能，运用"拾"野和"拾"趣的设计构架，陈列展示了十大类别的野生自然类展品，分别为"谐趣厅""知趣厅""生趣厅""灵趣厅""御趣厅""幻趣厅""奇趣厅""野趣厅""闲趣厅""萌趣厅"。

　　博物馆收藏展品 1200 余种，8000 余件。以"动物标本＋活体动物"相结合的方式对外展示，主要为标本展示。馆藏标本包括亚洲象、非洲狮、驼鹿、黑熊、川金丝猴、海马、小熊猫、雕鸮、红绿金刚鹦鹉、蝴蝶等。重要馆藏以剥制标本、骨骼标本和干制标本及其相关的艺术作品最具特色。馆藏动物标本材料来源于成都周边野生动物自然保护区、动物园等地自然死亡的动物。

成都市成华区双林路 339 号 A 幢 3 楼

成都市成华区拾野自然博物馆

双流区追蝶记蝴蝶博物馆

成都市双流区银河路 6 号
白河公园 C 区 3 号楼

双流区追蝶记蝴蝶博物馆是一家以蝴蝶为主题的非国有博物馆，位于成都市双流区银河路 6 号白河公园 C 区 3 号楼。

追蝶记蝴蝶博物馆于 2024 年 9 月正式开放，展示内容主要基于前中国科学院研究员邓合黎带领野趣生境环境设计研究院的研究团队，在横断山脉调查收集到的蝴蝶标本及相关科研成果，打造出一个以蝴蝶为主题的专题博物馆，实现收藏保管、科学研究、陈列展览、教育传播四大功能。博物馆展陈面积达 1200 余平方米，空间布局分为展陈区和配套功能区。展陈区设有五大主题展区，分别为"横断梦蝶""蝶影寻踪""追蝶逐梦""蝶变新生""追蝶实验室"。

博物馆藏品以蝴蝶标本为主，拥有蝴蝶标本数量上万枚。其中向公众展示的蝴蝶，全都展翅，以便观察其全貌。

　　成都市人华奇石博物馆是一家专注于收藏并展示各类奇石的非国有专题博物馆，位于成都市温江区生态大道踏水段 299 号 5 栋 23-24 号。

　　人华奇石博物馆占地面积 420 平方米，馆内分为上下两层展厅。一层展厅主要展示黄河石、金沙彩石、长江石、绿泥石等大品奇石，而二层展厅则以涪江石、灵璧石、玛瑙石、三江彩石等小品奇石为主。除了收集和保存这些珍贵的文化遗产，人华奇石博物馆还致力于向公众普及与推广中国传统文化中的"天人合一"思想理念。

　　博物馆藏品包括 3000 件珍贵奇石藏品，涵盖上百种不同的石种。

成都市温江区生态大道踏水段
299 号 5 栋 23-24 号

成都市人华奇石博物馆

方 寸 之 间

Coins and Seals

⊙ 直百五铢背"为"钱，中国最早记有铸造地文字的方孔圆钱；

⊙ 十六国汉兴钱，中国古代钱币从重量记名到年号词句的转折点；

⊙ 带"蜀郡"铭文的东汉铁锸，卓文君父亲发家致富的秘诀；

⊙ 出土于怀安军遗址的武宁军铜印，可见宋蒙战争的金戈铁马；

⊙ 几块明代铁瓦，一座寺院修葺的历史，留下了几个在王朝更迭大潮中摇曳的背影；

⊙ 欠钱牌，民国年间每天大约有五分之一的成都人走进茶馆，整个成都就是一座大茶馆；

⊙ 川陕省苏维埃政府发行的布币与铜币，记录了黎明前的峥嵘岁月；

⊙ 一鼎"字粮印监管粮食，天府之国"水旱从人，不知饥馑"的生动见证。

直百五铢

一枚钱币背后的三国风云

文｜唐澜芯

在成都文殊院附近的一条小街上，成都川江钱币博物馆静静藏于一座老建筑中，楼下是钱币市场，楼上是博物馆。在中国历代货币的常设展上，躺着一枚直百五铢背"为"钱。它圆形方孔，钱体略呈漏斗形，直径约为26毫米，重约7克，上面有着清晰可见的"直百""五铢"字样，背面还有一个"为"字。

在小小钱币的背后，藏着三国时期一段风起云涌的历史。

> 天地英雄气，千秋尚凛然。
>
> 势分三足鼎，业复五铢钱。
>
> 得相能开国，生儿不象贤。
>
> 凄凉蜀故妓，来舞魏宫前。

唐代诗人刘禹锡曾在《蜀先主庙》一诗中，为蜀汉君主刘备写下如此诗句。刘备在"三足鼎立"之后，于蜀地的政治、军事、经济、文化都有诸多建树，而刘禹锡却单单着重赞扬了"业复五铢钱"，其中颇有深意。

汉献帝建安十九年（214 年），刘备包围了成都，攻打刘璋。为了鼓励士气，他与将士们约定：如果攻下成都，刘璋的资财悉归

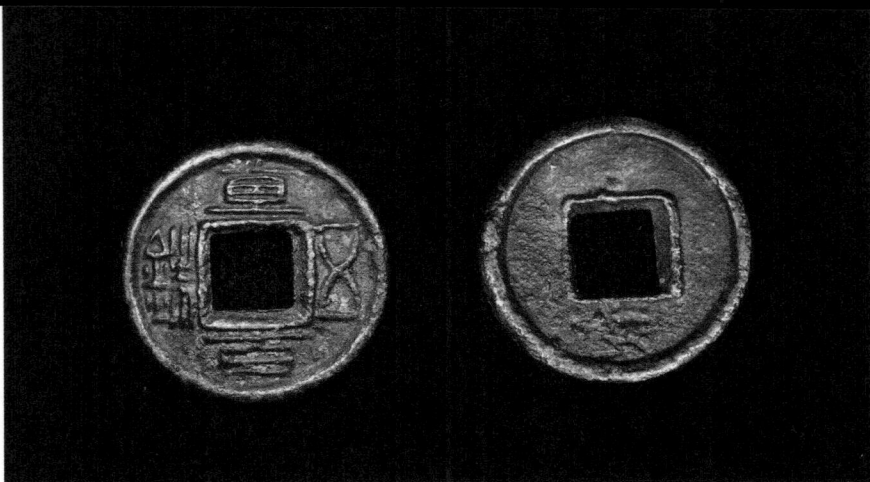

铸造于犍为县的直百五铢，其背面有一个篆体的"为"字

众将士所有，自己分文不要。此言一出，士气大振，成都很快被攻破，刘备也履行了承诺，"士众皆舍干戈，赴诸藏，竞取宝物"。然而，没能拿到刘璋的财富，刘备的军费出现了严重缺失。一筹莫展之际，左将军西曹掾刘巴献上计策："当铸直百钱，平诸物贾，令吏为官市。"

所谓"直百钱"，即"直百五铢"，是一枚等于 100 枚五铢钱的虚值大钱。这种钱币正面左右"五铢"二字为篆书，略瘦长；上下"直百"二字为隶书，字形宽矮，这是隶书首次被铸造于钱币之上，也是首次在同一面铸两种字体。

刘备接受了刘巴的建议，效果立竿见影，"数月之内，府库充实"。相传为了大量铸钱，连百姓家里的蚊帐挂钩也被征用。翌年，刘备攻占犍为县，这里有蜀地极少的铜矿，他借其优势，迅速开炉造币，出产了大量直百五铢钱。为了区别于之前铸造的铜钱，在犍为县铸造的直百五铢背面都有一个"为"字。此字也为篆体，相传是丞相诸葛亮所书，因形似"鸟"字，民间俗称"雀儿钱"。直百五铢背"为"钱，是我国最早记有铸造地文字的方孔圆钱，又被称为"犍为五铢"。

除了经济需要，直百五铢亦深具政治意义。

五铢钱诞生于西汉元狩五年（公元前 118 年），汉武帝下令废旧制，更铸五铢钱，开启了货币史上的"五铢时代"，五铢钱作为汉代官方货币，一直沿用至隋。《华阳国志》记载："蜀中童谣曰：

'黄牛白腹，五铢当复。'……五铢汉钱，言汉当复也。"作为汉代标志的五铢钱，经过汉末战乱，董卓"坏五铢，铸小钱"等举，其价值已远不如前。以匡扶汉室为旗号的刘备，入蜀后铸造直百五铢，不仅宣告自己刘姓宗亲的身份，也表明了复兴汉室的决心。

三国时期，社会混乱，币制淆乱，剪凿钱、虚值钱、劣质钱泛滥。其时，魏、蜀、吴分别实行不同的货币制度，魏国以实物交换为主，后恢复铸造五铢钱。蜀国最先开始铸造大面额钱币，流通 20 余年后，孙权效仿之，且铸行的面额更大，价值更虚。蜀吴两国尽管交战，但贸易往来十分频繁。直百五铢的铸造，拉开了三国时代货币战争的序幕。沿着长江水系出川的商队，将这种大钱源源不断地输入其他地区，通过套换普通五铢钱和各类物资，持续攫取当地的财富，东吴甚至出现了"蜀钱吴用"的现象，蜀国由于发行大额货币引起的通货膨胀，也悄悄向东吴转移。

嘉禾五年（236 年），孙权意识到形势的严峻，紧急下令铸造"大泉五百"，两年后又铸造"大泉当千"来应对。面对东吴的反击，蜀汉被迫将直百五铢的重量减轻，最初铸造时重约 7 克，到最后最轻时仅为 0.5 克，从而在保持面额不变的情况下，争取以更少的铜矿消耗套换更多物资。

在此之后的 10 余年间，蜀汉与东吴多次采取增值和减重的方式来应对经济困局，这场不见硝烟的战争一直持续到赤乌九年（246年）。孙权发现当时的东吴因各种币值轻重不一、价格混乱，遭到民众激烈反对，社会经济也遭受重创，他果断停铸并收回大钱，开始效仿魏国以物易物，才得以逐渐平息。

沿着长江水系的江河而下，当尘沙泛起时，偶尔会出现直百五铢的身影。这枚曾掀起惊涛骇浪、对民生影响深远的小小铜钱上，清隽似飞鸟的文字依然清晰可见。

汉兴钱

中国货币史上首个年号钱

文 | 唐澜芯

西晋末年，巴西宕渠（今四川省达州市渠县）的氏人李特随流民迁徙至巴蜀，被推为首领，随后率领六郡流民起义，两年后去世。其第三子李雄被诸将拥立为主，继续领导流民作战，并攻入成都，即皇帝位，设置百官，建立了大成政权。在他的治下，选贤任能，重教兴学，轻徭薄赋，蜀中迎来了短暂的平稳和发展。

然而，李雄去世之后将皇位传于其侄，引起了亲儿子的不满，为成汉政权的倾覆埋下了祸患。玉衡二十四年（334年），李雄的第四子李越从江阳郡（今四川省泸州市）奔丧，与其弟李期合谋弑皇帝，并拥立李期为帝。

这一切暴行让李雄的堂弟李寿为侄子们的暴戾无状而心惊，同时又将他内心深处蠢蠢欲动的野望诱发了出来。玉恒四年（338年），李寿与文武官员盟誓，聚集数千人袭击成都，放任军队肆意劫掠，甚至包括李氏族妇，数日方定。攻占成都后，李寿对于是否自立为王举棋不定，于是令人占卜，得到答案"可数年天子"。李寿言："朝闻道，夕死可矣。"遂以咸康四年僭即伪位，赦其境内，改国号为汉，史称成汉，又改元汉兴。

中国北方前凉、后赵、后燕、南燕、前秦、后秦、西秦等诸国交相崛起，进入了黑暗的十六国时期。彼时金戈铁马，币制混乱，后赵石勒在公元 319 年"制挈壳署，铸丰货钱"，前凉张氏政权"宜复五铢，以济通便之会"，废除旧币制，铸就新钱，势在必行。

然而，蜀汉经过三国时期数次北伐与连年征战，以一州之力与魏吴十二州抗衡，早已疲惫空虚，经济遭受重创，加之铜资源匮乏，之前发行的直百五铢钱都已无法维持本身重量，更无力铸造新币。因此，李寿称帝当年，干脆放弃以重量命名，直接以国号"汉"、年号"汉兴"为名，铸造并发行汉兴钱。

兼具国号、年号钱双重身份的汉兴钱，与别国铸币明显区分，不仅利于成汉国内的货币管理，更能消除他国在蜀地的经济影响，促进成汉经济发展。汉兴钱作为中国货币史上首个年号钱，是中国古代钱币从重量记名到年号词句的转折点，开启了之后历朝历代铸币以年号为名的滥觞。

汉兴钱与蜀地其他铸钱形制相仿，外圆内方，其上以隶书写"汉兴"二字，或在穿孔上下，或在穿孔左右，而横汉兴钱比竖汉兴钱更为少见。汉兴钱轮廓纤细浅平，文字略带隐起，书法古拙厚重，已脱离了"渐加波磔，以增华饰"的古隶样貌，而隐隐朝着方正紧密的楷体变化。

汉兴钱最重可达 1.8 克，最轻则不足 1 克

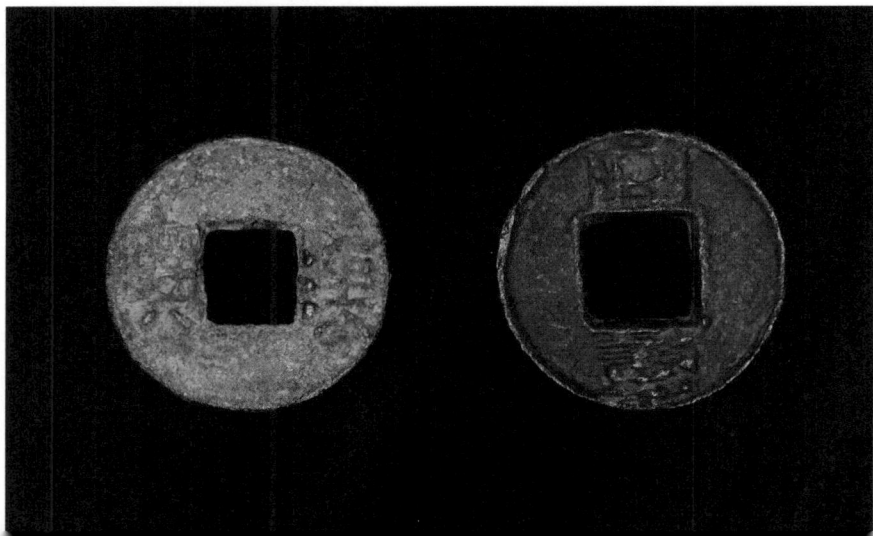

汉兴钱在四川地区时有出土，其他地方则不多见。在成都市大邑县安仁古镇丰泽园的成都市共品钱币博物馆中，可以看到它们的样子。以钱币文化为主题的成都市共品钱币博物馆收藏了10000多件中国古代钱币以及近现代世界各国钞票，展出其中3000多件（套）藏品，横、竖汉兴钱均在其中，也是博物馆的"镇馆之宝"。

汉兴钱直径为1.67—1.7厘米，初铸者最重的可达1.8克，中期所铸者在1—1.4克之间，晚期则不足1克，且钱体轻薄，用铜不精。李寿夺位后初期尚且宽俭爱民，不久便放纵欲望，追求奢靡，更施暴政。人有小过，辄杀以立威，还"修宫室，引水入城，务于奢侈，又广太学，起宴殿"，使得"百姓疲于使役，呼嗟满道，思乱者十室而九矣"。江河日下的经济政治状况令汉兴钱的重量一再减少，其价值更是摇摇欲坠。

此外，汉兴钱的发行，或也带有强烈的政治目的。因为其位不正，李寿为了确认自己的正统性，并尽快消除废帝的影响，发行一个以全新年号为名的货币无疑是绝佳举措，随着钱币流通全境，甚至流至他国，李寿与汉兴的影响力也不断增长，其篡夺之举或也将随着时间的流逝被逐渐模糊。

然而，以混乱无序为主色调的十六国乱世并未给他这个可能。6年后，李寿病逝，其子李势继位。再4年，东晋大司马桓温率军伐汉，李势兵败投降，成汉灭亡。而汉兴钱也随之被废止，不再流通。

这一枚细细的钱币，凝聚着一个篡位者不顾一切登顶权力巅峰的狂想与幻梦，然而李寿所期望的"成汉之兴"，终究与那轻薄如纸的钱币一般，消失于十六国乱世的暴乱与疯狂之中。

东汉铁锸

秦汉时期产业革命史

文 | 朱鸿伟

    新津区城郊忠义路上有一座香米园汉陶艺术博物馆，说是博物馆，其实是馆长米蹇用民房改造的，两层楼房中堆满了琳琅满目的陶鸡、陶俑、陶马。其中有一件锈迹斑斑、貌不惊人的铁锸，却被他视为"镇馆之宝"。这件铁锸的背后，隐藏着成都秦汉时期一段产业革命的历史。

    铁锸高10厘米，宽12厘米。东汉刘熙《释名》道："锸，插也。插地起土也。"这个解释道明了"锸"的使用方法，就是将"锸"插入土里，再撬起泥土。铁锸呈凹形，头部圆弧状利于插入土中，上部可置入两个手柄，双手握持便于用力。香米园这件铁锸上铸有"蜀郡"二字，即由蜀郡制造。公元前285年，秦国置蜀郡，设郡守，成都为蜀郡治所，并延续至汉朝。

    秦灭巴蜀前，蜀地使用的还是铜铁合铸的铁器。公元前316年，秦灭巴蜀，蜀中铁器开始发生悄然变化，渐次形成产业，对蜀地的生产生活，以及周边的少数部族产生了很大影响。6年后筑成都城，官府在城内专门设置了"铁官"衙门，专管冶铁业，衙门里设正副官长——长与丞，职级类同县令。

    铁器大发展，先要有丰富的铁矿，其次要有冶铁技术。这两点，

铁锸是古人务农时翻土开沟的重要农具

彼时的成都均具备了。当时在距离成都百余里的临邛发现了大量铁矿，《华阳国志》记载："临邛县……有古石山，有石矿，大如蒜子，火烧合之，成流支铁，甚刚，因置铁官。"良好的铁矿资源引得官府高度重视，遂将临邛作为冶铁之城来发展，在成都筑城的同时，临邛也开始筑城。那时的临邛辖区大约包括今蒲江、邛崃、大邑等地区。

有了铁矿资源，还得有成熟的冶铁技术。临邛的冶铁技术要从汉朝的大才子司马相如说起。司马相如与临邛县令王吉交好，时常一起悠游，由此与临邛巨富卓王孙发生交集，认识了卓王孙的女儿卓文君。卓文君爱才，喜欢上了司马相如，但卓王孙不同意。如此一来，两人只得为爱私奔，由此留下"文君当垆，相如涤器"的佳话。无奈之下，卓王孙同意了这门亲事。

卓家原为赵国的冶铁人家，秦破赵后，从故国迁到临邛，凭借自家技术冶铁致富。据《史记·货殖列传》记载："蜀卓氏之先，赵人也，用铁冶富。秦破赵，迁卓氏。卓氏见虏略，独夫妻推辇行诣迁处。诸迁虏少有余财，争与吏，求近处，处葭萌。唯卓氏曰：'此地狭薄。吾闻汶山之下，沃野，有蹲鸱，至死不饥。民工于市，易贾。'乃求远迁，至之临邛，大喜，即铁山鼓铸。运筹策，倾滇、蜀之民，富至僮千人。田池射猎之乐，拟于人君。"由此看来，估计卓氏早知道临邛产铁，不然，何以求远迁？冶铁是工业经济，收益远胜农业，卓氏由此创造巨额财富。与卓王孙相似的还有程郑，他是从山东迁徙到临邛的，也是冶铁致富。《史记·货殖列传》记载："程郑，山东迁虏也，亦冶铸，贾椎髻之民，富埒卓氏，俱居临邛。"

铁的锐度、硬度皆胜过铜，生产生活中用处甚大，需求广泛。从这些年的考古发现来看，四川出土的铁器品类与数量颇多，有釜、斧、犁、铲、锸、镰、锄、锥、削、刀、剑、镯、铁盆等。就连甘孜州、阿坝州、凉山州等地也屡有铁器出土，可见当时铁器已经在巴蜀得到了广泛使用。

成都冶铁基地主要在临邛城。据《成都通史》记载，蒲江县发现 50 多处冶铁遗址，有冶炼残渣、矿坑、冶炼炉等，其中冶炼残渣占 5 万余平方米，有的厚度 3—6 米。此外，成都市新津区安西镇，原名铁溪，道光《新津县志》以为此处是"诸葛武侯炼铁处"，20 世纪 70 年代，这里的村民在田间劳作时常捡拾到铁渣。

秦汉时期，成都冶铁业的高度发展引发生产工具的变革。铁农具的普遍使用，提升了农业生产效率，对在丘陵山地开发梯田起到了积极作用。同一时期，蜀地开挖数以万计的水塘，新津曾出土一个完好的陶田模型，上有半圆形水池，可证明当时水池的挖掘技术。铁制工具的广泛使用，还使得造船、造车出现质的变化，推动了水陆交通的发展。铁工具同样提高了崖墓的开凿效率，今天考察分布在岷江右岸的崖墓群，可以发现，如果当时没有坚硬的铁工具，是无法实现数量如此多、结构如此复杂的崖墓的开凿的。

铁锸背后，显现了一段成都铁器产业大发展的历史。

武宁军铜印

一枚军印背后的战争风云

文｜张红刚 刁觉民

千里沱江，浩浩荡荡，流域所在，富庶之乡。沱江是四川四大江之一，它起于三江聚首的金堂县赵镇，经简阳、资阳、资中、内江、自贡，在泸州注入滚滚长江。坐落在沱江之畔的金堂县，因为沱江之利，航运发达，商贾云集，它的历史与故事，隐藏在那些会馆、戏台、宗祠中，也被陈列在沱江文化博物馆里——汉代的陶俑、明代的瓷器、清代镇江王像，而其中一枚铜印背后，可见金堂县的历史沿革，乃至金戈铁马。

武宁军铜印，1987 年征集于金堂怀安军遗址，重约 380 克，通高 4.5 厘米，长 5.3 厘米，宽 5.3 厘米，正面阳篆"武宁第二十一指挥第四都朱记"，背面线刻"建中靖国元年三月少府监铸"12 字。建中靖国元年是 1101 年，"武宁"是宋代军队番号，按照宋代军队的编制，百人为一都，统率五百人称为"指挥"。

1978 年，距怀安军遗址不远的五凤镇废品收购站也采集到一方铜印，印文为"武宁第十九指挥第三都朱记""北宋元祐元年（1086 年）少府监铸"。

两方武宁军印，均由金堂县文管所收藏，并委托沱江文化博物馆展出。它们对于研究宋代历史和兵制有着重要意义，也与金堂特殊的地理位置密切相关。《宋史·兵书志》中记载，北宋武宁军为厢军，熙宁后改名为克宁军。据《续资治通鉴长编》神宗元丰二年（1079年）的记载："诏川峡四路武宁指挥，本教阅厢军，昨升为禁军，其于厢军旧额除之。"也就是说，武宁军中的教阅厢军即参加平时操练和春秋教阅的厢军，实际上升为禁军了。如果《宋史》记载属实，那么这枚武宁军军印当为禁军军印。

武宁军驻守之地，为怀安军城。据《宋朝事实》卷19《升降州县二》，北宋攻取蜀地后，西南诸州转运使曹翰向宋太祖建议，"遂州取金水县路，至西川五百里，其金水县，又是简州大路，最居津要，请建置为军"。

乾德五年（967年），宋廷从曹翰奏请，在云顶山下的金水县（今淮口街道）设置具有军事功能的州一级行政单位怀安军，辖金堂、金水二县。对于怀安军地理位置的重要性，南宋怀安军知军度正

武宁军铜印是惨烈的宋蒙战争"亲历者"

说："本军其地多大山，盘亘数千里，东达于潼、遂，西达于成都，盖东西之冲，而山川之要会也。"历史上，南宋王朝在矿产丰富之地设"监"，管理矿物开采与运输；在军事重地设"军"，修建城墙、门楼、屯重兵戍守。史料显示，四川地区设有2监、8军、10府、29州、180县，除了怀安军，尚有长宁军、宁西军、永康军、石泉军、云安军、梁山军、南平军。

怀安军遗址位于淮口街道沱江西岸，20世纪70年代，四川大学历史系教授胡昭曦、林向通过实地考察，确定此地为一处古城址。之后，成都市文物考古研究院前后开展了两次考古发掘工作，确认该址为两宋时期的怀安军治所，遗址内发现了北城门、衙署、民居、街道、水井等遗迹，是中国宋代城市考古的重要发现。

两枚武宁军军印出土，许与宋蒙战争不无关联。1234年，宋蒙联合灭金，亲政不久的宋理宗派兵收复东京开封府（今河南开封）、西京河南府（今河南洛阳）和南京应天府（今河南商丘），史称"端平入洛"。宋蒙战争由此爆发，蒙古分兵三路伐宋。

1235年，宋蒙联军攻破金国的第二年，蒙古军兵分三路，西路攻四川，中路攻荆襄，东路攻两淮，入蜀的蒙古军并未遭遇太多抵抗，轻松地从大散关、阳平关而下，进入四川腹地，"凡破四川府州数十，残其七八"，南宋王朝的军、府、州、县遭遇重创，百姓罹难者不计其数。从某种角度而言，怀安军城的衰败只是南宋时四川凋敝的一个缩影而已。南宋末年，此前在史书中频频出现的怀安军城再也不见于史料记载，战火让这座曾经兴盛的古城湮没在地平线下。

城池被破，将士殉国，百姓流亡，戍守的军队也命运多舛。覆巢之下，岂有完卵，保命尚难，又哪来的时间去收拾官印呢？这枚武宁军军印，也从侧面印证了宋蒙战争的激烈程度。

明代铁瓦

1644 年九峰山纪事

文｜萧易

彭州城区通往隆丰镇的彭白路上，万木留香家具博物馆隐藏在路边的家具市场中。小楼的 1 层是馆长梁川的家具展厅，2 层便是博物馆。梁川，木匠出身，出于对木雕手艺与家乡彭州的热爱，创建了这个民间博物馆。博物馆的木质藏品有晚清的雕花木床、祖先牌位、牛腿撑花等。也有一些藏品与彭州地方文化有关，比如陶俑、铜鼎。而博物馆里讲述了一座明代寺院营建与维修历史的几匹铁质筒瓦，被他视若珍宝。

"郫县正堂太爷蒋熙春 / 发心铸造九峰山 / 普贤殿铁瓦八皮 / 崇真十七年七月 / 常住"——长约 66 厘米、宽 24 厘米的铁瓦上，隐约可辨这段铭文。崇真即崇祯，明思宗朱由检的年号，十七年是 1644 年。这年七月，郫县县令蒋熙春（正堂太爷为县令别称）在九峰山捐造了 8 匹铁瓦。蒋熙春其人，据《全州志》记载，是全州昇乡大冈人，崇祯六年（1633 年）癸酉科举人，出任淮阴知县，此后又到成都府郫县任职。

万木留香家具博物馆共藏有 3 匹与蒋熙春有关的铁瓦，除上文所说的一匹，另两匹上的铭文为"郫县正堂太爷 / 蒋熙春施铁瓦八皮 / 于九峰山普贤殿 / 常住 / 崇真十七年七月吉日造""郫

县正堂太爷蒋熙春 / 施铁瓦八皮九峰山 / 普贤殿永远常住 / 崇真十七年十月造"。可见崇祯十七年七月与十月，蒋熙春多次捐资铸造铁瓦，每次以 8 匹为一组。

崇祯十七年是明朝的终点，也是作为大一统的明朝的最后一年。这年正月初一，李自成在西安登基，国号大顺，改元永昌。同年三月十九日（4 月 25 日），李自成领兵攻入北京，崇祯皇帝自缢身亡，国祚 277 年的明朝轰然倒塌。

皇帝玉碎，国朝覆亡，4 个月后，这个消息或许传到了巴蜀。身为一县之主，将带领一县百姓何去何从？当时的四川虽还在明朝统治之下，却依旧危机四伏。同样在 1644 年，张献忠也率领一支大军入蜀，并于同年 8 月攻入成都，创立大西国，国号大顺，四川再无宁日。蒋熙春面临着亡国之痛与生死抉择，不知他数次捐铸铁瓦，是否便与这样的处境有关？

蒋熙春捐资的普贤殿，位于今彭州九峰山顶的雷音寺。清嘉庆《彭县志》载："彭之九峰，岷之阴也，高播云汉，六月积雪。上有雷音寺，乃无霞（瑕）祖师道场，明天启间建。"雷音寺创自明天启年间，由无瑕祖师创立。无瑕禅师是资中县人，俗名广玉，年 30 余出家，在大足宝顶山祝发受戒，先后在峨眉山、华蓥山修行，后背负着三斤熟面到九峰山中跌坐，面对黑熊、猛虎不为所动，声名远播，香火日盛。

明崇祯年间，雷音寺普贤殿年久失修，维修时需用大片铁瓦。因雷音寺地处九峰山顶，海拔 3300 余米，冰雹雪雨时有发生，传统砖瓦容易损坏，故需用厚重的铁瓦。中国许多地方的古建筑屋顶都采用铁瓦，泰山碧霞祠地处山区，时有狂风、冰雹，明天顺五年（1461 年）开始冶铁制瓦，现存屋顶依旧盖着明代铁瓦。

普贤殿重修的消息一经传出，临近的郫县人纷纷捐资，明堂乡的杨姓与妻子冯氏，联合乡人梅氏（梅氏夫君名字模糊不识）

凑着捐了一匹，黄根禄与妻子、儿子捐了一匹，明堂乡的谭朝西与妻子黄氏也加入进来。黄根禄、谭朝西二人都住在一个叫"六合沟"的地方。

僧人了德独自捐了 5 匹铁瓦。另一片残瓦上，还出现了"化主清现"4 个字，他似乎是一位会首，虔诚地游走在乡间，收集善男信女的香火钱。铁瓦需要定制，僧人将这些功德主的名字一一记下，嘱咐工匠铸造在铁瓦上。谭朝西、黄根禄、梅氏、黄氏，倘若不是这个善举，

铁瓦上的铭文，记载了捐赠者的姓名与身份

他们或许不会在史书中留下任何信息。

明代郫县为成都府下辖的十五县之一，张献忠攻占成都后，郫县自然也免不了被攻破的命运。张献忠以杀人为乐，花样残酷，他曾派出四路大军，沿东南西北四个方向逢人便杀，就连深山峡谷也搜了个底朝天。经由明末清初长达半个世纪的战争、饥荒、屠杀，四川人口锐减，清初四川一度只剩下 80000 人（一说 50 万人）。郫县、彭县生灵涂炭，谭朝西、黄根禄、梅氏、黄氏或许也难逃厄运，作为前明官员的蒋熙春更是命运多舛。

几匹明代铁瓦，留下了他们的名字和希冀，也留下了几个在王朝更迭大潮中摇曳的背影。

民国钱牌

成都是个大茶馆

文 | 吴云霞

　　货币，于个人而言是贵重却又易失去的身外之物，于历史而言是鲜活却又冰冷的时代产物。位于安仁古镇安惠里的成都市共品钱币博物馆拥有数万件藏品，记录下数千年来货币发展的历史。古朴而典雅的川西小院内，展示陈列了与钱币相关的各种藏品，从三四千年前的货币天然海贝到世界上体积最小的货币——南朝小钱，从王莽新政时期的钱币到各种古代书法大家所写的方孔钱，将不同年代和材质的货币展现在观众面前。而其中的"镇馆之宝"，却是年代不甚久远的民国钱牌。

　　钱牌是民国时期成都民间诞生的代用币。辛亥革命之后，四川军阀混战，货币的发行极为混乱。军阀为筹措巨额军费，降低铸币成本，大量铸造一百文、两百文的大面额铜元，减少，甚至停铸小面额的辅币。这使得货币交易流通时无法找零，于是成都各行业开始出现私铸的代用币——钱牌。

　　准确地说，钱牌并不是私铸的货币，而是商家的欠条或是"会员储值卡"。当顾客消费时拿出大面额铜元，而商家无法找零时，就交付给顾客自家独有的"欠条"——钱牌。下次再来消费时，这些钱牌就可以直接当现金使用，所以钱牌上的金额往往都是"欠钱十文""欠钱二十文""欠钱五十文"等，一个"欠"字表明了钱牌与真正货币之间的区别。

钱牌上除了注明欠钱金额外，还錾刻有商家、公园、街名等详细信息。有的为商家独家使用，有的在一个行业中通用，有的在一条街上通行，有的在一个县上流通使用。在无形中，钱牌也逐渐成为各个商家的名片，促进了二次消费。

在共品钱币博物馆中，就收藏有 80 多枚民国时期的铜钱牌，让我们看到百年前成都的市井百业。这些钱牌上的商家从面馆、酒楼到醋坊、车行，应有尽有，但最多的还是来自茶馆的钱牌。民国二十四年（1935 年），成都约有茶馆 599 家，每天接待茶客约 12 万人。而当时的成都人口不足 60 万，即每天约有五分之一的成都人会走进茶馆。作家张恨水流寓成都时，在他所写的《蓉行杂感·茶馆》中感叹："北平任何一个十字街口，必有一家油盐杂货铺（兼菜摊），一家粮食店，一家煤店。而成都不是这样，是一家很大的茶馆，代替了一切。我们可知蓉城人士之上茶馆，

钱牌上除了金额外，还有商家、街道、公园等信息

其需要有胜于油盐小菜与米和煤者。"

茶馆，是成都人的"江湖"，人们在这里谈判、交易、聚会，迎来送往。共品钱币博物馆展出的钱牌中，有两枚来自永聚同春茶社。这家茶社是成都著名餐馆——聚丰园的老板李九如开设的，位于少城公园（今人民公园）内，所以钱牌上有明确的标注"少城公园·永聚同春·欠钱廿文"。据说，这家茶社使用"矮桌和竹椅"，柔软舒适，或许这是成都老茶馆中使用竹椅的源头。

在当时，少城公园内共有 6 家茶馆：永聚、枕流、绿荫阁、文化、射德会以及鹤鸣，不同行业的人在这里有固定前往的茶馆。"永聚"是当时商界人士谈生意的地方；"枕流"的顾客以青年学生为主；"绿荫阁"是政界人士和士绅的聚集地；"射德会"茶馆是清代四川状元骆成骧筹建的射箭场——"射德会"的聚点，也是军政界人物喝茶、活动的场所；而"鹤鸣"的茶客以文化人士居多，当时的校长、教师基本聚集在此，诞生了著名的"六腊战争"。

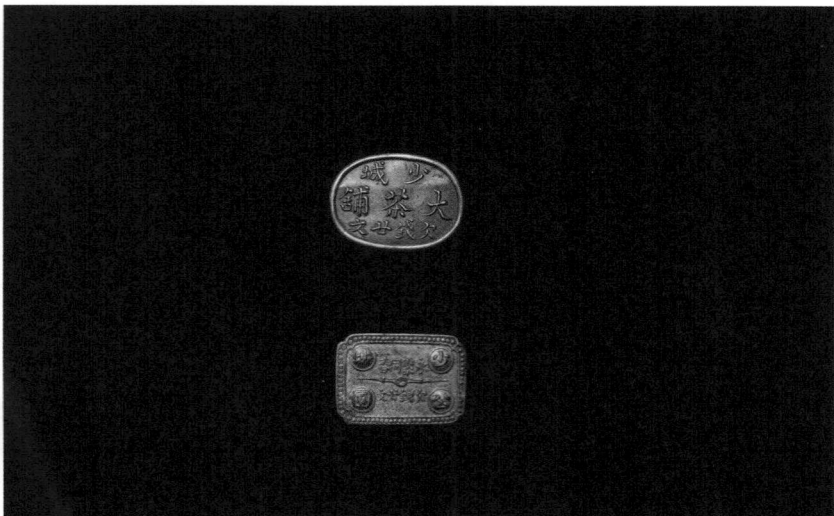

少城公园茶铺中的铜钱牌

所谓"六腊"，指的是每年暑假的阴历六月和寒假的阴历腊月。民国时期，教师每一学期都要获得校长颁发的聘书才能任教。寒暑假期间，校长们要对下一学期的空余教师岗位进行招聘，地点就在鹤鸣茶馆。由于岗位紧俏，应聘者要经过激烈的竞争才能获取聘书，故被称为"六腊战争"。

由于众多的文化人士、商务人士聚集于此，久而久之，少城公园及其周边区域，逐渐成为成都的文化艺术圣地。在一墙之隔的祠堂街上，曾汇聚了全成都 70% 的书店；著名画家张采芹在这条街上创办了四川美术协会，徐悲鸿、张大千都曾在此举办过画展。少城公园里的一杯清茶冲泡出了民国成都的文艺江湖。

来自悦来茶园的钱牌也格外引人注目。这间创建于 1908 年的茶馆，时至今日已是成都著名文化地标。它的前身是成都老郎庙，供奉唐玄宗为戏剧祖师，艺人们常在此聚会切磋技艺。清末，在四川省警察局总办周善培提议下，改建为悦来茶园。茶园建成后，由八大川戏班联合成立的"三庆会"在此挂牌售票演出，将川剧艺术推向了鼎盛时期。

除了完善传统曲目，悦来茶园还不断吸收外来文化，改编并上演新戏。例如：当时的川剧"时装戏"《黑奴义侠光复记》，就是由美国奴隶制名著《汤姆叔叔的小屋》改编而成的。创新的茶园，新颖的戏曲，让悦来成为当时成都茶馆中的翘楚，就连著名学者郭沫若也曾在他的自传《少年时代》中写道："成都最首出的新式戏园，名'悦来茶园'。"

随着民国时期通货膨胀，物价飙升，日常消费逐渐不需要小额货币找零，商家私铸的钱牌也失去了功能。而这些静静地躺在共品钱币博物馆中的钱牌，却记录下民国年间成都茶馆的兴盛。那时候，成都就是一个大茶馆。

红色货币

一个新时代的黎明

文 ｜ 唐澜芯

位于成都文殊坊历史文化保护区内的成都川江钱币博物馆已经免费面向公众开放近 10 年了，它以 3000 余件藏品串联起中国货币发展的历史沿革。从莹白的贝币到鲜艳的纸币，序列完整，特色鲜明。在靠近结尾的展柜里，有一张名为"叁串"的布币特别引人注目。作为钱币，它非纸非银，以普通的白竹布为材料，上面醒目地印有繁体字样"全世界无产阶级联合起来"，正中则以斧头镰刀做底，空心五角星里，一只紧握的拳头，传递着不屈的革命精神。

这是川陕省苏维埃政府发行的布币，最下面一排文字写着它诞生的时间："1933 年"。

它与同一展柜的其他纸币、铜币等同时流通于 20 世纪 30 年代的川陕省苏维埃根据地，布币上带有由大五角星、镰刀和锤子组成的党徽图案，铜币上带有"赤化全川"字样，还有标明了"每二十枚当国币一元"的 5 分硬币……带领人们回到曾经那个轰轰烈烈的大革命年代。

1933 年，是川陕省苏维埃政府正式成立的一年。在此之前，中国工农红军第四方面军（简称红四方面军）在国民党政府的第

布币是川陕苏区发行最
多的红色货币

四次"围剿"下被迫撤离，由陕南进入川东北的通江、南江、巴中地区，开始创建革命根据地。

此时的四川，军阀和土豪劣绅掌握地方实权，在防区私设造币厂，发行各类货币，牟取暴利，加之各地商号、商会、茶铺等也趁机发行辅币券、代现券、粮税库券等，甚至还有大清银币、民国袁头币和孙头币等混乱流通，高利贷横行，令本就贫苦的百姓生活雪上加霜。川北民歌中唱道："尖尖山，二道坪，毛毛小路密密林。苞谷馍馍胀死人，要吃干饭万不能。"这正是普通百姓生活的写照。

红军进入秦巴地区以后，迅速建立起以现巴中市为中心区域的川陕苏区革命根据地。面对经济枯竭、劣币横行的局面，稳定民心、发展经济、巩固政权，成为政府建立后最迫切的任务之一。

布币的面额"叁串"，
可以换取三吊铜元

川陕苏区铜元

1933 年 12 月 4 日，川陕省苏维埃政府工农银行（又称中华苏维埃共和国川陕省工农银行）在巴中市通江县苦草坝得汉城（今永安镇）建立，行长是被誉为"红色理财专家"，曾任上海义斋钱庄经理、红四方面军总经理部（后勤部）部长的郑义斋。

在银行下辖的石印局里，5 台石印机和 16 名业务人员承担了印制各种纸币和布币的任务。然而，当时制造纸币的材料是被称为道林纸的胶版纸，这种纸在长期被经济封锁的川陕地区相当紧缺，根本无法满足印制需求，且最初的石印设备也非常简陋，不能进行大批量的精制印刷。情急之下，人们将目光投向了平时做衣服所用的洋布。四川本就拥有悠久的纺织历史和丰富的资源，清江、碧溪、泥溪、永安、涪阳等地都设有织布厂，银行充分调动这些织布厂生产粗、细白布，经过漂白、上粉、加白蜡、蛋清轻揉、浸匀烘干、打水、碾光等程序，再交由石印局印制成布币。

"叁串"布币就是最早制发的布币之一，一张"叁串"布币即可换取三吊铜元。由于当时银和铜难得，又暂无条件印制纸币，布币就成了川陕地区最主要的流通货币。

随后，红军在川陕地区不断地深入，陆续攻占了军阀的造币厂，缴获了所有设备和原料，并接收了一批技师和大量熟练工人，为制发货币解决了至关重要的设备、技术和人员问题，促使苏区货币得到了快速发展。1934 年发行的"叁串"布币就从单色印刷改为了六色套版印刷，精美了许多，其质量在全国苏维埃革命根据地印发的货币中也属上等。

《巴中县志》记载："1933—1935 年流通县境（含今平昌）的苏币约有银币 40 万—50 万元，铜币 30 万—40 万元，布币 200 万元，纸币 70 万—80 万元。"可见，布币作为川陕苏区发行最多的货币，在那个时期发挥了不可或缺的重要作用，产生了足以被载入史册的深远影响。

由于货币具有极强的流通属性，它也成为苏区宣传的绝佳载体。《中国历代货币》一书评价过："苏区铸造的银币与铜币有一部分带有"苏维埃""全世界无产阶级联合起来"等革命性的文字。这是中国货币史上一件破天荒的大事，标志着一个新时代的诞生。"而川陕苏区发行的货币不仅吸收了中央和鄂豫皖地区的货币样式，更有着鲜明的地方特色。

1933 年 8 月，中共中央《致红四方面军的信》中有指示："赤化四川全省的任务很迫切的摆在你们面前。"随后发行的"赤化全川"200 文铜币，就是为推行这一地方性革命纲领而采取的典型创举。此外，如布币、纸币上印有马克思和斯大林的头像，而当时其他地区的货币上只印有列宁头像，此举亦属首创。另外，如"一元"货币背面以工厂和拖拉机来表现苏区工业发展的繁荣景象，也是别出心裁。

川陕省苏维埃政府工农银行共发行了银元、铜元、布币、纸币 4 种货币 19 种版别，得到了人民群众的衷心拥护和支持。然而好景不长，1935 年，随着红四方面军和川陕省苏维埃政府向西撤离，工农银行和造币厂也随之踏上了长征之路。在漫长而艰苦的路途中，沉重的造币机器不断损毁遗落，但红军依然坚持采用小型套版持续印制纸币。直到 1935 年 10 月，长征之路上的造币活动才彻底终止于川西终年不化的皑皑雪山之中。

川陕苏区货币尽管只发行了两年时间，但对当地的影响却经久不衰。即使在红军撤离、货币不再流通后，老百姓也冒着反攻清算的危险千方百计地将之留存下来。这意味着，它们不仅仅是普通的货币，更作为红色政权的象征，永远记录着那一段峥嵘岁月，也昭示着一个繁荣安宁的新时代的黎明。

"鼎"字粮印

天府之国的农耕记忆

文｜陆离

    车至蒲江县，不过一个小时的路程，车窗外一座座高楼大厦被绿意盎然的田野覆盖，城市的喧嚣亦渐渐远去，取而代之的是一片宁静的乡村风光。蒲江明月轩篆刻艺术博物馆地处蒲江县甘溪镇明月村，从外观上看是一个与世无争的小院子点缀在青山绿水之间，白墙黑瓦与自然景色相得益彰。步入正门，却发现里面别有洞天，院子里还坐落着一个有上百年历史的川西传统民居，300 余件与中国篆刻艺术相关的藏品便陈列在其中。

    这里的"镇馆之宝"是一枚制作于民国时期的粮印，质地为硬木，重 270 克，宽 16 厘米，长 22 厘米，厚度 3 厘米，柄高 6.5 厘米。木印厚重大气，正面阴刻一个"鼎"字，端正不拘，是一件中国篆刻艺术的实用衍生物品。

    中国篆刻艺术是结合书法和镌刻（包括凿、铸）制作印章的艺术，由于古代印章多采用篆书入印而得名。早在春秋战国时期，便诞生了用途广泛的印章，有器物记名用印、金币用印、标准量器用印等；秦始皇统一中国后，规定皇帝用印章称玺，一般人用印章称印；汉代则具体划分了官印、私印两种类别；从宋、元时期开始，有的印章成为兼具审美价值的艺术品；明清以后，名家辈出，流派纷呈，印章作为实用品和艺术品被广泛使用和收藏，各行各业几乎都离不开它。

　　粮印又称谷印、仓印等，是一种盖在粮堆上的特制印，用以在贮藏的粮食上面封盖记号，作为保存的凭证。粮印通常由黄花梨、桃木、枣木等制成，多由民间木匠制作，从选材、设计到做胚、雕刻，颇费一番功夫。讲究的匠人还会给粮印配置一个印盒，以便保存。

明月轩篆刻艺术博物馆是国内首家开在乡村里的篆刻博物馆

粮印印面多为长方形，正面刻有字，字数通常为1—3个。印文上的字有家族姓氏、米号、粮行商户号，也有用"富""德""仁""丰""公平""呈祥"等寓意吉祥的字词的，还有镌刻各种吉祥图案、花草纹饰的，甚至有的干脆刻一个"印"字。馆长蒲林认为，"镇馆之宝"上的"鼎"字可能有两种含义，首先，"鼎"字在古代有显赫、公正、兴盛等含义，可能是表示所储藏的粮食品质优异，也可能是指粮印本身代表着公正、诚信，抑或寓意商户的兴盛；其次，可能就是取了这个粮印的米号（粮行）名字中的一个字。

粮印的使用方法非常简单，首先将容器中的粮食铺平，然后只需要握住印纽，在粮食堆上按一按，粮堆上便有了字。粮印可以在粮食堆上反复印字，直至整个平面上都铺满字为止。这种管理粮食的方法虽然简单却十分有效，即使以如今的科技水平而言，想要取走盖好粮印的粮食，而不破坏上面的字迹，也是非常困难的。

粮印的诞生与使用，见证了中国粮食仓储管理制度的悠久。秦统一六国后，设立了大规模的粮仓，如当时的栎阳仓积粮二万石，咸阳仓积粮十万石。当时从中央至地方都建有粮食仓储，甚至还制定了确保粮食安全储存与有效管理的律书《仓律》，其中记载"万户之粮入禾仓，以印之"；汉代粮仓是要由县丞封印仓门的，其作用便是"以检奸萌"。1956年，内蒙古额济纳旗出土了一枚"万石"仓印，印面阴刻"万石"二字，是西汉时期粮仓管理制度的物证。

数千年来，大大小小的粮仓一直在用粮印来监管粮食，直到20世纪六七十年代，这种方法还普遍应用于全国各地。无论农村的生产队，还是各大粮食管理站，每次粮食出入库，都离不开使用粮印，甚至还由此诞生了一种职业——"掌印人"。明清时期，无论官仓民仓，当扛包工将粮食装满后，要由 2 名至 3 名掌管粮印的人在粮食上各自压盖粮印，由此确认封存这囤粮食。

《汉书·郦食其传》："王者以民为天，而民以食为天。"《管子·牧民》："仓廪实而知礼节，衣食足而知荣辱。"粮食无论在工业社会，还是在民农耕社会，其重要性从未改变过。一枚小小的粮印，凝聚着劳动人民的智慧，也见证了作为天府之国的成都平原农耕文明的繁荣兴盛。

粮印既是篆刻艺术的衍生品，也是农业社会粮食贮藏中的一件实用品

　　成都川江钱币博物馆是钱币收藏类非国有专题博物馆，位于成都市青羊区大安西路 9 号附 303 号。

　　川江钱币博物馆于 2015 年正式开放。2017 年 6 月，马识途为该馆题写馆名。截至 2022 年末，成都川江钱币博物馆占地面积 800 平方米，展馆面积 400 平方米。该馆以普及中国钱币知识、弘扬中华钱币文化为宗旨，基本陈列包含古代钱币、近现代钱币两个主题展区。

　　博物馆藏品包含中国古代钱币及外国钱币，共计 3000 余件。其中以先秦及蜀汉时期藏品最具特色。

成都市青羊区大安西路
9 号附 303 号

成都川江钱币博物馆

成都市共品钱币博物馆

成都市大邑县安仁古镇
丰泽园

　　成都市共品钱币博物馆是一家以钱币文化和红色文化为主题的非国有博物馆，位于成都市大邑县安仁古镇丰泽园内。

　　共品钱币博物馆基本陈列分为钱币博物馆和革命文物陈列馆两个部分。钱币博物馆开放 8 个展馆，分别是：四川钱币馆、银行卡馆、世界钱币馆、金融强国馆、金融抗战馆、世界和平与发展纪念馆、"一带一路"馆、四川红色金融馆；革命文物陈列馆开放 7 个展厅，分别是：党史文献厅、初心使命厅、实事求是厅、解放西南厅、英烈先辈厅、重温誓词厅、同心向党厅。

　　博物馆共有藏品 3000 余件（套），其中以各个时期少见的钱币最具特色。

　　成都香米园汉陶艺术博物馆是一家以汉代陶器为主题的非国有博物馆，位于成都市新津区五津街道忠义路 120、122 号。

　　香米园汉陶艺术博物馆于 2011 年正式开放，博物馆的展出内容包括陶瓷、书法、绘画、金属器、木刻等。博物馆设主题单元 3 个，包括汉陶精品单元、书画精品单元和综合精品单元。其中汉陶精品单元突出禽畜类、瑞物类、神怪类、百戏类、军士类、勤杂类、车船类、日杂类、建筑类九大类展陈主线，择其陶俑代表藏品 500 件进行系统集中展示，同时提供汉画像石、汉画像砖、摇钱树等代表性藏品 300 件，以供综合参观。

　　博物馆共有藏品 2000 余件（套）。

成都香米园汉陶艺术博物馆

成都市新津区五津街道忠义路
120、122 号

沱江文化博物馆

成都市金堂县白果街道
顺江街 555 号

　　沱江文化博物馆是全国唯一一座以展示四川沱江沿岸风土人情为主题的博物馆，位于成都市金堂县白果街道顺江街 555 号。

　　沱江文化博物馆的前身是金堂金丝楠木博物馆。博物馆全方位地挖掘、展示了沱江历史文化及金堂文化，介绍沱江治水故事、渊源古老的金堂三镇（赵镇、淮口及五凤），以及沱江孕育的多样文化及文化遗址、传说和从古至今水乡的名流俊杰等。该馆总共分为 3 个展厅及 1 个书画厅，一展厅介绍了沱江概况及沱江治水的故事；二展厅主要介绍金堂发展；三展厅为金堂、沱江的非遗文化和名人堂；书画厅展示的是该馆收藏的精品拓片。

　　沱江文化博物馆现有藏品 411 件（套）。

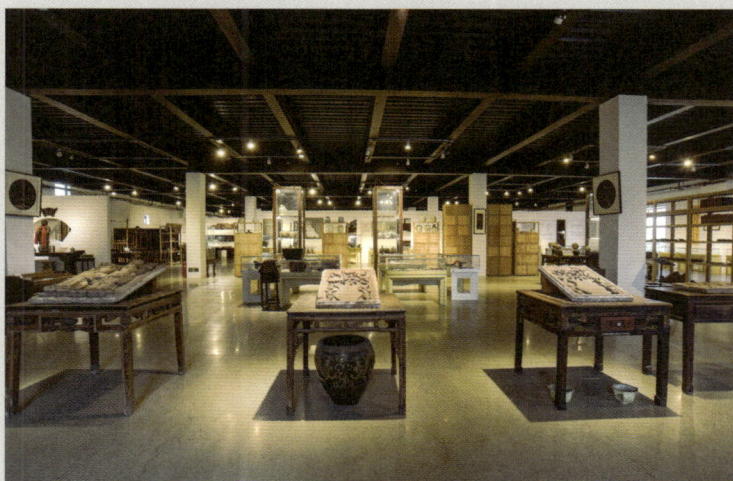

　　彭州市万木留香家具博物馆是国家三级博物馆，位于成都市彭州市隆丰街道隆新路南段 187 号。

　　万木留香家具博物馆于 2017 年正式对外开放，是彭州市首家民办博物馆。博物馆占地约 43.4 亩，展陈面积约 22200 平方米，由非遗文创展示馆、古家具展示区、古今彭州（陶瓷标本）区、匠心传承体验馆、龙门山名贵植物科普林、彭州美石馆、百年彭州初心馆、彭州市保密教育点位、成都彭州瓷博物馆、大师（省级）工匠室、中国巨砚艺术馆、再现鲁班非遗文创馆 12 大场景组成。

　　博物馆藏品种类包括木器、陶器、青铜器、近现代物品等，共计 98.6 万余件（套），其中以家具类藏品最具特色。

成都市彭州市隆丰街道隆新路南段 187 号

彭州市万木留香家具博物馆

101

蒲江明月轩
篆刻艺术博物馆（传习所）

成都市蒲江县甘溪镇新民村 10 组

　　蒲江明月轩篆刻艺术博物馆（传习所）是国内第一家设立在乡村的"人类非物质文化遗产代表作——中国篆刻艺术"主题博物馆，位于成都市蒲江县甘溪镇新民村 10 组。

　　明月轩篆刻艺术博物馆（传习所）占地面积 1300 余平方米，建筑面积 600 余平方米，由川西特色民居建筑和乡村特色建筑组成。博物馆（传习所）于 2016 年 3 月 18 日建成并免费开放，从开馆起，明月轩篆刻博物馆（传习所）开设公益培训班，只要有兴趣的观众，都可以在明月轩免费学习篆刻艺术。除了村民、游客，还有很多爱好者闻讯从成都市区、蒲江、大邑等地赶到明月轩学习。近年来，该博物馆开展的篆刻公益培训班先后培训了上千人次。

　　博物馆藏品包括中国篆刻艺术相关藏品 318 件（套），中国篆刻艺术相关图书资料 1000 余册。

Shu Brocade and Embroidery

蜀　锦　蜀　绣

⊙ 南北朝鸟兽纹锦，蜀锦之上，寄托了工匠对异域的想象，那白虎咆哮、孔雀鸣舞的殊方异域；

⊙ 缠枝花卉夔龙刺绣纹锦片，南北朝乱世之中的生活向往与情感寄托；

⊙ 红地连珠小团窠宝花锦，连珠纹是古代欧亚大陆最流行的纹样，蜀锦的影响力，自古开放而非封闭；

⊙ 红地卷草团窠狮象纹锦，红色织锦上，开元盛世光景的一个瞬间；

⊙ 《千手千眼观音菩萨》唐卡，高 21 米，宽 15 米的鸿篇巨制；

⊙ 《清明上河图》蜀锦长卷，中国存世最长蜀锦，

⊙ 蜀绣与苏绣、湘绣、粤绣并称四大名绣，从蜀绣《关公》中可见 2000 年针眼连绵不绝。

南北朝鸟兽纹锦

中西文明交织的想象

文 ｜ 李夏恩 陈祎冉

漂泊者在异域土地上编织故乡的记忆，以此来让自己在陌生的城市中寻到熟悉的道路。为此，他不会放过那个能够牵起记忆的线头，哪怕它仅仅是繁荣市集上那数以百计的货品中的一件——那是一匹布，如此真切，就像一根线头，牵动着整架纺车快速地转动，直到将万里之遥的故国与身处异域的漂泊者联系在一起，直到这匹布也成了他最深刻的一个记忆。

"臣在大夏时，见邛竹杖、蜀布。"两年后，历尽艰辛返回长安的张骞，在大殿上对汉武帝如此讲述了自己在大夏蓝氏城的见闻，他向当地人打听这些蜀地之物的来源，对方回答道："吾贾人往市之身毒国。身毒国在大夏东南可数千里。其俗土著与大夏同，而卑湿暑热。"

大夏，即巴克特里亚，是中亚的心脏位置，向东沿着河谷可以进入塔里木盆地，由是深入中国腹地；向南翻越兴都库什山，则可以抵达印度，即张骞口中的身毒，大夏的商贾正是在那里通过中转贸易获得了来自汉朝蜀地的货物，其中就包括蜀布。

一些学者认为蜀布是苎麻或是葛麻的织物，这也符合《说文解字》中对"布"的解释，但很难想象蜀地、印度与大夏的商人，会为了这种当时在欧亚大陆极为常见的织物而跨越 4500 千米的漫漫长路。因此，张骞在大夏所见到的蜀布，很可能是蜀地出产的丝织品，即所谓蜀锦。或许正是因为蜀锦如此享誉全国，才会让张骞可以在域外认出它的模样。

张骞在大夏见到的当然不会是陈列在成都蜀锦织绣博物馆里的这块鸟兽织锦。它被织造出来时，距离张骞在大夏见到那匹蜀布已经过去了近 7 个世纪。但它纵横的经纬交织出的纹样，却如同织造它的纺车一样，将古今东西的时空编织在一起。

成都蜀锦织绣博物馆收藏了诸多南北朝、唐代的蜀锦。着眼于这件鸟兽纹锦，最先看到的，是一个个圆环被四面的八瓣小花连在一起，这是织锦纹样的骨架。有学者以北宋《营造法式》为据，将其称为"簇四"骨架。但根据《营造法式》中"小木作制度"对簇四的描述，所谓"簇四"，其实是一种四圆于一点相交组成的图案，而非鸟兽织锦上的这一种。它上面的纹样应该被称为"四出连环"，而它的骨架，或许就是被称为"交波"的样式。这种骨架的特征是宛如蔓草的线条张开为相对的圆弧，复由交缠抱合，连绵不绝。

早期的交波骨架，可以在建于公元前 2 世纪印度巽伽王朝时代的桑奇二号塔栏楯雕刻上看到。传入中土后，在魏晋六朝时期颇为盛行。宁夏固原北魏墓出土的描金彩绘漆棺上的图案，便有这种交波骨架的演变形式。波涛起伏的蔓草变得圆满如月，缠抱的交点化作一朵朵小花，欧亚大陆东西之间流动的纹样相交相合，最终形成了如此曼妙的纹样。来自西方的纹样，在中土织就成锦。"胡绫织大秦之草，戎布纺玄菟之花"，这种组成交波骨架的蔓草，在六朝文德滋彰的昭明太子萧统的《谢敕赉魏国所献锦等启》中被称为"大秦之草"，"大秦"正是两汉时代对大陆西端罗马帝国的称谓。

南北朝鸟兽纹锦又名褐地对龙对凤纹锦片，长 60 厘米，宽 44 厘米，是国家二级文物

或许是某种奇妙的因缘，更可能是文明之间渴望拥抱彼此而注定的命运，一如中国的织锦上会出现来自西方大秦的纹样，而西方同样渴求来自中国的丝织锦帛。一名生活在公元 1 世纪罗马帝国的希腊商人，在他的《厄立特里亚海航行记》中讲述了丝绸的来源：

> 最北端，大海止于某处，那里有一座很大的城市，名为希那。生丝、纱线与绢帛从此通往陆路，路经巴克特里亚，运往巴里迦扎，再经恒河回到里米里卡。

这名希腊商人所描述的路程，几乎与张骞在大夏听闻的蜀布贸易之路一致。欧亚大陆的东西两端就被这样一方蜀地的丝织物编织在了一起。而另一个奇巧之处是，这名罗马帝国的商人对中国的称谓"希那"（Thina）正是"秦"的音译——这世上有两个"大秦"，它们彼此仰慕，彼此想象，却不知道它们以同样的名字来称呼彼此。

讲到这里，这条东西交织的旅程并未结束，因为骨架之中尚有两两相对的鸟兽编织着同样迷人的想象。织锦上的鸟兽，曾被认为是中国传统的祥禽瑞兽凤与龙。但经过仔细引证比对会发现，它们并非如此简单。

先来看看这只四足卷尾的小兽吧，它被看成龙并不奇怪，那矫健修长的身躯确实会让人想到龙的形象。但事实上，在汉魏六朝隋唐时代，拥有同样矫健修长体态的神兽并非只有龙。另一种与龙相对的神兽——虎，在图像中同样矫健而修长。

从敦煌佛爷庙湾西晋墓的画像砖中的青龙与白虎图像，到江苏丹阳南朝墓中的"羽人戏虎""羽人戏龙"画像砖，再到大同平城区智家堡北魏吕续墓东西壁上浮雕彩绘的青龙与白虎图像，自汉末曹魏及至唐代，青龙与白虎都拥有矫健修长的身姿，并且都有如翅膀般飞动的焰肩。

这块织锦残片上的凤纹，也可以用来佐证它上面的禽鸟很可能并非凤鸟。凤鸟的形象在汉代以来的墓葬、祠堂中多有出现。东汉武梁祠祥瑞图上的凤鸟，几乎提供了一个汉魏以来标准的凤鸟形象，即尾羽翩翩而顾长。而本件织锦上的禽鸟尾部却伸出了一个椭圆，里面还填充有星星点点的装饰。如此鲜明的尾部，正符合古人对孔雀的认知。东汉杨孚在《异物志》里描绘孔雀的样貌便是："形体既大，细颈隆背似凤凰。自背及尾，皆作珠文，五彩光耀，长短相次，羽毛末皆作员文，五色相绕，如带千钱，文长二三尺。"

孔雀的意义，在于它与四灵中被视为西方象征的白虎一样，都被认为是西方异域的奇兽。《汉书》中，将孔雀列为西域罽宾国的特产。东晋时代，西域诸国的所谓贡献中，便有孔雀。对当时的中国人来说，无论是白虎还是孔雀，都是来自殊方异域的奇珍异兽，犹如记忆总是系于实物，对异域的想象，也必然与那来自异域的图像交织，孔雀的纹样，就自然被织就在丝帛之上。

无人知晓成都蜀锦织绣博物馆馆藏的这件交波鸟兽锦中，包含了原物主怎样的情感，它是否也会被做成丁六娘那华丽的衣裙，等待着有情的郎君为它系上罗带？抑或是像哈拉和卓古墓群中出土的那件联珠孔雀锦覆面，在她大去之时，覆盖在她的脸上？就像心灵的宇宙本没有穷尽，灵魂的双眼也会穿透时空看到万里之外的远方，让人通过那丝线交织的华锦，去想象白虎咆哮、孔雀鸣舞的异域殊方。

缠枝花卉夔龙刺绣纹锦片

锦衣连理永相依

文│陆离

　　行至成都浣花溪畔，城市的喧嚣逐渐隐去，诗意古韵浮现。大约在 1200 年前，唐代大诗人刘禹锡在锦江边写下了一首关于蜀锦的名篇："濯锦江边两岸花，春风吹浪正淘沙。女郎剪下鸳鸯锦，将向中流匹晚霞。"千年的光阴流逝，让大多数事物都失去了色彩，蜀锦却仍旧是这座城市最光彩夺目的形象标志之一。而蜀锦能够传承数千年的奥秘，就隐藏在成都蜀锦织绣博物馆之中。

　　蜀锦，是中国四大名锦之首，它的纹样图案有一个贯穿始终的特征，就是广泛应用寓合纹样。寓合纹样也就是吉祥图案，历代蜀锦纹样千变万化，取材各异，但是大都具有精巧的构思和含蓄的寓意，可以说是"图必有意，意必吉祥"。漫步于成都蜀锦织绣博物馆的"迷宫幻锦"展厅中，置身于梦幻般的镜像空间感受牡丹金龙纹锦、双鱼纹锦、落花流水锦、鹦鹉穿枝纹锦、戏珠金龙纹锦、菱纹罗锦等充满吉祥寓意的经典蜀锦纹样，从简约到繁复，从具象到抽象，每一幅纹样都讲述着一个时代的故事。而此篇的主角，是一件南北朝缠枝花卉夔龙刺绣纹锦片。

　　缠枝花卉夔龙刺绣纹锦片长 51 厘米，宽约 17.5 厘米，顶端呈圆弧形，左右两侧对称倾斜，底部平整。整张锦片以深褐色为地，满铺黄色连枝花卉纹样。在锦片从上至下约三分之二处，是用深浅不同的蓝色丝线，以平运针、齐针、车拧针绣制的一对两两相望的夔龙纹饰。

"缠枝花卉"的原始构思可以追溯到战国时期，当时漆器上的云气纹所采用的反复、交替和穿插的艺术手法，与缠枝纹的基本特征相似。南北朝时期，蜀锦中以藤蔓骨架加入花卉的纹饰极为流行。这件锦片以"对波"枝条，即合抱式卷草排列，花卉且分且抱，谓之"连理枝"，取意吉祥。枝蔓无限延伸卷曲，并逐渐形成涡形，犹如挥洒线条之美。卷草顺藤蔓左右生长，成合抱枝头花朵之势，花朵向里被包裹，侧向压枝低垂。线条回旋起落，婉转婆娑。缠枝花纹样与南朝梁武帝"绣带合欢结，锦衣连理文"的诗意相合，寓意相依相守，永不分离。

"夔龙刺绣"同样也大有来头。《山海经》载："'夔'状如牛，以皮做战鼓，声威天下。"传说中夔龙司掌行云布雨，常用来象征祥瑞。在商代晚期至西周时期，夔龙纹是青铜器上的主要纹饰，龙纹多以张口、卷尾的长条流动造型为主。刺绣上的一对夔龙纹，不仅具备先秦夔龙特点，还与汉晋时期变形的

这件锦片可能是南北朝时期流行的
风帽垂裙的一部分

龙虎瑞兽类似，造型奔腾灵动、威猛庄严。织锦上婀娜多姿的缠枝花卉与绣纹上刚健飞腾的夔龙两相呼应，色彩和谐，刚柔并济。

除下部外，缠枝花卉夔龙刺绣纹锦片三面均有折边 0.5 厘米的缝线印痕贯通。据成都蜀锦织绣博物馆专家介绍，根据锦片形制及缝合痕迹推断，这件锦片或来自魏晋南北朝时期流行的风帽垂裙。风帽源于北方少数民族，不同地域的形制略有不同，但均以"垂裙附带"为主要特征，下垂的帽裙能阻挡风沙，抵御严寒，故名"风帽"。晋代文献《邺中记》中有"季龙猎，著金缕织成合欢帽"的记载，说明当时织锦等高档丝织品已被用作制帽的材料。

魏晋南北朝以来，兵燹蜂起，政权更替频繁，社会的分裂动荡使得人命危浅，朝不虑夕，人们亟待寻求精神归属。缠枝花卉夔龙刺绣纹锦片不仅体现了蜀锦纹样的发展历程，也反映着一个时代的精神文化面貌。"缠枝花卉"枝条藤蔓或交错延伸，或蜿蜒开合，象征生命的丰富繁盛，具有繁荣、长寿、幸福、团圆的美好寓意；锦片中夔龙头顶华盖的纹饰为"对波"纹变形，此种纹样在北朝"鸟兽文锦"中亦有出现，而夔龙纹饰本身就具有守护、正义和勇猛等吉祥寓意。

被誉为"天下母锦"的蜀锦，为何能长盛不衰，或许我们从这件缠枝花卉夔龙刺绣纹锦片中便能找到答案。从山水花鸟的自然风光到龙凤麒麟的吉祥瑞兽，蜀锦不仅有着传承千年的精湛工艺和独特的艺术风格，还始终承载着中国传统文化的深厚内涵。精美纹样的背后，是时代的审美与人对生活的向往和情感的寄托。

红地连珠小团窠宝花锦

丝绸之路上的那些花儿

文 ｜ 李夏恩　陈祎冉

"西川织成锦、红川锦、软锦、玉紫锦……"

这行列举织锦名称的文字，出现在敦煌藏经洞中发现的一卷编号为 P.3644 的五代后唐时期的文书上。由于这行文字中明确提到了"川""西川"（安史之乱发生后，唐肃宗至德二载设西川节度使，治所成都），所以被一些研究者欣喜地视为四川蜀锦通过商贸运输进入西域的明证，这份文书也被想当然地视为敦煌商人的一份供货单。

但仔细看过这卷文书就会发现，它不过是敦煌文书中并不罕见的杂字词句摘抄，用以当作教材教导孩童习字。虽然它并非商人货单，但作为孩童的习字课卷具有更广泛的意义，就像今天的儿童识字绘本一样。所以，文书中列举的那些西川织锦，是敦煌，这一中原与西域之间交流枢纽的城市日常习见的物品。

有了如此认识，端详成都蜀锦织绣博物馆中的这方织锦，心中便会多生出几分亲切感。尽管它的颜色已经晦暗斑驳，丝线散乱如同久未梳理的长发，但依然可以依稀认出昔日它的上面开满了娇艳可爱的小花。主花是连珠团窠，连珠圈的中心绽放着星辰般的宝花，团窠之间的空隙，则是十字形的四出宾花。类似的主花连珠团窠，在日本法隆寺的传世织物中可以见到，这是千年前渡海求法的日本僧人从他们仰慕的大唐取回的珍贵唐物——而它在当时和后世的名字又是一个巧合：蜀江锦。

"西川织成锦""蜀江锦"，似乎都证明这方织锦应是来自四川的蜀锦，但当真如此吗？

有一种观点认为，蜀锦在古代中国居于垄断地位，几乎所有汉魏隋唐时期出土的织锦，都是蜀锦。传丝公主的传说又加深了这一认知，在这则被记录在唐代高僧玄奘撰写的《大唐西域记》里的传说中，西域的瞿萨旦那国（于阗）未知桑蚕，闻听东国有蚕茧，派使节求取，但东国君主却"秘而不赐"，甚至"严敕关防，无令桑蚕种出"，于是瞿萨旦那王"卑辞下礼，求婚东国"。这一次，东国国君同意了求婚。瞿萨旦那王特意告诫派出迎娶的使节"致辞东国君女，我国素无丝绵桑蚕之种，可以持来，自为

长 48 厘米、宽 39 厘米的"蜀江锦"，见证着蜀锦在唐代的盛行

裳服"。东国公主对未来夫君的传话也颇为耳提面命，于是"密求其种，以桑蚕之子，置帽絮中"，过关的时候，卫士搜查，却不敢搜查公主的冠帽，蚕茧才以这种暗度陈仓的方式传至西域。20世纪初，英国探险家斯坦因在于阗王城遗址东南丹丹乌里克寺院遗址中发现的一块彩绘木版画，又再度坐实了这一唐代的传说。木版画上的主角便是传丝公主本人，她头上戴着显眼的头冠，身旁的侍女动作夸张地指向这顶头冠，好让人注意到上面藏的蚕茧，而在她身后的篮子里装满了蚕茧，手拿织具的女子正在纺车旁纺织。在她身后的手持纺梳与梭子的四臂神灵，则表明这场历史上最富传奇性的技术盗窃行为受到了神灵的庇护。

古代中国垄断丝织技术的观念，就通过这个浪漫的盗窃故事深入人心。但事实上，早期中国的律条中从未有过禁止蚕茧与丝织工艺出口的法令。不仅如此，早在秦汉时期，中国人就主动将丝织工艺传播到朝鲜，东汉时期又尝试将其教给匈奴，魏晋时期甚至将蚕与桑树主动送给临近的鲜卑，中亚地区也由此从中国获得了丝织技术。

因此，认为天下织锦多为蜀锦的观点实际上大大低估了蜀锦的影响力。开放而非封闭，以促成文明之间的交流与模仿，才是拥有影响力的真正标志。开放不仅意味着以敞开的心胸去传播，更意味着以包容的心态去接纳。这件小花织锦上的一个细节，环绕着主花的那圈圆珠——连珠纹，就体现出这一点。

连珠纹，或者称为联珠纹，堪称古代欧亚大陆最流行的纹样。这种环绕成圆形的连珠，在中国最早出现在新石器时代马家窑遗址的彩陶上，在一件陶罐的腹部，有六重同心圆环绕，其中由里而外的第二重和第四重圆环中，便环绕着一圈圆珠。在商周时期的青铜器上，同样出现了圆珠环带的装饰，这一环饰珠圈延续至春秋时期。

在中亚地区，连珠纹也出现得很早，最具代表性的是在叙利亚马尔蒂赫土丘埃勃拉王国遗址发现的一件距今 3700 年的黄金首饰，这件首饰悬有 3 枚玲珑精巧的圆形垂饰，垂饰以 6 枚圆珠环绕，中间是一个六出棱花的图案，这一图案与后世一些连珠织锦的宾花结构非常接近。

连珠纹的盛行，是在公元 5—7 世纪，这一纹样从中亚地区不断扩张，从撒马尔罕大使厅壁画中的人物装束到北齐徐显秀墓壁画中侍女的衣裙，从阿斯塔那古墓中出土的仕女俑身上的娃娃衣装到《步辇图》上在唐太宗驾前恭立的吐蕃使臣身上的番锦袍，连珠纹俨然成为一股势不可当的流行趋势。

最具有代表性的，是青海都兰出土的一件连珠神人六驾纹锦，在象征神圣之光的连珠圈的正中是一驾由 6 匹马牵拉的马车，前后有 4 名扈卫，车上端坐的是一位头戴宝冠的神灵，最奇妙的是，神灵的头光同样由一圈连珠纹组成。这位神灵的原型本是希腊神话中的太阳神赫里阿斯，驾驭的马车便是它神格的证明。他进入印度，成为印度教中的太阳神苏利耶，又在中亚地区，与中亚原本信仰的密特拉教的主神太阳神密特拉的形象合二为一。后来这个形象为祆教所吸收，又成为佛教中的护法神日天，就这样在连珠纹的流行神光加持下，一路东行，来到中土，走进了李太白那恣意豪迈的诗句中："上有六龙回日之高标。"

连珠纹一路星光飞驰，满载赫赫神光，巡回于欧亚大陆之间，但当它以如此朴素的样貌落在这方织锦上时，却令人心生一种莫名的哀怜感。繁华销尽，剥蚀凋零之间，那熟悉的连珠纹就像空中飞舞着无数散发微光的曼殊沙华，只有当它们落在衣带上，才能让人看到这些小花绽放的模样。

红地卷草团窠狮象纹锦

大唐王朝的狮与象

文 ｜ 李夏恩　陈祎冉

　　巍峨的勤政楼，俯瞰着步入宫门的那个庞然大物，沉重的脚步似乎让地上冰冷的黄土都为之颤动，也掀起了楼下围观仕女和百姓的阵阵惊呼。人们看着它高扬起长长的鼻子，仿佛在嘘吸空中的云气，珠玉装饰的络头与鞍鞯，让它看上去仿佛是一座移动的七宝宫殿。这是专为庆贺大唐天子的千秋圣节，从林邑国万里贡献的驯象。此刻，这位当今圣人正高坐勤政楼上，俯瞰着远邦进贡的大象，也俯瞰着他所统御的万千臣民。

　　在他脚下高呼万岁的臣民眼光所不能及的禁宫内，更令人惊叹的表演正在上演：5 只舞狮，高可丈余，分青、赤、白、黑、黄五色，以象征东、南、西、北、中五方，黄狮雄踞正中，其他四色狮子则各在四方，象征四方蛮夷对中央天朝环拱。在头勒鲜红抹额、衣着织锦画衣、手持红拂的狮子郎的调弄下，狮子们做出俯伏驯狎之态。与此同时，由 140 人组成的乐队，高唱起《太平乐》，称颂大唐盛世，天下太平。这人造的盛景，只为让那高坐勤政楼上的大唐圣人观赏到得意尽兴的表演——大唐开元二十三年（735 年）八月初五的千秋寿节，便在这般象拜狮舞的盛大表演中，成为盛世光景中的一个瞬间。

凝视着成都蜀锦织绣博物馆这方红色织锦残片上的青毛白狮与身配珠络宝鞯的大象，仿佛置身昔日的开元盛世，而盛世的瞬间也不过是岁月的一块残片。环绕着狮与象的蔓草，像极了古罗马凯旋式上胜利者头戴的月桂花环，那种来自异域的荣耀华贵之风依然拂过观者的眼帘。

大象与狮子，对唐人来说，都算是异域的珍兽。唐代的长安人或许不会想到，他们所在的秦陇大地，在数万年前也曾是大象的栖居地之一。但在战国末年，对北方人来说，大象就已经是极为珍罕的存在了，以至于韩非子曾做过一个著名的譬喻："人希见生象也，而得死象之骨，案其图以想其生也，故诸人之所以意想者，皆谓之象也。"——这便是"想象"一词的来源。

比起大象，狮子的异域气息更加纯正，《后汉书》中提到这种猛兽皆从西域进贡而来，据李贤注《后汉书·西域传》："《广志》曰：师子似虎，正黄，有髯耏，尾端茸毛大如斗。"同样从西域传来的佛教汉译经典，将其音译为"师子"。在古代中国人心中，狮子绝对是一种足以留下深刻印象的动物，贞观九年（635 年），西域康国进贡了一只狮子，唐太宗特意命虞世南写作了一篇华丽的《狮子赋》来描述这种令人敬畏的猛兽。

来自异域的珍兽，自然也会给能工巧匠带来灵感，将其织成锦绣图案。大象与狮子的组合图案，在织锦中并不少见。新疆阿斯塔那古墓群曾出土一件北朝时期的方格兽纹锦，大象与狮子各占一格，相对出现。中国丝绸博物馆也藏有一件"北朝交波对狮对象牵驼人物纹锦"，在交波组成的骨架中，有两两上下相对的狮子、大象与牵驼胡人。这些狮象题材的织锦的共同特点是狮子与大象各占一格，互不关联。

这种各自为政的狮象织锦，是常见的纹样题材。而狮象在同一骨架内的组合图案，却极为少见。中国丝绸博物馆所藏的"北

这件蜀锦长26厘米，宽17厘米，锦片上的画面既庄重华美又生动有趣

朝连珠团窠百戏锦"是极少的实例之一。在这幅织锦上，弹奏曲颈琵琶的胡人乐师坐在象背上，驯兽师在驱使羚羊做角抵之戏，甩袖舞蹈的胡人在调戏狮子，还有手持盾牌做斗戏的武士。很明显，这是北朝以来盛行的百戏表演——《魏书·乐志》中描绘的："造五兵、角抵、麒麟、凤凰、仙人、长蛇、白象、白虎及诸畏兽、鱼龙、辟邪、鹿马仙车、高絙百尺、长趫、缘橦、跳丸、五案以备百戏。"在隋朝大业时期，好大喜功的炀帝为了粉饰升平、耀威异域，也在东都洛阳大开百戏：

> 万方皆集会，百戏尽来前。临衢车不绝，夹道阁相连。……纵横既跃剑，挥霍复跳丸。抑扬百兽舞，盘珊五禽戏。狻猊弄斑足，巨象垂长鼻。青羊跪复跳，白马回旋骑。

成都别称"锦官城"，产出的蜀锦自汉代以来便名扬天下

　　那么，成都蜀锦织绣博物馆馆藏的这方织锦上的狮象组合，会是在表演百戏吗？尽管这看似是一种合理的解释，但涉猎释典的人会发现，狮象也是佛教中常见的典故。狮子与大象分别是文殊菩萨与普贤菩萨的坐骑，是佛教的护法神兽。佛教狮象题材为织锦上的狮象图案提供了又一种可能的解释，但第三种解释同样不容忽视。粟特人承袭了中亚的狩猎传统，狮子正是他们的捕猎对象。猎狮时，他们有时会骑乘大象，直到17世纪后半叶，意大利旅行家尼克洛·马努西在印度依然见到了当地骑象猎狮的情景：猎手在训练大象时会在虎皮或狮皮内塞满稻草后，用绳子将其拖动，骑象者则促使大象用腿和鼻子来攻击这只仿制品。血性的狮象搏杀场面，与织锦上的狮象又仿佛同出一脉。

　　或许，这些意象与阐释对穿着这件织锦衣裳的人来说并不重要，他可能只是看中了它美观的式样，用来夸饰富足，吸引众人艳羡的目光，一如开元二十三年千秋寿节上的驯象与狮子舞，是那位雄心勃勃的大唐天子为了彰显自己治下的太平盛世而精心安排的表演，狮象纹锦所体现的勇猛和富足感，也只不过是他披在自己身上的一件皇帝的新衣。但就像这件织锦历经岁月侵蚀，如今只存些许残片，盛世的新衣，也有一天会破旧敝坏——20 年后，安史之乱爆发。勤政楼上的太平天子，终于一路踉跄奔逃到了蜀地，昔日为他恭祝万寿的狮子与大象，留在了身后兵火乱离的长安。趁火打劫的吐蕃攻陷了凉州，从此，西域狮子的来路被阻断，再无归处：

> 须臾云得新消息，
> 安西路绝归不得。
> 泣向狮子涕双垂，
> 凉州陷没知不知？
> 狮子回头向西望，
> 哀吼一声观者悲。

那些驯象的下场更加悲凉，攻入长安的安禄山发现了这些驯象，于是将这些巨大的战利品掳回洛阳，在招揽幽燕戎王和蕃胡酋长的筵席上，他得意地夸口道："自吾得天下，犀象自南海奔来，见吾必拜舞。禽鸟尚知天命所归，况于人乎！则四海安得不从我！"但当那些驯象被牵到殿前面对这位暴横的叛乱者，它们倔强地拒绝拜舞。恼羞成怒的安禄山下令将大象引入陷阱，用烈火焚烧，待它们被火炙烤得精疲力竭之时，命令壮士乘高投之，这些大象"洞达胸腋，流血数石"。

织锦底色千年不灭的殷红，或许正是狮子的眼泪和着大象的鲜血染就的红色，是盛世陨落时最后一缕夕阳的残红。

《千手千眼观音菩萨》

唐卡　巨型藏羌织绣杰作

文 ｜ 席永君

　　2021 年 5 月，在成都举办的第三届中国成都国际非物质文化遗产节上，一幅约 7 层楼高的《千手千眼观音菩萨》巨幅织绣唐卡吸引了众多游客驻足观看。这件令人震撼的精美藏羌织绣（即藏族编织、挑花刺绣和羌族刺绣的合称）作品，在非遗节上斩获了最高奖项——"太阳神鸟"金奖。评委一致认为："《千手千眼观音菩萨》巨幅唐卡是采用藏族传统堆绣和扎绣技法创作的杰作。"而它，同样也是成都华珍藏羌文化博物馆的"镇馆之宝"。

　　藏区织绣唐卡起源于公元 7 世纪吐蕃王朝（633—842）建立之初。相传文成公主嫁入吐蕃后，亲自织绣了一幅《释迦牟尼佛》。15 世纪初，宗喀巴大师为纪念释迦牟尼在拉萨创设了大祈愿法会，并开创"晒佛节"，以展示藏语中所称的"盖格钦莫"（专供晒佛节使用的巨幅唐卡），此类巨幅唐卡基本上都属于织绣唐卡类。

　　在藏传绘画中，千手千眼观音菩萨造像是最为繁复、精细的画像之一。为此，杨华珍特意聘请藏族著名唐卡绘画大师描绘底稿，召集近 70 名高级绣工，采用藏族传统堆绣和扎绣技法分工合作，历时半年精心绣制成这幅《千手千眼观音菩萨》。

　　《千手千眼观音菩萨》巨幅刺绣唐卡，以千手千眼观音为中心，释迦牟尼、阿弥陀佛、莲花生大师、文殊菩萨、弥勒佛、金刚佛、绿度母、白财神等环绕上下左右，场面蔚为壮观。画面上，千手千眼观音菩萨神态肃穆，法相庄严，面容慈祥，整幅作品传递着一种宁静而智慧的氛围。

这件藏品的背后，有着一个同样震撼人心的故事。2008 年 5 月 12 日，《阿坝日报》摄影记者杨华珍接到采访任务，背着摄影器材，从阿坝州州府所在地马尔康匆匆赶赴成都。大地震发生时，她乘坐的大巴正好在震中——汶川映秀镇。幸免于难的她，徒步 3 天才逃离灾区。但经过简单的休整后，杨华珍随即又重返灾区进行采访。在汶川，她见证了一方有难，八方支援的大爱，也见证了太多的不幸与坚强。

除了摄影记者，杨华珍在当时还有一个鲜为人知的身份。1960 年，杨华珍出生于四川阿坝藏族羌族自治州小金县的一个

《千手千眼观音菩萨》唐卡高 21 米，宽 15 米

华珍藏羌文化博物馆收藏的另一件刺绣唐卡《吉勒格瓦》

名叫千家寨的藏族村寨，她祖上是藏族编织、挑花刺绣艺人，杨华珍已是第四代传人了。杨华珍是家中唯一的女儿，在 8 个孩子中排行老五。她的父亲是羌族，母亲是嘉绒藏族。对刺绣的热爱早已成为这个家族的文化基因，在血液里秘密地传承。母亲手中的刺绣勾勒了杨华珍童年的七彩梦想，她从小就帮着母亲做针线活，7 岁能缝布娃娃，12 岁会做鞋，平时还帮 3 个弟弟做衣服。十六七岁时，杨华珍在千家寨已小有名气，常有寨子里待嫁的新娘来找她做新衣裳，这也为杨华珍后来的人生抉择埋下了伏笔。

"这个过程中，我在不停地思考，作为大地震的亲历者，能够做什么？"经过 3 个月的深思熟虑，杨华珍郑重地从报社办理了退休手续。这一年，杨华珍 48 岁。如她所言，年近半百，毅然"放下照相机，拿起绣花针"，带着 18 位被她亲切地称作"老姐姐"的刺绣手艺人，自掏腰包，自任会长，成立了藏羌刺绣协会，到省城成都"闯荡江湖"，创作并销售刺绣产品。18 位"老姐姐"，一半是藏族，一半是羌族，最小的 60 多岁，最大的已年过七旬，许多人是第一次走出大山，来到大城市的她们，甚至不会过斑马线。

凭借浓郁的民族特色和与时俱进的时尚性、实用性，杨华珍经营的"藏羌绣苑"一时订单不断。与爱马士、星巴克、植村秀、荷兰梵高博物馆、法国邮政等品牌和机构的合作，更是让杨华珍团队声名鹊起，藏羌织绣由此走出了国门。

杨华珍并未被一时的成功冲昏头脑。她是藏羌的女儿，她要

传承优秀的藏羌文化，藏羌织绣无疑是藏羌文化最好的载体。于是，杨华珍重又回到家乡，回到她的艺术源头，走村串寨去收集散落在各个村寨中的老绣品，那可是无数前辈藏羌织绣艺人用传统技法创作的。随后，杨华珍和团队成员们再对这些老绣品进行逐一整理和研究，并对一些濒临失传的藏羌织绣技艺进行抢救性发掘和保护。"民族的才是世界的。""传统的才是时尚的。"这些文化理念几乎成了杨华珍的口头禅。于是，在团队成员和政府的支持下，杨华珍在"藏羌绣苑"的基础上，于布濮水旁边的邛崃市邛窑国家考古遗址公园中创立了成都华珍藏羌文化博物馆，将藏羌织绣绣品集中展示于世人面前。

汶川大地震的经历始终让杨华珍无法忘怀，她决定创作一幅唐卡，主题就是普度众生的观音菩萨。在杨华珍心中，观音菩萨不仅是庄严慈悲的，也是雄伟壮观的。因此，《千手千眼观音菩萨》必须是一幅巨型刺绣唐卡。于是，便有了高21米（约7层楼高）、宽15米（一个标准的篮球场宽度）的成品规格。

继《千手千眼观音菩萨》巨幅唐卡之后，杨华珍团队又绣制了同样尺幅的《释迦牟尼说法》刺绣唐卡，以及《四姑娘雪山》《松岗群碉》《吉勒格瓦》《十二月花》等众多脍炙人口的作品。这些作品题材广泛，有的展现大自然的美景，有的再现藏羌同胞生产生活场景。

《清明上河图》蜀锦长卷

中国存世最长的蜀锦作品

文｜俞希

位于成都市新都区三河场的锦门，曾是南方丝绸之路的起点，也是进入"花重锦官城"的第一门。如今，这里被打造成青砖黛瓦的民国风情街，四川南方丝绸之路博物馆（也称四川丝绸博物馆）就位于锦门的中心地带。博物馆建于 2010 年，拥有 2200 余件藏品，除了精美的蜀绣作品，还有蜀锦花楼机等制造工具，从丝绸起源、锦缎、工艺、体验等多个板块，介绍蜀锦的历史及制作过程。

走进大厅，左右两面蜀锦织就的屏风，似乎已经给博物馆定下了基调——左边是仿唐代张萱的《捣练图》，右边是《簪花仕女图》，人物神态、服饰纹样，都颇有原画风韵，色彩则更加鲜艳。馆内收藏了许多蜀锦织造的古代名画，其中最令人震撼的，莫过于长 18.8 米，高 0.8 米，由四川丝绸博物馆蜀锦传承人吴金辉牵头设计织造而成，被誉为"天下第一蜀锦"的《清明上河图》蜀锦长卷。

《清明上河图》的原画，有宋代张择端版和清代院画版，四川博物院收藏的《清明上河图》蜀锦以清代版为原型，颜色亮丽；而四川南方丝绸之路博物馆的这一件，则以张择端的宋版为原型，层次丰富，尺寸更大，占了博物馆整整一面墙。一眼望去便可领略它的光彩夺目、纷繁精巧，让人挪不开眼睛。

我们都知道，《清明上河图》是一幅精彩绝伦的风俗画，画中河流蜿蜒，街道繁华，房屋鳞次栉比。高 25.5 厘米、长 5.25 米的卷轴画中，共有 814 个人物、28 艘船、60 只动物、30 座建筑、20 辆车、8 台轿子和 170 棵树。

如何将这些细节一一复制到蜀锦织品中，是一个巨大的难题。

中国有著名的四大织锦：四川蜀锦、苏州宋锦、杭州织锦、南京云锦。在这四大织锦中，以蜀锦历史最为悠久，为"天下母锦"，以工序繁杂、技艺精密而出名。传统蜀锦织造技艺分为"经锦"和"纬锦"两大类。顾名思义，经就是横向的线，纬就是竖向的线。在经纬交织之间呈现繁复纹样的蜀锦织造技艺，更是为人所赞叹。

丝绸博物馆的《清明上河图》所采用的纬锦工艺，是唐代以后发展而来的，是一种以多彩纬线起花的工艺。单经纬线的准备，就需要经历繁杂的工序：蚕丝选检、浸泡脱胶、烘晾、染色、络丝、捻丝、定型……然后再根据画面的颜色，对纬线进行局部染色。

而整个工艺中最难的部分，则是图样设计。如前所述，《清明上河图》细节繁多，画中房屋的瓦片、河水的波纹，每一处都需要还原。其中最难的是人物，画中 800 多个人物，服饰、动作、表情各不相同，而原画素材放大印刷出来以后有许多斑点，有时只能凭感觉，跟着模糊的轮廓勾勒。吴金辉和师傅两人一起，仅仅将整幅画按照需要的尺寸勾勒出来，就花了将近一年的时间。

设计好图样之后，会根据这幅画，对主要颜色进行分色和合色。纬锦工艺的色彩，主要是由纬线来表现，经线做底，通常使用米白色。经线 1 个颜色，纬线 8 个颜色，再通过这 8 个颜色的不同交织组合，形成由深到浅的色阶，这样，最多可以呈现 60 多种颜色。

四川南方丝绸之路博物馆收藏的《清明上河图》蜀锦长卷长18.8米，是中国存世最长的蜀锦作品

《清明上河图》蜀锦长卷局部

　　在传统蜀锦织造中，这个阶段被称作"点意匠"，即根据平纹、斜纹、缎纹的要求，用不同的色笔把不同的纹样表现到意匠纸上。随后，将意匠纸上的图案手工做成模板：用竹签在数千根经线上摆放出不同花色的位置，再用丝线穿出纬线图案，这就是挑花结本。这是一道极其精巧又严谨的工序，模板通常要几个月才能做成。

　　与许多全凭一双手的非遗技艺不同，蜀锦的织造离不开织机。过去使用的木织机，以人为动力，两人配合完成。例如传统蜀锦制造使用的花楼织机，即使是最熟练的织工，一天织锦也超不过10厘米。并且，花楼织机图案有限，大部分是做比较对称或循环的图案，无法做到《清明上河图》这样复杂的图样。

　　20世纪60年代，电动织机逐步取代了花楼织机。电动织机以电为动力，一人就可以操作，这幅《清明上河图》所用的剑杆机，就能够制作更加精巧和复杂的图案。但劳动工具的变化，并没有改变这项技艺的精髓。决定织锦好坏最关键的阶段，仍然需要工匠丰富的经验和精湛的技艺。例如，纬线的配色如何贴合原作，又如何将不同颜色交织以形成不同的色阶，都需要一双巧手和一双慧眼。

　　最后陈列在博物馆的这幅蜀锦版《清明上河图》，是经过了几十次改进的结果。织锦质地细腻，层次分明，城池楼阁巍峨富丽，

四川南方丝绸之路博物馆收藏的蜀锦作品《捣练图》

瓦片窗棂丝丝分明，人物姿态生动传神，相比于原画，在色彩上加重了对比效果，显得更为鲜艳明丽。

蜀锦的触感也颇为独特。用手背触摸有花样的地方，凹凸感很强；无花样的地方，触摸起来则非常柔和，如同婴儿肌肤。这样的凹凸工艺是蜀锦的特色之一，通过纬线的纤度，即粗细，织出不同的立体感。一般来说，纬线的枚数越多，线就越粗，立体感越强，颜色也更亮丽。但枚数多到一定程度时，织物就会很稀疏，所以要在紧度和鲜艳度之间找到一个平衡。

从不同角度观看，会发现织锦的颜色也随之发生变化，这是蜀锦特殊的晕色工艺。在配色的时候，按照一定的组织规律，将两种不同颜色的纬线进行共口交织，这样的组织结构将光线反射出不同色彩，让整幅作品流光溢彩。在精细华美的经纬交织之间，1000年前的繁华都市与生活气息跃然眼前。

蜀绣《关公》

两千年的针韵与光泽

文｜谢天开

　　深秋时节，落英缤纷，在草堂东路静谧的绿荫之中，从一幢青灰楼房侧门口进入，沿着装饰着盆景与雕塑的楼梯而上，便是成都杨德全蜀绣博物馆。这里的蜀绣图样琳琅满目——水漫金山、太阳神鸟、芙蓉锦鲤，蜀绣典雅的气息萦绕在博物馆里，其中的"镇馆之宝"，则是一幅蜀绣《关公》。

　　画面上可见几丛绿色的新竹、蓝色的云纹，关公头戴高冠，面容方正，柳眉杏眼，英武魁伟，全身披挂铠甲，外罩红色长袍，足踏战靴，左腋夹青龙偃月刀，右手轻拈颔下的长须。整幅作品包含黄色、蓝色、绿色、红色、粉色、黑色等多种色调，美轮美奂，华丽生动。

　　关公即关羽，是中国历史上著名的武将。《三国演义》中，关羽被塑造成忠义仁勇的化身，《桃园结义》《温酒斩华雄》《三英战吕布》《过五关，斩六将》《单刀赴会》，在这一个个故事的渲染下，关公信仰深入人心，许多地方建有关帝庙。关羽也被视为武财神，保佑人们生意兴隆，财运亨通。

　　怎样运用蜀绣来表现关公形象？国家级非遗传人蜀绣大师杨德全历时 4 年，给出了答案。作品底图采用了传统的拉锦纹，满

关公在传统文化中被视为武神、财神及保护商贾之神，亦称"关圣帝君"

地施绣，运用溜金、套形、甲子扣、影纹等 50 多种锦纹针法。针迹细如鱼子，匀密而不露针脚，虚实并举，细密精致；设色雅致，掺色轻柔。

蜀绣历史悠久，《后汉书》载："蜀地女工之业，覆衣天下。"晋人常璩在《华阳国志·蜀志》中则称："其宝则有璧玉、金、银、珠、碧、铜、铁、铅、锡、赭、垩、锦、绣……"将蜀绣与金银珠玉并列。

唐代蜀地的织绣技艺已高度发达。"绣"字频繁出现在文人诗词里，有李白《登锦城散花楼》："金窗夹绣户，珠箔悬银钩。"还有毛文锡《纱窗恨》："后园里、看百花发，香风拂、绣户金扉。"宋代，蜀绣技艺更是得到提高与进步，宋代史家杨仲良所撰《皇宋通鉴长编纪事本末》（第十三卷）记述："蜀土富饶，丝帛所产，民织作冰、纨、绮、绣等物，号为冠天下。"

明代，棉花在内地的种植，使得蜀绣中的挑花和抽纱技术得以极大发展，郫县、麻柳等地成为挑绣之乡。而蜀绣又在清代得到空前发展，大量用于如镜帘、嫁衣、卷轴、鞋帽、被面等日常生活用品中。清道光十年（1830 年），由铺、料、师组成的刺绣业专门行会——三皇神会成立，是蜀绣业最早的民间组织。当时成都九龙巷、科甲巷等处云集了百家蜀绣作坊，清光绪二十九年（1903 年），虽由劝工总局总揽蜀绣生产事宜，但民间蜀绣工坊亦星罗棋布。

旧时，成都女子从小就要开始学习刺绣，十一二岁就能在围腰、枕套、手帕上绣出秀美的花纹。人们往往将刺绣看作判断女子是否心灵手巧的标准，民谚道："谁家女儿巧，要看刺绣好。"蜀绣作为蜀地女红，实际如同琴、棋、书、画一样，亦为人生的一种艺术修养。在"才练艺技"漫漫过程中，绣娘坐在绷床面前，一针一线地绣，四季时光又在那一针一线里刺绣出诗情画意。

杨德全说："小时候，邻居家的阿姨很喜欢刺绣，经常绣一些铺盖面、蚊帐，那些纹饰真美。耳濡目染，我就喜欢上了刺绣。"在蜀绣厂工作时，她被分在了当时绣工最好的师傅、中国工艺美术大师彭永兴的手下学习。名师出高徒，天资聪颖的她，有着良好的文化素养，还有对色彩独到的领悟力，自然进步极快，几年后，成了蜀绣厂数一数二的刺绣好手。1980 年，她开始创作现今蜀绣的经典题材，而在当时绝无仅有的《芙蓉鲤鱼》；她创作的异色绣《秋兴》获得了"中国工艺美术百花奖"银奖；2005 年 10月 12 日，她的蜀绣作品《金纱太阳神鸟》随"神六"遨游太空。

蜀绣历史悠久，针法有 130 多种，然而文字记述很少。2019年，杨德全出版了一套专著《觅针——中国刺绣皇汉绣谱》。此书分门别类地把每一个纹样的绣制过程通过图像记录，建立了一套完整的集图谱、过程、绣样、数据库为一体的刺绣绵纹绣谱资料，填补了蜀绣历史上关于"衣锦纹"等针法的文字记载空白。如此做法是为了"回报先辈与师傅们口传心授留下的研究始终"，杨德全在书的"自序"里如此说。

随"神六"遨游太空的
单面绣《金沙太阳神鸟》

成都蜀锦织绣博物馆是国家二级博物馆，主要展示蜀锦蜀绣历史文化和传统技艺，位于成都市青羊区草堂东路18号。

　　蜀锦织绣博物馆坐落于成都浣花溪畔，2008年在成都蜀锦厂的原址上修建，2009年9月正式开馆。博物馆以织造（刺绣）技艺的活态传承演示为特色，辅以明清服饰、织造机具沿革实物展示，展陈形式多样，内容丰富，是目前国内最大的全面陈列展示蜀锦、织绣历代藏品和历史文化的博物馆。博物馆基本陈列包括"丝绸起源""历代蜀锦""刺绣历史及蜀绣展示""明清服饰""织机沿革""蜀锦技艺活态展示"6大主题展区。

　　博物馆藏品包含丝织品、棉麻品、竹木器等共计1611件（套），其中二级文物8件（套），三级文物40件（套），一般文物107件（套），尤以历代蜀锦、清蜀锦花楼织机最具特色。

成都市青羊区草堂东路18号

成都蜀锦织绣博物馆

成都华珍藏羌文化博物馆

成都市邛崃市
邛窑遗址公园

　　成都华珍藏羌文化博物馆是一家集藏羌民族文化藏品收藏、展示和藏羌织绣活态传承于一体的非国有博物馆，位于成都市邛崃市邛窑遗址公园内。

　　华珍藏羌文化博物馆由国家级非物质文化遗产项目藏绣核心传承人杨华珍创办，于2012年正式对外开放。博物馆占地面积约1800平方米，建筑面积约1000平方米，基本陈列以"融入生活的传统之美"为主题，共设有5个单元展位，包括序厅、藏羌手工艺历史文化馆、当代藏羌手工艺展馆、藏羌手工艺体验区、藏羌手工艺品展销服务馆。

　　博物馆藏品包括刺绣类、日常器具类、陶瓷类、书籍类、服饰类共计1095件，其中珍贵藏品300余件（套）。

　　四川南方丝绸之路博物馆又名四川丝绸博物馆，是中国西部唯一的综合性专业丝绸博物馆，位于成都市新都区三河街道承顺街17号锦门景区内。

　　南方丝绸之路博物馆由室内展览陈列馆和室外蚕桑自然分馆组成。室内展览陈列馆以中国丝绸文化为展示主题，占地面积10000平方米，建筑面积8000平方米，展陈面积5968平方米；室外桑蚕自然分馆占地120亩。室内陈列秉承"弘扬丝绸文化，推进品牌建设，振兴丝绸产业"的办馆宗旨，通过起源厅、工艺厅、锦绣厅、世情厅、希望厅、体验厅等板块系统介绍中国丝绸起源、丝绸工艺进步、丝绸文化与古今社会生活等内容。

　　博物馆馆藏物品以丝绸系列藏品及原料、制作工具为主，主要包括桑木化石、传统织机、蜀锦、蜀绣、艺术丝巾、丝绸服饰、丝绸纹样、丝绸器具、丝绸文献和传统生活用品十大类别，藏品数量共计2860件（套），其中珍贵藏品290件（套）。

成都市新都区三河街道承顺街17号锦门景区

四川南方丝绸之路博物馆

成都杨德全蜀绣博物馆

成都市青羊区浣花东路 18 号"锦绣工场"3 号楼 2 层 1 号

　　成都杨德全蜀绣博物馆是一家以展示蜀绣、传承蜀绣技艺为主题的非国有专题博物馆，位于成都市青羊区浣花东路 18 号"锦绣工场"3 号楼 2 层 1 号。

　　杨德全蜀绣博物馆由"中国工艺美术大师"杨德全创建，是在原"成都蜀绣厂"原址上打造的蜀绣地标，坐落于浣花溪畔，博物馆占地面积 628 平方米，陈列展厅面积 591 平方米，是国内唯一一座专业性展示蜀绣技艺及作品的博物馆。博物馆基本陈列以"热爱蜀绣，欣赏蜀绣，保护蜀绣，传承蜀绣"为主题，分为蜀绣各年代传统作品、现代创新作品、蜀绣文创开发 3 个静态实物展示区及蜀绣传统手工技艺活态展示区。

　　博物馆藏品种类多样，涵盖单面绣、双面绣、三异绣、蜀绣纹样、蜀绣针法等，共计 420 余件（套）。特色藏品为单面绣《金沙太阳神鸟》《四川太阳喜洋洋》，针法绣《水漫金山》《新装》，等等。

元墨

笔 墨 之 林

Calligraphic Works

育仁

⊙ “修竹纸窗灯火里，读书声，字里行间，可见清朝唯一四川籍状元骆成骧的人生况味；

⊙ 宋育仁，四川“睁眼看世界第一人，求新求变，字为心声；

⊙ 谢无量《春近四绝句》，“孩儿体”直抒本真，稚拙超逸；

⊙ 刘文辉手书信函，90年前，一封西康地区的招商信；

⊙ 弘一法师《楷书四言联》，“见我字，如见佛法”；

⊙ 任乃强手绘“巴塘至拉萨二十五万分之一路程图”，1950年进军西藏地图；

⊙ 李劼人手书菜单，他是作家，也是美食家，作品中有着热气腾腾的烟火气；

⊙ 哲学家贺麟《黑格尔小逻辑提纲》手稿，见证了他对黑格尔哲学传播与研究的贡献；

⊙ 赵树同和理查德·泰勒合作绘制新西兰毛利人皮影手稿，中西皮影文化在一张菜单上交流互鉴。

骆成骧书法

清代四川唯一状元的人生况味

文 ｜ 郑咚咚

位于成都市青羊区的成都静涛金石书画博物馆，毗邻百花潭公园，环境清幽，风雅成趣。小小的博物馆中，塞满了春秋战国时期的青铜器、汉唐时期的石刻、犍陀罗风格的造像，以及巴蜀先贤名家的书画。其中一幅书法作品别具一格，录的是明人陈继儒的一首词《摊破浣溪沙·梓树花香月半明》：

> 梓树花香月半明，棹歌归去草虫鸣。
> 曲曲柳湾茅屋矮，挂鱼罾。
> 笑指吾庐何处是，一池荷叶小桥横。
> 修竹纸窗灯火里，读书声。

这首词写的是一种理想的乡居生活。梓树，多植于房前屋后，亦被称作"故乡之树"。在故乡的月夜，虫鸣花香，灯火阑珊，书声琅琅。这美好的画面，不单指景物之美，也是文人隐逸之情的表达。

古时候的文人，宦海沉浮，最终都渴望回到故里，"做个闲人，对一张琴，一壶酒，一溪云"。而本文所写的正是这样一个文人：他曾高中状元，在京为官，又亲历列强入侵，朝代更迭，后回到

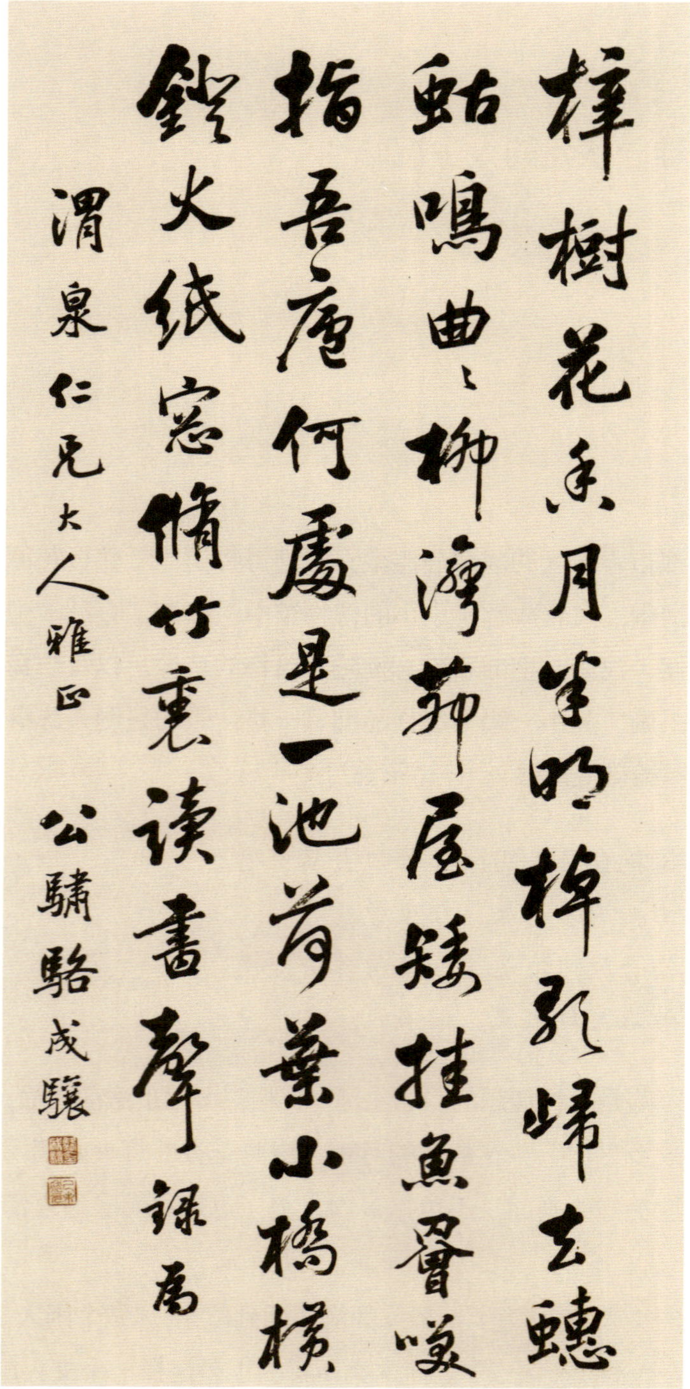

梓樹花香月半明棹孤舟去聽
蛙鳴曲曲柳灣菏屋矮挂魚罾嘆
指吾廬何處是一池荷葉小橋橫
鐙火紙窗脩竹重讀書聲錄為

渭泉仁兄大人雅正

公驌駱成驤

駱成驤书法作品《摊破浣溪沙·梓树花香月半明》

家乡，服务桑梓，成为一代乡贤。他就是清朝唯一的四川籍状元骆成骧（1865—1926）。

状元多是书法行家，骆成骧也不例外，但传世的作品不多。从前文提到的书法作品可以看出，其书法瘦硬端庄，劲健挺拔，在谨守传统的基础上，增加了富有时代气息的笔墨变化，跳出了僵化的"馆阁体"，为晚清以来的四川书法注入了一股新风。

骆成骧跌宕起伏的人生经历，也为这幅书法作品镀上了一层传奇色彩。中国有一句老话："家贫出孝子，茅屋出公卿。"骆成骧自幼聪颖，父亲是一个农夫兼小贩，但很有远见，时刻敦促他读书明理。9岁时，骆成骧随父到成都，就读于锦江书院。很快，他的才华便得到展现。

"初为文字，即惊宿儒。"据说时任四川学政的张之洞看到骆成骧的文字，断定他日后必有大造化。14岁，骆成骧应州试，以第一名入成都尊经书院深造。有一个流传甚广的小故事：骆成骧家贫，日常开支全靠书院发的"膏火费"。一个名叫谢泰来的同学，家境与骆成骧不相上下。一日，谢泰来出了个上联："至穷无非讨口"；骆成骧马上应对："不死总得出头"。这一妙对，至今传为美谈，成为奋斗者的箴言。

清光绪二十一年（1895年），30岁的骆成骧进京参加殿试。这一年有几件大事：甲午中日战争和签订《马关条约》，还有"公车上书"（骆成骧是签名举子之一）。此时，清王朝已风雨飘摇，光绪皇帝意识到"之乎者也"不能救国，提出以"时局策论"选拔人才，但他大权旁落，郁郁不得志。

骆成骧看出皇帝的忧伤，在试卷上写下"主忧臣辱，主辱臣死"8个字。光绪既惊又喜，钦点骆成骧为状元，授翰林院修撰，于是维新派又多了一员干将。1898年6月21日，光绪皇帝发布《明定国是》诏书，维新变法开始。遗憾的是，这场轰轰烈烈的运动百日而终，许多变法人士人头落地，骆成骧虽保住了性命，但已成为"弃子"。

辛亥革命后，无心仕途的骆成骧回到四川，被选为四川省临时议会会长。1915年，袁世凯复辟，劝骆成骧出仕。骆成骧大怒，拟三篇电稿痛骂袁世凯。袁世凯死，骆成骧闻讯题诗："聊凭掣电飞三剑，斩取长鲸海不波。"

骆成骧回川后，专注于教育，先后执教于四川法政学校和成都高等师范学校。1922年，他呼吁在四川高等学校基础上创办四川大学，并参与筹办事宜，还为新办的四川大学写下了七言古诗形式的校歌。随后他又筹办成都大学，推荐张澜任校长。

骆成骧虽是状元出身，但并不抱残守缺。他在北京发起"蜀学堂"，倡导西学，宣传维新思想；提出"强国强种"的救国主张，在成都筹建国术馆，推广武术；还创办了近代中国少有的、极具巴蜀地方特色的"射德会"，宣传体育竞技道德，这已经非常接近现代体育精神了。

晚年的骆成骧被尊为蜀中"五老七贤"之首。他笑道："什么五老七贤？依我看是五个老不死，七个讨人嫌而已。"此时，骆成骧的心境可能跟他手书的那首小词差不多，什么荣耀加身、功名富贵，不过是过眼烟云，而"修竹纸窗灯火里，读书声"，才是对寻常人生况味的正确书写。

宋育仁墨迹

眼看世界　字为心声

文 ｜ 宋昀智

　　1895 年，一场甲午战争彻底打醒了中国人：北洋舰队全军覆没，陆军全线溃败，洋务运动破产。甲午战争的惨败犹如一块巨石，压在无数有识之士心头。他们意识到，旧的知识、观念已经落后，只有变革才能救中国。这种求新求变的意图，体现在理论上、行动中，乃至日常生活的各个方面。

　　书法亦然。被誉为四川"睁眼看世界第一人"的宋育仁（1857—1931），写过一幅字：

　　　　小学衰而书法兴，图学荒而丹青盛。
　　　　自六朝始贵书画，西人谓科学者有用之学也。
　　　　今我崇尚无用。

　　如今，这幅作品被收藏在成都静涛金石书画博物馆。可以看到，宋育仁的书法脱胎自颜真卿及北碑，笔未到时气已至，勃郁中略带愤慨；同时楷书、行书、草书字法与体势自由转化，用笔线条朴茂浑厚。这幅作品，表面在客观陈述事实，内里却透露对"有用之学"的倾赏，同时又暗含了对"今我崇尚无用"的遗憾和无奈，可谓"字为心声"。

这幅书法作品不仅向我们呈现了宋育仁
的书法风格，也蕴含着他的思想理念

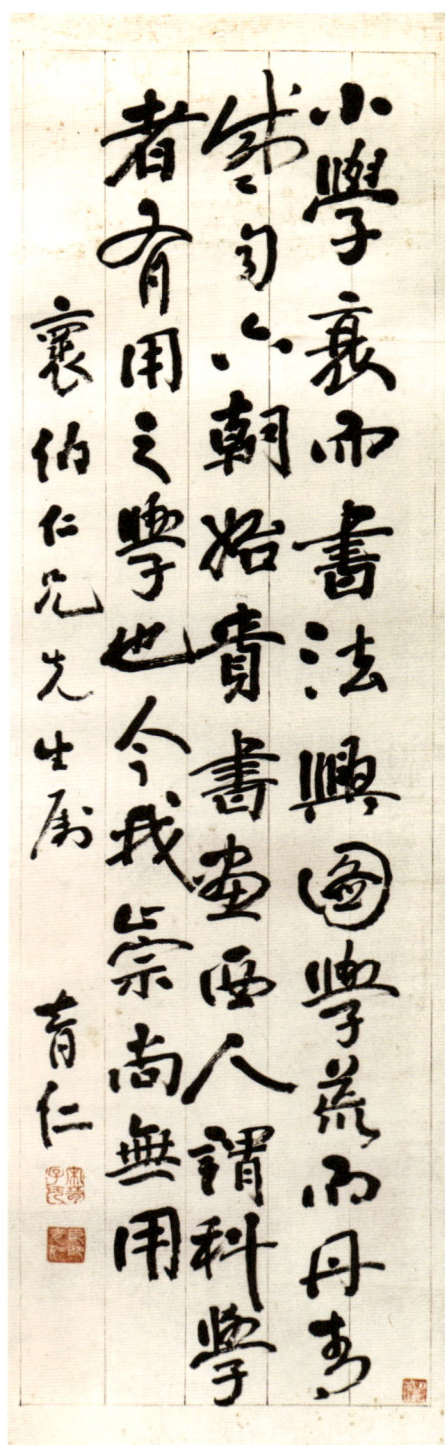

小學衰而書法興圖學荒而丹青
等勾八朝猶貴書畫西人謂科學
者有用之學也今我崇尚無用

襄伯仁兄先生屬

育仁

宋育仁进士出身，自是书家高手，但他并不重视这些"无用之技"。在他看来，"文章留名非小我，书生入世乃大观"，这种观念在当时具有一定的普遍性。大量维新知识分子崇尚经世致用的西学，希望将中国文化从"国故"中拉出来，走向新生，对传统艺术"爱之深，恨之切"。

宋育仁之所以有这样的观念，跟他的经历密不可分。清光绪二年（1876年），宋育仁从自贡入读成都尊经书院。时任院长王闿运主张"通经致用"，宋育仁深受其影响，写出《周礼十种》，成为康有为《新学伪经考》《孔子改制考》的思想资源。28岁，宋育仁中进士，授翰林院庶吉士，后又写成《时务论》《时务论外篇》，提出"君民共治"思想，引得朝野注目，被称为"新学巨子"。

1894年，宋育仁出使欧洲，任驻英、法、意、比四国公使参赞。在欧洲的游历让他深受震撼，整洁的街道，有序的城市治理，先进的工业文明……他记录下所有见闻，燃起一种变革维新的使命感。欧洲列国的强盛，令他深有感触，意识到"列强"之所以"强"，根源在于其科学技术的发达，文化教育的先进，遂将考察心得、游历见闻整理而成《泰西采风记》发表。

甲午战争爆发，中日激战黄海，北洋舰队失利，黄海制海权落入日本手中。宋育仁敏锐地觉察到这场战争的重大意义，指出"倭兵少财乏，持久足以困之"，并密谋了一个惊天计划：奇袭日本本土。宋育仁筹款购买了5艘战舰、10艘鱼雷快艇，以及大量武器装备，募集了2000余雇佣兵，由前北洋舰队副提督、英国人琅威理统率，计划以保护商队为名，从菲律宾出发，直捣日本长崎、东京。准备工作做得很充分，现实却给了他当头一棒。清廷已决定与日本媾和，签署《马关条约》。慈禧太后认为宋育仁妄生事端，下令计划作废，同时召宋育仁回国。攻打日本本土的计划胎死腹中，宋育仁只得"扶膺私泣，望洋而叹"。

回国途中，宋育仁将此事写成《借筹记》。壮志虽然未酬，但即使在今天，这个计划的大胆程度仍令人惊叹。当我们审视这段历史时，不禁会问：假如这个计划成功，中国的近代史是否会改写？

1896年，宋育仁奉旨回川。次年10月，他在重庆创办四川近代最早的报刊《渝报》，堪称四川报业鼻祖。1898年，又与廖平等人在成都创办《蜀学报》，也是成都最早的报纸。两份报纸，与上海《时务报》、长沙《湘学报》遥相呼应，传播新思想。

同年，戊戌变法失败，"戊戌六君子"被害。其中杨锐、刘光第是宋育仁好友，后者还是其同乡。风雨如晦，同道零落，宋育仁逐渐退出政治舞台。他主持尊经书院，发起"蜀学会"，强调科学、民主及实用知识的重要性。

1914年，宋育仁反对袁世凯称帝，被押解回老家。袁世凯死后，他才回到成都。此后10多年，宋育仁在成都东郊建起东山草堂，自嘲："凭将万字平戎策，换得东山种树书。"在这里，他一心著书，完成了《四川通志》《富顺县志》，受后学敬仰，被尊为蜀中"五老七贤"之一。

作为一代奇人，宋育仁不以书法闻名，但见字如人，他的思想、人格，都体现在其墨宝之中，独具魅力，为后人所珍视。

谢无量《春近四绝句》
一片清机出自然

文 ｜ 唐澜芯

位于温江区的成都澄园书画艺术博物馆，是一处极有趣味的所在。它的外观透明立体，富有现代感，与白墙黑瓦的古典园林相互环抱，一时沉静，一时生机。

步入展厅，纯白墙体被黑色线条利落地切割，极尽简约通透，清代至近代的书画作品、珍贵家具以及瓷器、石刻等静置其间。而其中一幅谢无量《春近四绝句》之二的书法作品是这里的"镇馆之宝"之一，其素纸玄墨，无一丝异色，干净至极，倒与整个场馆气质颇为相宜：

> 亭台经雨压尘沙，
> 春近登临意气佳；
> 更喜轻寒勒成雪，
> 未春先放一城花。

款识"山谷诗　肇州先生雅属　无量"。谢无量（1888—1964），初名蒙，又名大澄、澄、沉，字仲清，号希范，别署啬庵，后改字无量。他一生经历了清朝灭亡、民国时期和新中国成立，站在时代潮头上下求索；他顺应晚清以来西学东渐，经学转

亭皋經雨壓塵沙春近登臨
意氣佳更喜輕寒勒殘雪末
春先放一城花 山谷詩
肇湖先生雅屬 无量

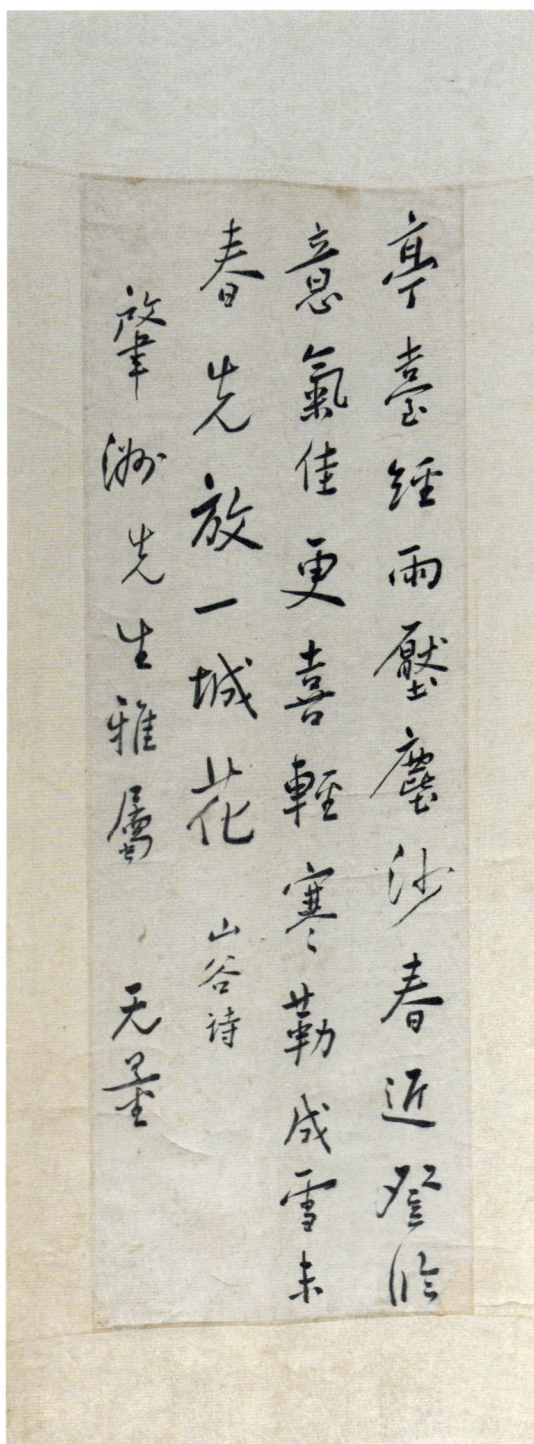

谢无量的书法作品既有孩童
般的天真烂漫，又不失成人
的沉稳与力度，因此被称为
"孩儿体"

150

向，以及诸子学、佛学复兴的潮流，积极反思和重构以儒学为主体的中国传统思想文化；他教书育人，著作等身，对故乡四川的乡邦文化潜心耕耘；他诗、书双绝，以其直抒本真、稚拙超逸的"孩儿体"书法风格独树一帜，成就"蜀中奇才"的美名。

谢无量出生于四川乐至县，很小便随父出川，来到安徽，从"四书""五经"开始学习，8岁已能作小文。他少年时期博览古籍，常常以古今兴亡等话题与人谈论，打下了良好的文学和艺术基础。

1898年，15岁的谢无量从父命拜实业家汤寿潜为师，学习时务，并因此结识了汤寿潜的女婿马一浮，结为终生挚友，开启了长达60年的翰墨情谊。不久，两人都进入现交通大学的前身——南洋公学特班就读，成为蔡元培的学生。在蔡元培民族振兴的思想熏陶下，谢无量与马一浮、马君武等人一起创办杂志，翻译介绍国外新思潮，结交反清的仁人志士，后赴广州追随孙中山投身民主革命，任职于海陆军大元帅府。孙中山去世后，蒋介石、汪精卫执掌大权，谢无量颇感失望，遂将大部分精力用于教育、学术和艺术事业。

作为近代著名学者、诗人、书法家，谢无量于学术、政论、艺术诸领域皆能会通，以卓异的才华，高旷的胸襟见识，以及自然超妙、自树一帜的艺术创造，成为20世纪一流大家，其影响越尘俗所蔽而至于今。

谢无量一生勤于笔耕，仅在上海10年间，编著图书就多达25种，在当时产生了不小的影响，得到了众多学者的尊崇。1933年的冬日，鲁迅曾在致友人曹靖华的一封信中谈到，关于中国文学史方面的书有5部可读，其中一部就是谢无量所撰的《中国大文学史》。

中国传统文人重视诗、书之才，谢无量二者皆精。

谢无量的学书，始自4岁随父入庐江教馆时，其父亲自课以"四书""五经"，并令其习字，此时所习书体应为考试所要求的楷体。但谢无量天赋灵异，厌恶八股科举，必然也不爱四平八稳的馆阁体，而更喜欢行云流水的行书、草书，而此件《春近四绝句》，便是以行书所写。

好友马一浮曾评价："谢无量先生不好临摹而天才卓异，随手挥洒，自然佳妙。"目前可确认最早的谢无量书迹，是1906年他致安徽公学同事邓绳侯的书札。此札便是行草，行气流贯而字势多纵长欹侧，一任己出而不见具体所本，虽然尚且稚嫩，但收放自如、变动不拘，已然能看出他对于书法的运用自有想法。

在此后的一生中，谢无量将人生的阅历与深厚的学识融为一体，凝传统书法之精髓，以个人情感的抒发为引线，达到了至情至性、稚拙超逸的境界。他不泥古于前人，"师法二王，游心篆隶和南北朝碑刻，积学酝酿，从而形成自己的书法"。其书大巧不工、不假雕饰，看起来如同稚子习作，却又有返璞归真之美，被称为"孩儿体"。当代学者吴丈蜀赞叹："一片清机出自然，真情至性聚毫端。纵横挥洒超凡笔，不近柴烟炭火边。"

谢无量一生广结良友，朋友遍布，在他目前存世的许多书迹中，都能看到与友人的书墨往来和相互题赠。《春近四绝句》之二亦是其一，上题"肇州先生雅属 无量"，肇州先生是何人尚未可知，但字见风骨，从清逸洒脱的字迹中，后人依然可以窥见这位文人大家激荡起伏、卓尔不群的一生。

一封 90 年前的西康地区招商信

刘文辉　信函

文 ｜ 张义奇

　　网上流传着一张老照片：一位身穿棉布马褂的绅士站在一栋平顶的土坯房前，脸色颇带几分凝重，此人名彭勋，是民国时期西康省义敦县县长，他的身后是用两根圆木支撑墙体的危房，门前赫然挂着义敦县政府的牌子。如今义敦县已于 1978 年撤销，原辖地分别并入巴塘县和理塘县。

　　老照片是著名摄影家孙明经于 1939 年考察西康时拍摄的。文字记载了彭县长一席话："刘主席有令，若县政府的房子比学校好，县长一律就地正法。"这里的刘主席，是指民国时西康省主席刘文辉，至于"就地正法"之说，无疑是某种宣传而已。

　　文字说明虽有夸张，但刘文辉主政西康期间，注重文化和经济建设却是不争的事实。成都大邑县安仁镇刘文辉旧居陈列馆，有丰富的图片和实物展出，其中有刘文辉所著、建康书局民国三十二年（1943 年）出版的《建设新西康十讲》一书，涉及西康省在政治、经济和文化建设等方面的诸多内容，而另一件藏品则正好说明建设新西康所采取的某些措施。

　　这件藏品是刘文辉写给居住在上海法租界的谢复初转李继先参议的亲笔信。信封是川康边防总指挥部的，时间是"民国廿四

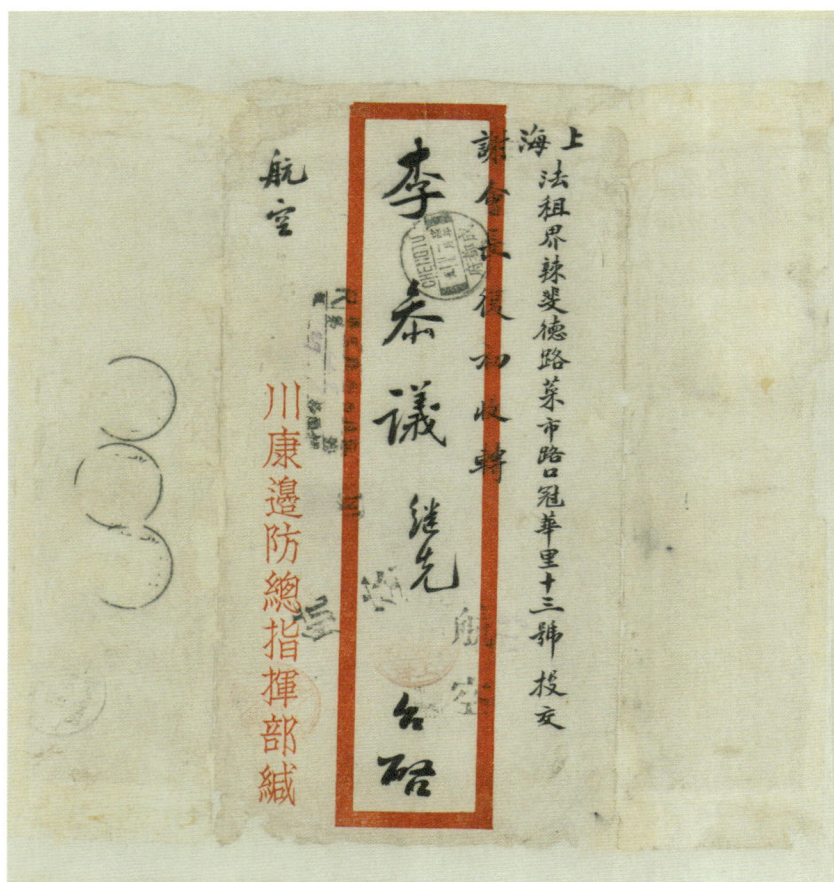

西康招商信信封上的收件人姓李，字继先，应该是当时的一名侨商

庄铜铅锡均未予开採宵属则五金俱庄钱
锌尤丰雄属铜铁锡铅併富之未开採内中
更宜注意者康宵雅三属赤铁碳床露头之
高大奇伟全国罕鲜此伦例为荥经春
天潽三牛背山及齐家河鱼通泗之铜陵潽
由道扯赡支路之菜子山凫宵县之濳洛山以
上五大赤铁碳埋藏之富直与与昌冈湖北大
冶奉天本溪湖诸大赤铁碳相頡頏绵亘於
惠缘西来本部择为全照即由

繼先泰議鑒頂阅致久恒正名情係未
本军相尚移以还负有筚闻边围保術人
民间者富源三夫使命尤排间春富涼
镇拯策劃年来选派農殖地質专门人
赴驰赴康宵雅五属实地勘查田知庄
偏庄沙金康宵雅九雅道鑪等縣庄金面積
不下大萬餘方里惟以淘採之注未精遗棄
太多非金属碳庄六陸不少为大渡河之流域盛

庄围到康時先为随時廑勘以祈不谬其
他康宵两属之碳庄詳细紀載劉委员
正在整理图編中一俟编印版冊再行寄
滇也
枢事对雅庶泡偹脆及外商搂
治情讯俱厚安善而有萃偹寔業者祭
围谢蘇诸君宵推名節均未贊同呑
不以桃眺辨若為早日

軍数年沈員勘查結果則四川向称天府
者其他下富源固不在川之内地雨川边
康宵雅三砉乃天府寶藏之所仲至
之後殷誠一天紋重工業之區荟特由航
寄来四川碳庄勘查纪实二奈以资泰考
是亥為本军劉委員丹樨良著其田富
倒更寔力避理論特来偹脆组线考

枢事代表歡迎并致誠意及於修行
迻川尤為週到玉美偹彭君商询之付
廑与间點将来祺康闻办一切统捐知取
合当以樨施祀行本军成边有責尤襄力
予扶维俾資卷展其行末聖奉之统布
代递此涵顺询
旅祉

刘
文辉

一月十六日

刘文辉关于对西康地区进行开发的亲笔信函

年一月廿二日"，即 1935 年。第一收信人谢复初是当时上海华侨实业协进会会长，至于李继先是何许人，难以考证，但从信中讲述的内容推断，定是政商界的重要人物。

刘文辉的信写得十分恳切，先务虚，说国民革命军 24 军"南移"以来负有巩固边防、保卫人民、开发富源（指自然资源）三大使命。随即话锋转到开发富源，称已派地质专门人员赴康宁雅（西康省包括三大区域：康是指以西康为中心，包括藏东在内的藏族地区；宁指原宁远府，即西昌所辖各县；雅则是原雅州府，即雅安各县）各地勘察，得知康属盛产沙金，由于淘采方法不精，遗弃太多。其他金属矿产亦不少，大渡河流域的铜、铅均未开采；宁属地区也有多种矿藏，其中铁、锌尤丰；雅属地区铜、铁、锑、铅并富，也未开发。随后特别强调，三属地区的赤铁矿储量更可与湖北大冶、奉天本溪相比。结论是四川的地下资源不在内地，而在川边地区，加之康宁雅山川"固护"，足可抵御国际战争的侵毁，将来有一天定会建成重工业之区。

刘文辉在信中不厌其烦地列举了各地矿产的详情，有事实，有分析，有预见，并回答了侨胞提出的捐税问题，最后归结到一个意思，就是希望旅居上海的侨胞及外籍实业家尽快来西康考察，投资建矿办厂。

可以说这是主政一方的刘文辉亲笔写的招商引资信。

那么刘文辉为何对西康的经济建设如此上心？这就要从他的发迹说起。刘文辉（1895—1976），成都市大邑县安仁镇人。13岁时虚报年龄，考入成都陆军小学堂，后考入保定陆军军官学校炮科第二期。军校毕业后进入川军第八师陈洪范部。在其任军长的侄儿刘湘的扶持下，短短 5 年时间，刘文辉就从少尉参谋跃升至第一混成旅长，摆脱了陈洪范的控制。

辛亥革命以降，四川军阀派系林立，常年你攻我伐，至抗战爆发前，大小战争发生了 300 余次。刘文辉在军阀混战中左右逢源，势力不断增强。1926 年，他被任命为国民革命军 24 军军长兼川康边防军总指挥。1927 年，刘文辉突然袭击驻防雅安的 23 军刘成勋，一举占领了邛崃、雅安、康定等地，后西康地区遂被刘文辉占据。次年，国民政府任命刘文辉为四川省主席，成为能够与刘湘、邓锡侯、田颂尧相抗衡的四巨头之一。

为争夺四川统治权，1932 年冬，"二刘"之间爆发了四川民国史上规模最大，也是最后一次军阀大战。刘文辉麾下 24 军和四川善后督办刘湘的 21 军，从川北打到川东，再打到川南。此战双方动员兵力达 30 万人之众，战火一直延续至 1933 年夏，最后经岷江一役，24 军被全线击溃，刘文辉只得退守雅安。招商信中所谓"本军自南移以还"，其实就是指 24 军败退回川边。

刘文辉退守雅安后，一心欲做"西康王"，国民政府出于战略考虑，也有意开发落后的川边地区，遂于 1935 年 7 月成立西康建省筹备委员会，刘文辉为委员长。抗战全面爆发后，中央政府同意将西昌一并划归刘文辉管辖，并于 1938 年 11 月批准建立西康省，任命刘文辉为省政府主席，省会设在康定，24 军军部驻雅安。1939 年 1 月 1 日起，川康正式分治。西康省下辖 33 个县和 3 个设治局，面积 53.3 万平方千米，人口 200 万以上。

西康从建省开始，共存在了 16 年，其中民国时期的 10 年是在刘文辉治下，而倘若以他实际控制西康算起，前后则达 20 多年。

西康省山高谷深，地广人稀，经济落后。刘文辉主政西康，进行了一系列的经济文化建设，包括建学校，办企业，修公路，开矿山，兴水利，促商业。刘文辉这封亲笔信，便是为西康招商引资、开发资源的缩影。事实上，当年西康当局的确为各类进康的考察或投资人员提供了方便，不仅政府出具路引，甚至提供武装护卫。摄影家孙明经、庄学本都是在这期间进入西康的。

九一八事变后，救亡气氛日益加重，国家对西南地区自然资源的开发利用越发重视，先后有不少科学家进入西康考察。作为地方首脑，刘文辉对他们表现出了极大的热忱。地质学家丁文江很早就开始对西南展开地质调查，他去世前，足迹已遍布雅砻江和金沙江流域，他发表并载于1933年6月刊《独立评论》的《漫游散记》一文，就对这一区域的矿产资源有初步描述。

由卢作孚先生创办的中国西部科学院也在20世纪30年代派出了多批科学家进入西康，并在雅属和宁属地区相继发现了煤、铁及其他有色金属矿藏。其中西部科学院地质研究所所长常隆庆从1934年起，先后8次进入宁属地区科考。1935年常隆庆在《新宁远》上发表的矿产调查报告，确定了攀枝花一带的铁矿和煤矿储量。1940年，常隆庆先生再次到西康和云南交界的攀枝花一带考察并发现渡口兰尖铁矿露头，估计储量在1100万吨以上。后来的攀钢正是在这里建成的。数十年后，攀枝花的建设恰好印证了刘文辉信中所说"诚一天结重工业之区"的预言。

刘文辉信中所描述西康各地的矿产资源，包括刘丹梧所著《四川矿产勘察纪实》，应该都是地质学家科考的结果。作为镇守西康的地方大员，眼见如此多的宝藏而有待开采，内心的急迫感是可想而知的。正是在刘文辉的治理下，昔日落后的西康才在文化和经济上得到了一定程度的发展。

弘一法师《楷书四言联》

墨香里的佛缘

文 ｜ 杜悦竹

　　有这样一位人物，他以风华绝代之才，漫步于红尘俗世，又以云水禅心之志，遁入空门，成就了从李叔同到弘一法师的传奇蜕变。他文韵深厚，心灵高洁，博识雅趣与淡泊宁静相融。他的弟子和旧友对他充满了敬仰和怀念。丰子恺评价他"每做一种人，都做得十分像样"。林语堂称赞他是"我们时代里最有才华的几位天才之一，也是最奇特的一个人，最遗世而独立的一个人"。

　　弘一法师（1880—1942），俗名李叔同，祖籍浙江，生于天津。他诗词书画、篆刻乐律、戏剧文学，无一不精，屡开风气。1918年8月，李叔同于杭州虎跑寺出家，法名演音，号弘一，自此世称弘一法师。弘一法师出家后，便立誓"非佛经不书，非佛事不做，非佛语不说"，潜心向佛，精研律学，二十四载寒暑，一领衲衣，补丁累累，青灰相间，其清苦之状，可见一斑，佛门弟子尊其为律宗第十一代世祖。他遁入空门之后，"诸艺皆舍，独留书法"，以笔墨书写佛理，广植善因，普度众生。早年作品风格凝重浑厚，笔力舒展强健，意境开阔；及至出家，渐趋淡泊高远，晚年之作，褪去烟火气，以拙朴笔墨、清凉文字，营造出疏密得当、清逸恬静、神定气闲的法书境界。

成都澄园书画艺术博物馆，藏有一副弘一法师的《楷书四言联》。该作品为水墨纸本立轴，尺寸为纵58.2厘米，横17.6厘米，作品上联为"入真实慧"，下联为"得坚固身"，下款署有"华严集句 光明院"，表明此集句联出自《华严经》，作于光明院，未署年月，当为弘一法师晚年驻锡泉州、厦门时所作。上款处盖有佛形印一具，下款钤印"演音"。这件作品两侧留出了大量的空白，书法主体所占空间较少，显得格外虚灵静穆、澄净安详，有一种质朴无华、圆满天成的意趣。

弘一法师晚岁居闽十四载，驻锡过泉州、厦门、漳州数十座寺庙，光明院亦为其法雨广披之处。他体弱多病，便以字结缘，跨越地域、身份与形式之限，无论亲至或转求，皆欣然应允，有求必应，有请必书，与对方共生欢喜之心。云游闽南之时，他遍访百原寺、承天寺、大开元寺、光明寺等古刹伽蓝，面对访客讲演之邀，他一概婉拒，矢志不渝地选择以字句传递佛法精髓。他在1939年给弟子刘质平的信中写道："余已残烬之年，又多疾病，甚愿为诸同学多写字迹，留为纪念。"他在1940年春给性常法师的信中写道："无论亲疏，一律平等，无有厚薄先后。"弘一法师所写字幅内容，皆是古往今来高僧大德的智慧箴言与佛经中的偈颂联语，每天书写数十件，累计高达千余件，因此闽南僧俗两界多有法师作品。

康蚂的《他在红尘看风景：弘一大师传》记载了一个故事：泉州当地一位军事长官以弘一法师为一代高僧，效法古贤尊师重道之意，委托弘一法师的朋友、泉州名士叶青眼，请法师为军官演讲，至为恳切。弘一法师叹为难得，但认为去演讲则须往来应酬，诸事烦苛，靡费物力，故未接受邀请，仅同意多多书写文字，替代讲演。法师说："书法即佛法。"叶青眼说："本地人都来向大师求字，少来求法，不无可惜。"法师说："我的字即法，

弘一法师《楷书四言联》

居士不必过为分别。"

弘一法师不谈书法，只说"写字"。因他视书法为艺事，而写字则为佛事，他写字非为艺术，旨在弘扬佛法。确定以字弘法后，法师曾尝试刺血写经，印光法师写信告诉他，写经应庄敬而不必刺血，强调诚与恭敬。印光法师还说："写经不同写字屏，取其神趣，不必工整。若写经，宜如进士写策，一笔不容苟简。其体必须依正式体。若座下书札体格，断不可用。"受印光法师指引，弘一法师书法转趋精严工整。他早年擅篆书与魏碑，风格本就端庄严谨，60 岁时更是返璞归真，稚拙如孩童写字，亲切有味，尽显超凡境界。

澄园书画艺术博物馆藏四言联，是源自《华严经》的集句联。集句联是一种对联的创作手法，它要求联语既保留原文的词句，又要语言浑成，另出新意。1929 年，弘一法师为纪念母亲七十冥诞，发心撷取《华严经》中的精髓，重组成朗朗上口、意理深刻的联句，历时半年，编纂成《华严集联三百》。集中的每一联，均出自《华严经》。"入真实慧"，出自《华严经·净行品》："见无病人，当愿众生：入真实慧，永无病恼。""得坚固身"，出自《华严经·净行品》："若见城廓，当愿众生：得坚固身，心无所屈。"这两句本不在一处，但巧妙并置，却能生发新意，真实慧为修行之基，坚固身为修行之果，言简义丰，天然成趣。

这副四言联，气韵悠长，秀致冲淡。恰如他在 1938 年致马冬涵书信中所言："朽人之字所示者，平淡、恬静、冲逸之致也。"法师一直强调"见我字，如见佛法"。驻足观之，在那细腻温婉的字里行间，蕴含的皆是慈悲与安宁，犹如一股清泉，涤荡杂念，治愈红尘中疲惫不堪的灵魂。

任乃强手绘路程图
1950 年"进军西藏"地图绘制记

文 ｜ 孙吉

在四川省建川博物馆多达千万件的藏品中，它看上去非常"平凡"：泛黄的纸面上散布斑驳黑腻的印渍，边缘亦不复平滑，右边三分之一处更有一道巨大的锯齿状残缺贯穿上下，沿着红黑色笔迹勾勒的曲折线条，略显潦草的手写字体标注着各种信息：

宁静山，蕃名邦拉。为高原受水侵蚀后所存之平顶。山顶平润数里，有雍正四年竖立之四川西藏界碑，仅其石积风化，字已无存；

邦木至邦木塘，通称莽岭或莽里，分上中下三村，各蕃民十数户，耕种为业，地渐高寒，产麦不及打戛以下之盛矣；

宁静至大坝一路皆平原，且有林木；
…………

地名、里程、海拔、物产、风俗、山脉、河流、史迹……倘若仔细辨识，眼前仿佛打开了一个历史地理的信息库，红黑曲线正是金沙江沿岸的山河道路走向，纸面的残缺之处则形似一南北向之巨大幽深峡谷，暗合了顶部那"巴塘至拉萨二十五万分之

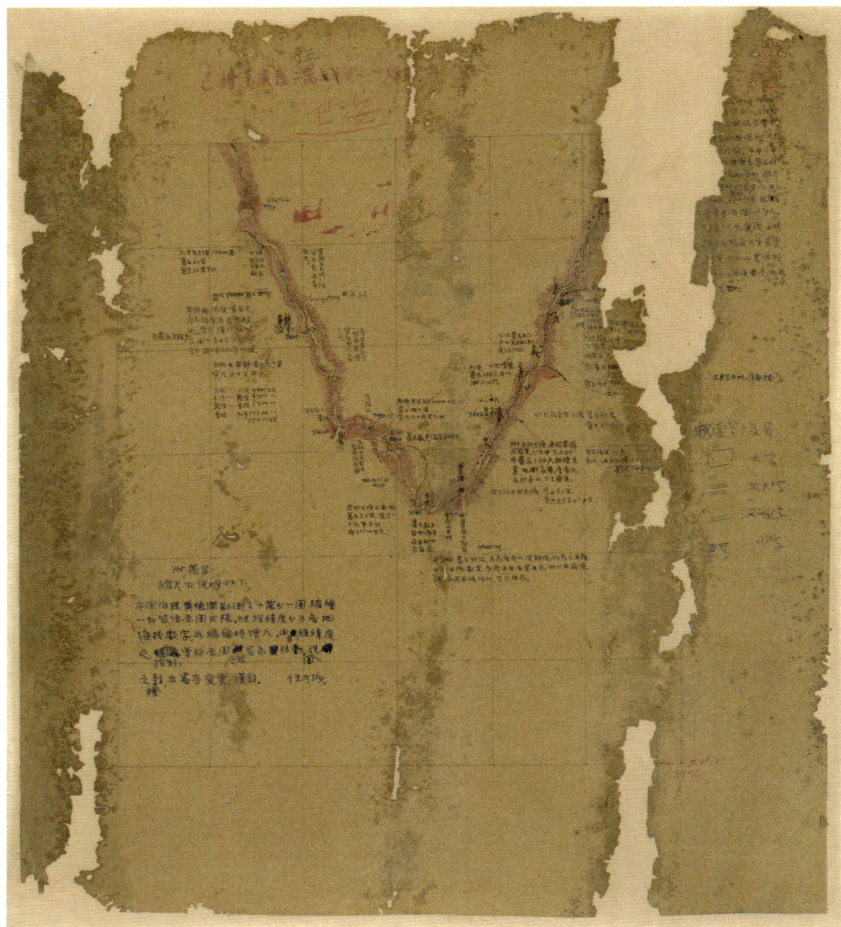

这张手绘地图为解放西藏做出了不可磨灭的贡献

一路程图""巴安"等字样所指向的地域，也是当今备受关注的
318国道川藏交界区域——从巴塘（图标注：巴安）到芒康（图
标注：宁静）路段。

这张其貌不扬的旧地图，安静地躺在四川省建川博物馆西康
省主题展厅一处角落的玻璃框内。展厅里参观者络绎不绝，却少
有人驻足停留。诸多公开信息将其描述为"五十万分之一的康藏
地图"，实属讹传，尽管二者出自同一时期的同一人之手，也同
样被施以重大用途。这讹传，源自1950年元旦刚过不久，那场
热火朝天的讨论。

最初，任乃强并未意料到事情的急迫性。他心里惦记着自己那本即将出版的长篇历史小说《张献忠》，于是向时任中共西南局第三书记兼第一野战军司令员贺龙提出请假一天，先去文教委员会办理书籍立案。

贺龙微微一愣，眼前这位穿着破毡鞋、旧长袍，戴着绒瓜皮帽的老先生，显然并不了解军人雷厉风行的做派，更未意识到自身的重要性。李夫克之所以在一天之内两次往返军区和川大，不仅因为任乃强是《西康图经》等扎实文献的作者，更毫无保留地提供了自己已经绘制校正完毕的部分"五十万分之一康藏地图"，而方才两个多小时的侃侃而谈，任乃强所展现出的博闻强记、精深见解以及中肯建议，让曾率军经巴塘、甘孜抵达陕北的贺龙十分认可。谁料正在满堂文武感叹刘文辉举荐之人名不虚传之际，老先生却表现得不辨轻重缓急起来。

其实，哪能怪任乃强的"书生之见"呢？就在不到半个月前的1949年12月27日，西南重镇成都才刚刚完成政权更迭，3天后，解放军方整队举行了盛大的入城仪式。

但"进军西藏"并非临时起意之举。1950年1月2日，毛泽东在给中共中央、彭德怀并转发邓小平、刘伯承、贺龙的电报中说道："争取于今年5月中旬开始向西藏进军，于10月以前占领全藏。"并明确提到以打箭炉（今康定）"为基地筹划入藏事宜"，由此分两路"推进至西康、西藏的接境地区"。

常年行走川康边区的任乃强，正是咨议方案的最佳人选。这位北京农业高等学堂（今北京农业大学）农业经济地理专业的毕业生，酷爱实地考察并绘制地图，研究涉猎藏学、舆地、教育等众多领域。早在1927至1928年间，任乃强便接受同窗胡子昂之邀，以刘文辉军部"边务视察员"身份，徒步考察了川边11县，他"登山必登其巅，涉水必溯其源"，不仅完成《西康十一县考

四川省建川博物馆综合陈列馆又名中国共产党百年礼赞馆，位于成都市大邑县安仁镇

察报告》，还用随身携带的气压表和六分仪，一一绘制了分县地图。那次考察旅行促成他与上瞻对（今新龙境内）甲日土司之女罗哲情措的姻缘，在妻子的协助下，任乃强完成了流传后世的《西康图经》（境域篇、地文篇、民俗篇），"开康藏研究之先河"。

无怪乎贺龙当场驳回了任乃强的"假条"，但同时立即请来文教文员会主任委员杜心源解决其后顾之忧。对于李夫克先前拿来的"五十万分之一康藏地图"，任乃强做出极为详细的解释，这些以英印测量局"十万分之一喜马拉雅山区与西藏部分地图为蓝本，按经纬度定点，用圆锥投影法"绘制的分幅地图，广泛汇集参考了近百年来斯文·海定、柯尔斯等海外探险者，以及赵尔丰派遣的四川陆军测量局、刘文辉派遣的四川陆地测量局等官方勘测信息，并结合自身"考察绘制的各县地图篆合制成"，全图依经纬度分割为二十几幅，尚有两幅未绘制完成，但"所有地名部位完全可靠"。

贺龙闻言更加兴奋，他嘱意任乃强："当晚就做安排，明天开始绘图。"并将刚接收的胡宗南部队测量队和原四川测量局人员拨由任乃强调配。

自此，藩署街的任家堂屋里，"天天点着100瓦的大灯泡，摆了很多张绘图桌，同时开工"（任乃强之子任新建语）。但整个测绘团队人员加起来有 40 多人，全赖自己 1 人供稿，任乃强实在难以应付，于是他留下 6 个人在自己家中继续绘制未完成的"五十万分之一康藏地图"，将其余人员安排到成都市中心（明）皇城内的四川测量局旧址翻绘旧图。面对贺龙提出的燃眉之急，任乃强想起了一个叫黄德润的人。

清光绪三十四年（1908 年）四月，这位头戴起花金顶、身着鹌鹑补服的壮年官员，奉川滇边务大臣、护理四川总督赵尔丰之命，前往康区和西藏勘测电话线路。黄德润从成都出发，经打箭炉，过巴塘、察木多（今昌都），抵达拉萨并至江孜而止。宣统二年（1910 年）十月，他再度进藏勘测。

黄德润的认真履职，为绘图工作省却了不少时间。任乃强根据黄德润绘制的自巴塘到拉萨、日喀则的"十万分之一路线图"，先将其缩绘为二十五万分之一的地形图，再补充经纬度和海拔数字，分幅加以说明。在眼前的这张缩绘的巴安（今巴塘）—宁静（今芒康）段地图上，任乃强郑重写道："本图系照黄德润勘测之十万分之一图缩绘，一切皆系原图式样。惟经纬度分与各地海拔数字，为编绘时增入。图说之间，亦略有变更，谨记。"署名任乃强，以示不攫前人之功的敬意。

很快，这批"应急之图"便交付军方。贺龙见此大喜，立即安排付印，分发部队使用。

完成地图绘制任务后，任乃强回到四川大学继续教学。与此同时，西藏局势正在酝酿巨变，1950 年 3 月，张国华、谭冠三率领中国人民解放军第十八军及第十四军一部，挥师西进。1951年 5 月 23 日，中央人民政府代表同西藏地方政府代表在北京中南海勤政殿签订《中央人民政府和西藏地方政府关于和平解放西藏办法的协议》，西藏最终和平解放。

一张请帖背后的美食家

李劼人　手书菜单

文 ｜ 龚静染

1959 年 11 月，作家李劼人在成都芙蓉餐厅订了一桌菜，准备与朋友沙汀等人一聚。此事颇费心思，李劼人在给沙汀的信中写道："为了不太奢侈，故不用海味。又为了不太花费，故避免用鸡，而将烤鸭易为香酥，则不仅吃皮，而连鸭架都吃了，又不浪费故也。"但这桌菜仍显"豪华"，因为这毕竟是在一个物资极度贫乏的年代。

李劼人开出了一个经济实惠又能大快朵颐的菜单。凉菜 4 个：熏鱼、夫妻肺片、脍横喉（加舌掌）、叉烧搬指；大菜 7 个，外加一汤：干烧大杂脍、锅贴高笋片、宫保腰块、清汤豉肚（加菠菜面水饺）、红油豆腐鲫鱼、香酥鸭、甜烧白、海带韭菜辣汤，再加萝卜饼 20 个。最后，李劼人写道："十一月十六日下午五时准开，风雨不改。"如此郑重地去吃一顿饭实在不易，美味需珍惜。这张特殊年代的请帖，如今保存在成都川菜博物馆的橱柜中，既见证了两位著名作家的交往，也讲述了川菜的一段历史。细细品之，意味深长。

这桌菜有上海菜、广东菜、江浙菜、川菜等风味，要用熏、拌、脍、炖、炸、蒸、爆炒、叉烧、干烧等烹技。李劼人对菜品的搭配、味道的讲究、营养的考虑都非常用心。因时、因地、因人而变，实得美食之真谛，这张菜单体现了他对美食的理解之深。最值得一说的是那 20 个萝卜饼，就是最后要用饼子来将残羹剩汤一并消灭的意思。

李劼人是好吃之人，懂吃之人。他早年还在成都状元街开过一家名为"小雅"的菜馆，至今为人津津乐道，且坊间研究和复兴"小雅"菜肴者大有人在，这也是李劼人能够随手开出一张菜单的原因。其实，小雅菜馆就是个夫妻店，其妻杨叔捃掌灶，李劼人跑堂洗碗，跟当年司马相如与卓文君夫妇开的饭馆差不多，即"文君当垆，相如涤器"。但小雅菜馆却跟一般的小馆子有别，这从它的取名上就能看出。"小雅"出自《诗经》："鼓瑟鼓琴，和乐且湛。我有旨酒，以燕乐嘉宾之心。"显然，这不仅是为了稻粱谋，也有高于饮食的雅意。小雅菜馆虽小，却颇具特点，据谢武军在《杨叔捃谈劼老》中讲："每周换六样菜，菜谱都是李先生定的，他告诉李夫人每样菜用什么料，用什么火，然后由李夫人动手去做。"

车辐先生是旧时蓉城的记者，见多识广，他回忆一到星期天，来吃饭的人多起来，小雅菜馆就会增加菜品，如豆豉葱烧鱼、烟熏排骨、干煸鱿鱼丝、加干辣子面的卤牛肉、板栗烧鸡、香糟鱼、砂仁肘子等。从这些丰富的菜品中就能看出李劼人确有一手烹技，不是口头美食家。

小雅菜馆开业后，时任国立成都大学教授的罗元叔曾以诗相贺，其中两句写到了菜馆的菜肴："番茄撕耳最清新，当归汽鸡脍紫鳞。"这里包含了 3 个菜名，番茄撕耳面、当归汽鸡、脍紫鳞。番茄撕耳面可能是北方风味，大概与山西一带流行的番茄猫耳面相似；当归汽鸡是上等药膳，非常滋补；脍紫鳞来自唐代张说的《岳州宴姚绍之》一诗："翠罍吹黄菊，雕盘鲙紫鳞。"也就

沙汀　已向芙蓉餐厅订了座、开了菜、
时间是十一月十六日（星期一）下午五时半开、
风雨不改、希望在是日下午四点半左右、所
餐厅（人民南路四川剧场北面紫薇）因为了
不太奉陪、故不用海味、又因为了不太花费、故避免用鸡、
而将烤鸭易为香酥鸭、则不仅吃皮、而连鸭
架都吃了、又尝很好也、菜单录后即希
查鉴、
李劼之　十三下午

四个七寸盘
熏鱼　夫妻肺片
胗横喉加舌子　叉烧撇指

七大菜一汤
干烧大杂烩　锅贴二两鸭子序
宫保腰块　清汤鱿肚加豌豆苗起水饺
红油豆腐鲫鱼　香酥鸭
甜烧白
海带血菜酸辣汤
外蒸饺二十个　宜用菜蒸饺

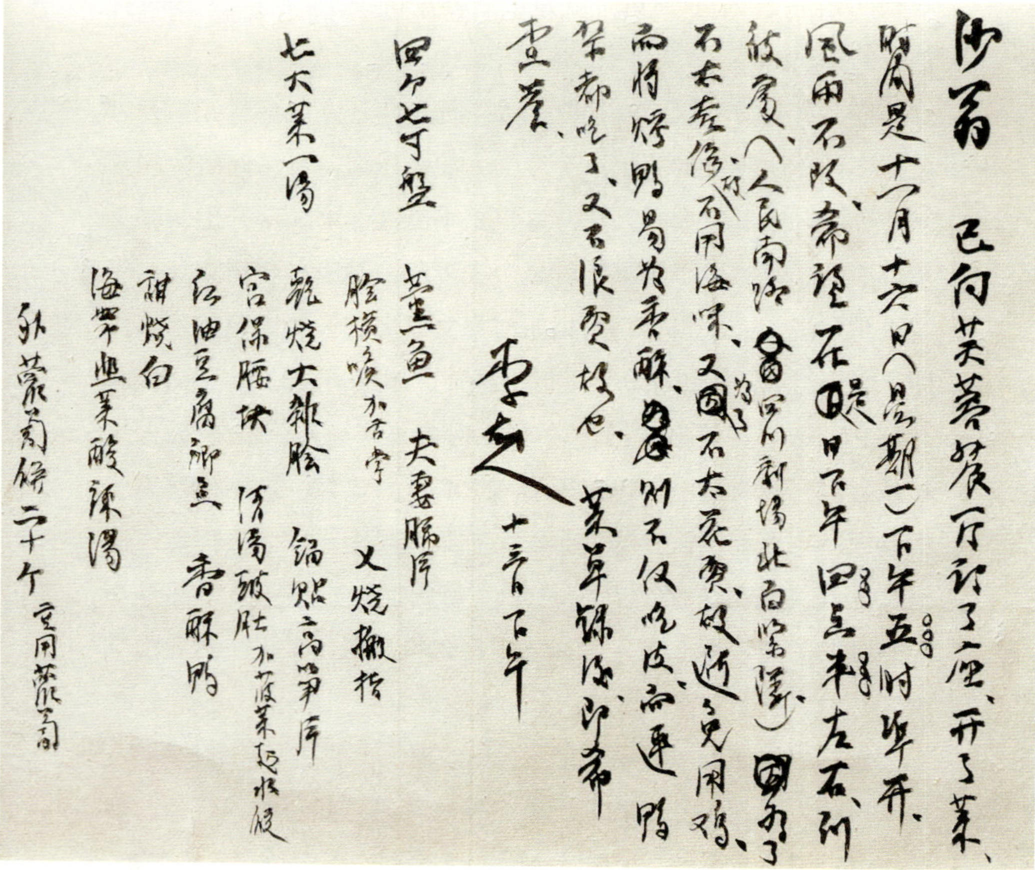

李劼人的这张请帖中不少菜品直到今天仍旧耳熟能详

是吃河鲜的雅称。李劼人还留有一手家菜，要在节日大飨亲友时才会做，如青菜头焖酥肉和肉末黄花粉丝，大概不会出现在菜谱上。

李劼人还曾将自己对饮食的见解和审美写成长文《漫谈中国人之衣食住行》，堪称川菜文化的经典之作。在文章中，他特别写到的几种川菜美食，在当今大放异彩，可以说他就是这些川菜最早的发现者和研究者。如他写吃牛毛肚，讲这个习俗来源于富荣、犍乐一带的盐场，当时盐井多靠牛力拉卤，所以水牛众多，它们老死、累死之后就成了盐工们的美味，现在的牛华麻辣烫、自贡火边子牛肉就是这样来的。

日本现代作家花田清辉说李劼人是"中国的布里亚·萨瓦兰（法国著名美食家）"，并认为李劼人的小说"充满厨房蒸腾的热气"。这张请帖，让后人得以理解这位作家作品中热气腾腾的烟火气。

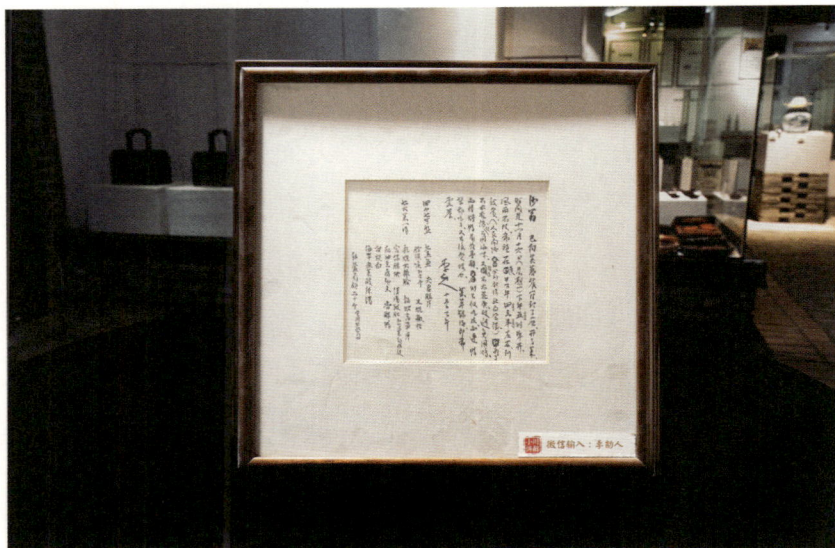

成都川菜博物馆收藏了诸多与川菜相关的藏品，其中也包括这张菜单

《小逻辑》与大哲学

贺麟　手稿

文 ｜ 刁觉民　詹绪河

　　2016 年 9 月 6 日 11 时，一辆来自北京的厢式货车平安抵达成都贺麟故居纪念馆。车内满载的 2000 余件物品，全是贺麟及其家人在北京干面胡同中国社会科学院家属院家中的遗物。诸多遗物中，贺麟的《黑格尔小逻辑提纲》手稿特别抢眼，现藏于成都贺麟故居纪念馆。与常见的博物馆不同，纪念馆依托于贺氏家族的清代老房子，三重四合院群落，依山傍水，竹林掩映，这是贺麟生长的地方，也是纪念他的博物馆。

　　手稿的发现颇具传奇色彩。2016 年 8 月，百岁老人、贺麟夫人黄人道逝世后，贺麟的遗物得到各方面重视，特别是著作、书籍与手稿。据贺麟女儿贺美英讲述，国家图书馆第一时间派人来家里遴选了几天，紧接着清华大学图书馆又来选，最后贺麟故居纪念馆才派人清理遗物。

　　8 月 31 日，贺麟侄孙贺杰带领志愿者向虹、詹绪河等来到中国社会科学院家属院。9 月 1 日，志愿者两人一组，对贺麟旧居进行测绘、录像、拍照，将书籍、物件逐件清理登记。

　　9 月 2 日上午，当他们开始将物品分类打包到客厅时，坐在客厅沙发上的贺杰偶然发现客厅左侧窗下墙角木方凳上有一堆杂

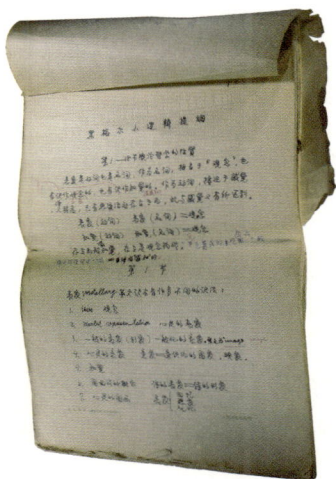

贺麟的《黑格尔小逻辑提纲》手稿原件

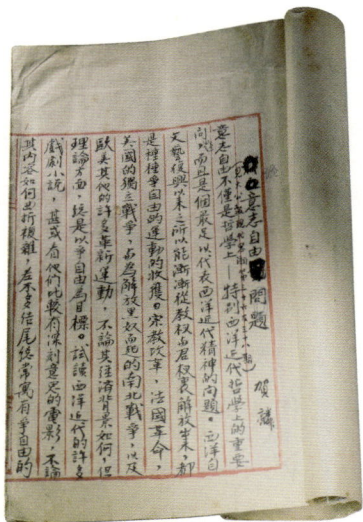

贺麟《意志自由问题》原稿

志，方凳下面的木枋上有一堆旧报纸，便问是否进行清理。登记人员回答都是些旧报纸杂志，就没一一细看。贺杰起身清理旧报刊，当他翻出木枋上的旧报刊，发现中间有一个报纸包着的东西，打开一看，是一本对折、发黄的贺麟《黑格尔小逻辑提纲》手稿。在场的人不禁惊呼："难道是冥冥之中的安排，只能由贺家人发现？！"

这部手稿共 60 节，大 16 开稿纸，195 页，顶端线装。贺麟用人民出版社印制的"淡格稿纸"（横直两用）书写，字迹隽永，字体飘逸，通篇给人以规整厚重之感。

贺麟从 1941 年春开始翻译黑格尔的《小逻辑》，1949 年国庆时才翻译完毕，以此"作为对新中国诞生的献礼"。《小逻辑》中译本的问世，是贺麟成为"新中国黑格尔哲学研究一代宗师的一个永放光芒的标志"。

贺麟（1902—1992），名光瑞，榜篆麟，字自昭，四川金堂县五凤溪人，1930—1931 年赴德国柏林大学专攻德国古典哲学，中国现代著名哲学家、翻译家、教育家、黑格尔研究专家。张学智在《贺麟思想研究》中记述："贺麟自留学美国直到生命终结，研究、翻译、讲授黑格尔达60年之久，一生学问精神皆贯注其中。"贺麟在翻译西方哲学著作时，不仅严格按照"信、雅、达"三个标准，还在翻译界开了"比"的先河。他的学生孙霄舫在《我所认识的贺麟教授及其思想》中写道："贺先生在翻译上的成就，许多工作人员都知道，他最仰慕严复，常常提到严的三个标准：信、雅、达，而贺先生却开创了'比'的先河。他在翻译西方哲学的时候，将中西文化加以比较，找一个都能接受的交流方式进行翻译，'比'成了贺先生在翻译时采用的又一个标准。"孙霄舫如是总结："《小逻辑》融会贯通了原作的意旨，传神地体现了黑格尔宏大精深的哲学意蕴和高度思辨的辩证思维方式与表达方式，行文流畅、自然、典雅，如出己口，如宣己意，读起来也同听先生讲课一样，有如坐春风之感。"

在学界，只要提到黑格尔的《小逻辑》，人们就会想到它的中文译者——贺麟；而一提到贺麟，首先会想到他脍炙人口的译著《小逻辑》。正因为此，贺麟翻译的《小逻辑》一经问世，便由海内外各大出版社争先出版，迄今有三联书店、商务印书馆、上海人民出版社等版本。

已故国家图书馆馆长任继愈在《我所知道的贺麟先生》一文中，曾这样评价《小逻辑》："他译的黑格尔《小逻辑》风行半个世纪，新中国黑格尔专家没有不读他翻译的这部《小逻辑》的。西方名著在中国发生影响最广的翻译著作，要数严复译的《天演论》；在学术界影响持续最久、迄今不衰的，我想贺译的《小逻辑》应当是首选。"这本静静地躺在贺麟故居纪念馆的手稿，见证了贺麟对黑格尔哲学传播与研究的贡献。

见证世界皮影文化交流互鉴

赵树同　手稿

文 ｜ 王国平

　　成都皮影艺术博物馆里珍藏着几份弥足珍贵的皮影手稿，它们是雕塑大家赵树同和新西兰特效设计大师、五届奥斯卡奖得主理查德·泰勒在菜单上合作绘制的新西兰毛利人皮影手稿。其中一张手稿，由夸张的线条、圆圈，组成了毛利人的眉毛、耳朵、眼睛和鼻子，寥寥数笔，跃然纸上。手稿落款分别是"Richard Taylor"和"赵树同"，时间是 2009 年 12 月 6 日。

　　说起赵树同，人们马上就会想到他的代表作《收租院》，但同时心里会充满疑惑：一位雕塑家，为何要画皮影？

　　赵树同（1935—2018），四川成都人，著名雕塑家、收藏家，先后在四川美术学院和中央美术学院雕塑研究班学习，受教于吴作人、刘开渠、"泥人张"等名家。他多年从事美术教育，城市雕塑创作及古代雕塑、绘画的考察、研究与修复工作，是大型泥塑《收租院》的主要创作者，曾率队修复重庆大足石刻、成都新津观音寺明代雕塑和壁画以及丰都鬼城彩塑群像等。

　　20 世纪 80 年代，赵树同应邀到北京参加《十三陵大佛》大型石雕创作，工作之余逛古玩市场时，发现有很多外国人在收购中国皮影，他便开始用自己省吃俭用攒下的存款四处抢救性收藏

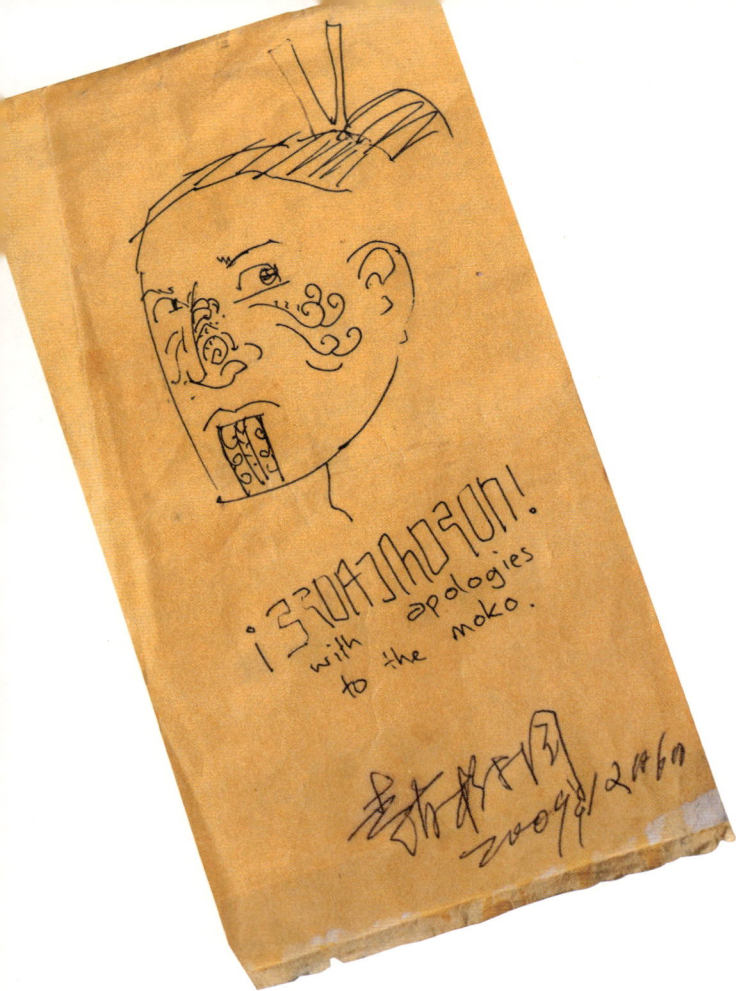

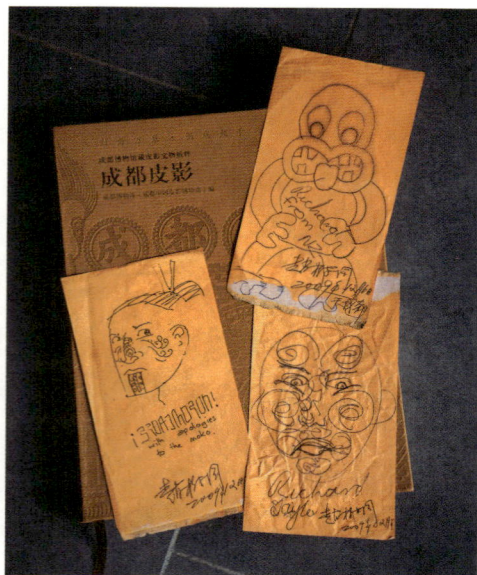

赵树同与理查德·泰勒共同署名的皮影手稿

皮影。当时北京的收藏界不一定认识《收租院》的主要创作者赵树同，却都知道有一个见皮影就买的"赵老师"。

几年下来，赵树同的藏品颇丰。法国大使馆听说他收藏了很多珍贵的皮影，便邀请他赴巴黎办中国皮影展。赵树同听闻后很高兴，但认为以私人名义出国办展不妥，于是与儿子赵洪商量，先创办一个皮影博物馆，再带着馆藏品赴法办展更名正言顺。后来展览虽取消了，成都皮影艺术博物馆却因之成立。

数年后，赵树同将他收藏的46000余件全国各地的皮影悉数捐赠给了中国美术学院，这些捐赠成为学院的重要馆藏。而他和赵洪收藏的成都皮影则留在了成都皮影艺术博物馆。

2009年12月6日，新西兰维塔工作室创始人、世界著名电影道具设计师、五届奥斯卡奖获得者理查德·泰勒来到成都，他是《指环王》《阿凡达》《纳尼亚传奇》等多部科幻电影的特效制作师，经他之手，电影中的逼真场景和人物形象让荧幕前的观众赞叹不已。鲜为人知的是，他也是赵树同的"粉丝"，他曾多次提到："我看到赵树同主创的雕塑《收租院》后深受震撼，是他启蒙了我的雕塑创作，也直接影响了我后来从事影视特效的制作。"

泰勒在四川博物院举办个展，意外邂逅了他神交已久的赵树同。在成都人民公园观看皮影表演时，泰勒说："中国的皮影，美得让人震撼。"他还与团队一起欣赏了赵树同绘制皮影的迪斯科表演，现场欢声笑语不绝。泰勒认为，中国皮影就是世界上最古老的"电影"，并激动地向赵树同发出邀请："太有意思了，你们一定要把皮影带到新西兰来表演，这种充满中国元素的光影艺术绝对会大受欢迎！"随后，意犹未尽的泰勒突发奇想，他在饭桌上找到几张菜单，在它们背面和赵树同一起设计出了新西兰毛利人的皮影形象，并与赵树同共同签名留念。最后，泰勒挥动

赵树同不仅是著名雕塑家，还创作了许多皮影手稿

着画笔激动地说："中国的皮影也可以做成毛利人的造型，中国的就是世界的。"

新西兰毛利人是新西兰的原住民和少数民族，属于南岛语系族群中的波利尼西亚人，他们的碰鼻礼和纹面为人们所熟悉。毛利人是天生的艺术家，尤其在音乐和舞蹈领域有独到之处。毛利人皮影手稿线条粗犷，笔法夸张，颇为生动，凸显了毛利人的民族特征，看后让人会心一笑。

如今，成都皮影艺术不断走出国门，以独特的魅力打动世界，受到全人类的关注。而成都皮影艺术博物馆的"镇馆之宝"——中西两位艺术大师的皮影手绘稿，让中西方文化在一张菜单上实现了携手合作与交流互鉴。

　　成都静涛金石书画博物馆前身是私人收藏机构瀞园，位于成都市青羊区草堂街道芳邻路2号附26号。

　　静涛金石书画博物馆主要以金石书画收藏、展示为主题，总建筑面积约2000平方米，2019年起正式对外开放。博物馆主体建筑为长方形钢结构建筑，在设计上将中国园林中"咫尺之内再造乾坤"的设计理念和道家"天人合一"的哲学思想融入其中，又融入了由馆藏画像石、画像砖中提取的元素装饰，整体营造出取法自然的深邃意境，体现出对传统艺术现代化表达方式的思考。静涛金石书画博物馆秉持"传承、交流、共享"的理念，并致力于张大千、陈子庄艺术和丝绸之路文物的专题学术研究，以及天府金石传拓非遗技艺的传承与推广。

　　博物馆藏品共计2000余件（套），类别涵盖青铜器、石器、拓本、书画、金银器、陶器等，形成主题多元、门类丰富、特色鲜明的展览架构体系。

成都市青羊区草堂街道芳邻路2号附26号

成都静涛金石书画博物馆

成都澄园书画艺术博物馆

成都市温江区南熏大道三段 702 号

　　成都澄园书画艺术博物馆是一家以收藏展览书画、家具、砚台、瓷器、石刻为主的非国有艺术专题博物馆，位于成都市温江区南熏大道三段 702 号。

　　澄园书画艺术博物馆占地 3410 平方米，建筑面积 9334 平方米，其中主展厅面积约 1000 平方米，附设"澄书房"阅览、文创空间 800 平方米。博物馆建筑方正而富有现代感，分为上下两层，层次丰富，节奏感强烈。该建筑是由荣获法国"艺术及文学骑士勋章"的著名设计师齐欣亲自操刀设计，不仅展现了其卓越的设计理念，还充分融合了中西文化元素。博物馆基本陈列有清代至近现代名家书法展、清代至近现代名家绘画展、中国四大名砚展、家具陈列展。

　　博物馆藏品以清代、民国及近现代书法、国画、家具、砚台、瓷器、石刻为主，藏品数量共计 508 件（套），其中珍贵藏品 300 余件（套）。

　　四川省建川博物馆是国家一级博物馆、国家 AAAAA 级旅游景区，位于"中国博物馆小镇"大邑县安仁镇迎宾路二段 550 号。

　　建川博物馆成立于 1999 年，2000 年获批，2005 年 8 月 15 日抗战胜利 60 周年之际正式对外开放。2003 年起，建川博物馆开始打造成都建川博物馆聚落，目前已建成开放中国共产党党史、抗日战争、红军长征、抗震救灾、改革开放等 34 个主题陈列馆、广场和展厅，占地面积 33 万平方米，建筑面积 10 万平方米。博物馆以"为了和平，收藏战争；为了未来，收藏教训；为了安宁，收藏灾难；为了传承，收藏民俗"为主旨，是国内民间资本投入最多、建设规模最大、收藏内容最丰富的民间博物馆之一。

　　博物馆拥有藏品 1000 余万件（套），其中珍贵文物 6007 件（套）。

大邑县安仁镇迎宾路二段 550 号

四川省建川博物馆

成都川菜博物馆

成都市郫都区三道堰镇荣华北巷 8 号

　　成都川菜博物馆是国家二级博物馆，以菜系文化为主题的非国有博物馆，位于成都市郫都区三道堰镇荣华北巷 8 号。

　　川菜博物馆为"馆园一体"博物馆，藏品展陈区域包括典藏馆、灶王祠、川菜原料展示区、原料加工工具展示区；互动公共服务区包括互动体验馆、味型体验馆、品茗休闲馆。整个博物馆呈新派古典园林风格，绿化率达 30% 以上。博物馆占地面积 26666 平方米，建筑面积 12500 平方米。川菜博物馆以传承和弘扬川菜文化为主旨，是一家"可以吃的博物馆"，为游客提供味型体验和餐饮服务。

　　博物馆收藏有从旧石器时代至近现代与川菜文化相关的藏品 2000 余件（套），包括盛食器、酒器、瓷器、餐桌椅、文献资料等，其中以清代的青花四开光山水人物纹泡菜坛最为珍贵。

成都贺麟故居纪念馆是为了纪念中国著名哲学家、翻译家贺麟而建立的，位于成都市金堂县五凤镇金箱村二组。

贺麟故居纪念馆建筑始建于清代，距今已有近 300 年的历史，是典型的庭院式川西民居。纪念馆有大小房屋 80 余间，为土墙青瓦的二进三重四合院落群风格，以土木结构为主，具有典型的农耕文化特征。自贺麟曾祖父（清道光贡生）开始，贺氏家族一直居住于此。贺麟先生在这里度过了他的童年、少年时代。馆舍面积 1800 平方米，展陈面积 1500 平方米，现有 9 个基本陈列。

成都贺麟故居纪念馆藏品共计 962 件（套），以贺麟的手稿、书籍为主，涵盖了贺麟的生平和学术成就。

成都市金堂县五凤镇金箱村二组

成都贺麟故居纪念馆

  成都皮影艺术博物馆是由已故全国著名雕塑家、收藏家赵树同开办的非国有博物馆，位于成都市都江堰市玉堂街道梅花村 3 组 90 号。

  皮影艺术博物馆是四川地区皮影藏品最丰富的博物馆之一，展陈面积 1000 余平方米，分为成都皮影历史展厅、皮影文化艺术厅、临时展览区、非遗手工体验区、皮影动漫展厅和皮影体验互动表演区等区域。博物馆不仅展示成都地区皮影的历史，还展示了社会各阶层、各行业从事皮影传承、保护、宣传的人物事迹。此外，博物馆下设皮影艺术团，常年开展皮影戏创编、文化宣传、艺术传承及非遗人才培训活动。

  成都皮影艺术博物馆现有藏品 1797 件（套），其中绝大部分是成都皮影。

成都市都江堰市玉堂街道梅花村 3 组 90 号

成都皮影艺术博物馆

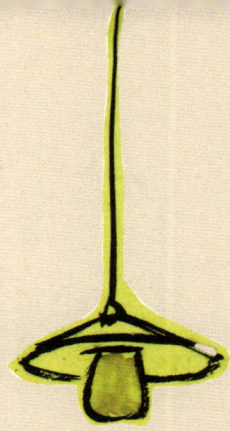

纸 上 丹 青

⊙ 吴昌硕被誉为近现代书画『十一大家』之首，《花果十二屏》是他存世尺寸最大的画作；

⊙ 12幅一套的山水条屏，齐白石一生画了3次，存世仅2套，《山水十二条屏》便是其一；

⊙ 张大千1932年绘仕女图，雅致婉约，笔墨流动；

⊙ 1940年，张善子在纽约绘下《飞虎图》，见证了飞虎队的英勇事迹和伟大贡献；

⊙ 1945年，日本投降，举国欢腾，漫画家丰子恺以《胜利之夜》为抗战画上句号；

⊙ 《云中君和大司命》，傅抱石成熟时期的人物画杰作，被誉为『20世纪中国美术史的标杆』；

⊙ 陈子庄山水册页，平淡天真，清新自然；

⊙ 雁荡山花、寒梅古松和苍劲鹰鹫，是潘天寿艺术最经典的题材，《鹰石山花图》是他艺术成就最高时期的精品；

⊙ 祖先像，捕捉祖先的音容笑貌与生平轨迹，常悬挂于家庙、祠堂、客厅中。

《花果十二屏》

吴昌硕　存世最巨的画作

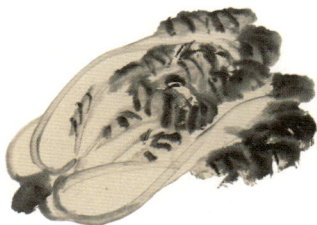

文｜鱼西

　　早在广汇美术馆正式亮相之前，它的收藏便已名声远扬。这是一家"先有收藏后建馆"的博物馆——自20世纪80年代末，经30多年的收藏积累，它确立了以中国近现代书画为主要脉络的完整收藏体系。美术馆最重要的收藏之一，就是近现代书画"十一大家"——吴昌硕、齐白石、黄宾虹、徐悲鸿、潘天寿、张大千、林风眠、傅抱石、李可染、石鲁、吴冠中的作品。而吴昌硕是公认的"十一大家"之首。

　　吴昌硕是浙江湖州安吉县人，与任伯年、蒲华、虚谷合称"清末海派四大家"。他"诗、书、画、印"四绝，其书法被公认为近现代第一，画则被称为"文人画最后的高峰"。齐白石曾私淑于吴昌硕，他有一首诗写道："青藤雪个远凡胎，老缶衰年别有才。我欲九泉为走狗，三家门下转轮来。""青藤"是徐渭，"雪个"指八大山人，"老缶"即吴昌硕，齐白石对这三人佩服得五体投地，愿意轮番为他们做门下狗。

　　广汇美术馆收藏的吴昌硕《花果十二屏》，是吴昌硕存世最巨的绘画作品。这十二屏分别为牡丹、玉兰、紫藤、水仙、梅、兰、竹、菊、松、荷花、石榴、白菜，都是吴昌硕最喜欢画，也是画

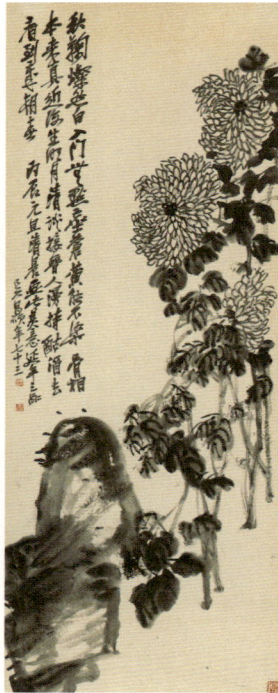
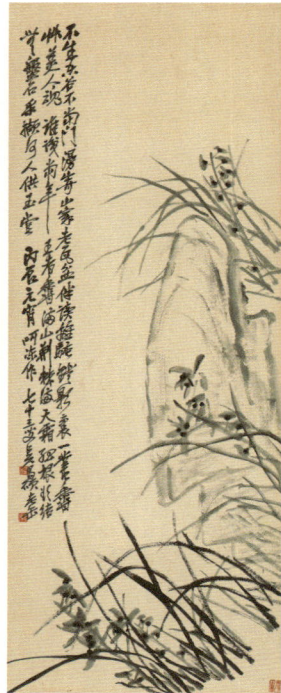
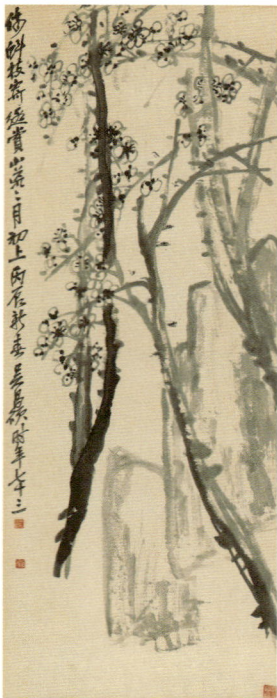
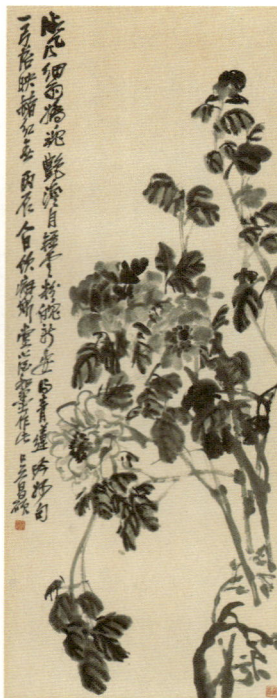
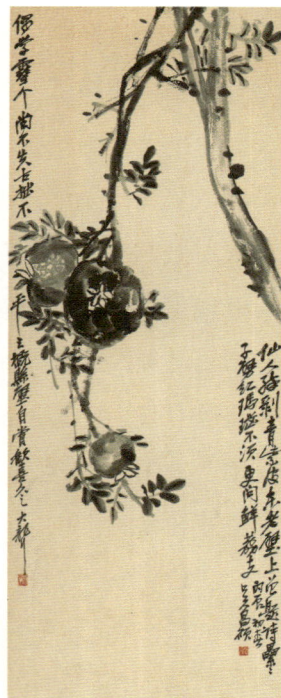

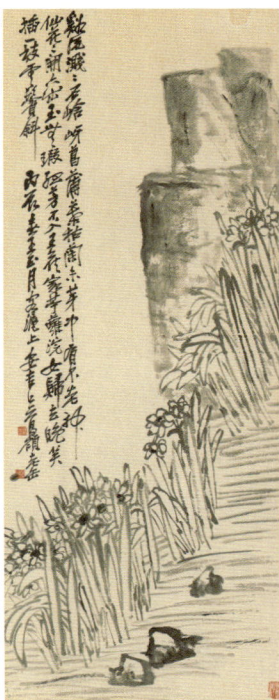

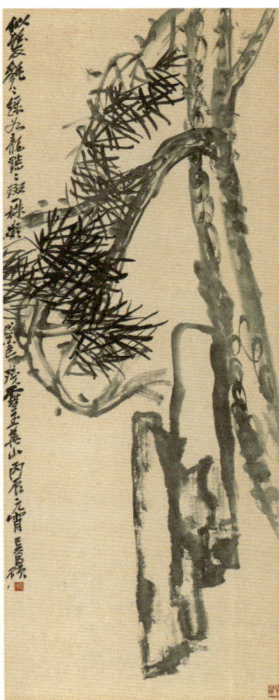

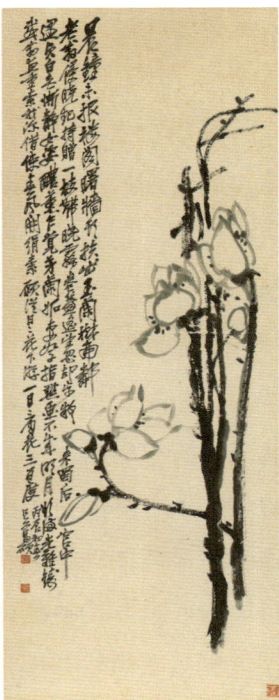

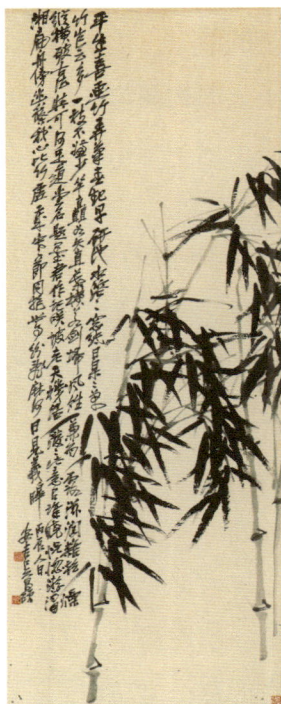

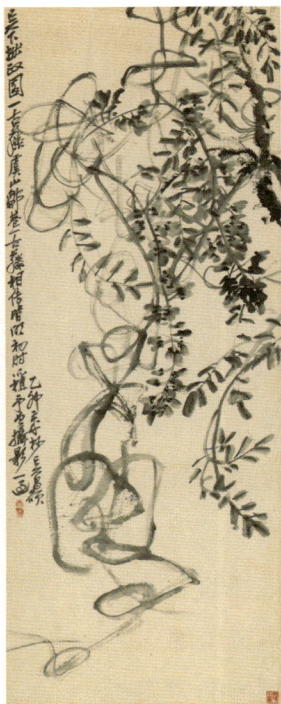

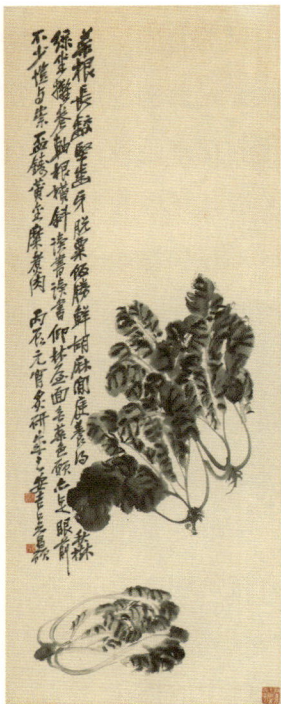

吴昌硕中国画《花果十二屏》

得最多的题材。并且，十二屏的每一幅上几乎都有吴昌硕的题诗，可谓集"诗、书、画、印"四绝于一身。

吴昌硕大器晚成，作此十二屏时七十二三岁，是他最富于创造力的时期。这时他的画境已完全成熟，长枝大叶，短线点染，块面分割，皆能随心所欲，任笔挥洒。虚实疏密，轻重浓淡，都恰到好处，无懈可击。

吴昌硕最具代表性的金石写意，也在此画中体现得淋漓尽致。"金石"主要指铭文、石刻等艺术形式，作为一种学问研究始于北宋。清中后期，"碑学"大兴，书法、刻印俱崇尚古拙、质朴、雄强之风，继而进入山水与花鸟画中，尤其在笔墨疏简的写意花鸟画中最能体现。到晚清，碑学革命中又出现了新的内涵，即金石学的兴起，其中最具代表性的人物，便有吴昌硕。

吴昌硕精研并擅长石鼓文，这种用笔雄强的先秦大篆被刻于十数个石鼓之上，由于年久风化，线条显得斑驳苍茫，有着前所未见的力度，也极具虚灵之感。这种厚重而苍茫的线条，被吴昌硕史无前例地运用到画中，再糅以他学自八大山人的构图与任伯年的花卉画技，开金石大写意绘画的新风，对后世诸多画家产生了极其深远的影响。

在吴昌硕的大部分画作中，笔墨远胜于造型，因绘画的笔法，最能体现金石味。他画中的线条、勾皴，多用书法之笔，《花果十二屏》中的梅花，用的是篆法；兰花用了石鼓文的笔法；竹叶如金错刀；紫藤则近乎草书。画家运笔粗细顿挫，起伏跌宕，"不求圆润求苍劲，不尚流畅尚凝重"。

他的画很少用方折之笔，因为篆书本身就偏圆浑，不像楷书有直角和方折的线条。这样的笔法入画，就有浑厚古拙之感。以梅花屏为例，小篆笔法讲究粗细均匀，藏头护尾，不露锋芒。而此画中的梅花主要是篆书中的"弧画"，细看它的每一笔花瓣，都是藏锋入笔，在用笔过程中变直为曲，转折时须捻管而绞锋，收笔轻按轻提。整体线条圆融有力，又不会粗圆臃肿。

再看兰花屏，兰花的花瓣用了石鼓文的笔法，石鼓文主要使用中锋，显得圆融浑劲，有时用圆笔藏锋收笔，但更多的是任其笔锋铺毫散开，甚至出现开叉。墨色一任自然，有时由浓至枯，呈现出强烈的节奏感，再加上行书般的兰叶，结构摇曳多姿，空间疏密有致。这样的笔法，同样出现在白菜和牡丹花的叶脉中。

吴昌硕绘画的构图也深受书法影响。他的画多呈狭长尺幅，善用长线条，画面留有空白，疏密有致。《花果十二屏》的构图都是狭长的，如果注意看花树的布局，会发现它们其实是不太自然的。例如，菊花的布局自上而下，高低落差非常大，更像是一棵树上开的花，而非花丛。奇石在画面最底端，像是在最低处，又像是在左边，很难确认它和菊花之间的空间关系。梅花反而又不像在树上，倒似折了几根枝，倚靠在石旁。左边的花枝，说不清究竟在石头前方还是后方。水仙花更是非常刻意地从画面左下方到右上方呈对角线排列。

同为画花鸟，任伯年的画就更加顾及自然的空间关系，笔下的花鸟更为真实。吴昌硕年轻时曾向任伯年请教，任伯年对他说："你擅长书法，不妨以篆法写花，以章法写干，变化贯通，就不难掌握秘诀了。"章法，指的就是书法中整幅字的谋篇布局。

吴昌硕的十二屏，正是"以章法写干"。花草的布局，并非参考于自然，而是借鉴自书法。不同的书法行气是不一样的，比如篆书一般横竖成行，行距大于字距，行气总是在一条垂直线上。在梅花屏中，就能看出画家横竖兼顾的布局。而行书虽然以竖为行气，但其中又有波浪的变化，上下贯气，左右顾盼呼应。草书更是要求错落跌宕，十二屏中的紫藤，就是明显的草书章法，错落跌宕，大起大落，曲折盘旋的长线条自上而下，缠绕交错，又绵延不绝。书法的节奏感也被运用于绘画之中。有时是墨色的浓淡枯润，如荷花屏；有时是色块的大小方圆，如石榴屏；有时是章法的疏密聚散、曲直互见，如玉兰屏。

通观吴昌硕的《花果十二屏》，不由得惊叹于画家笔法的多样性和丰富性。即使是同以短线条为主的松和竹，也能看到画家使用笔法的截然不同。竹叶一气呵成，落笔藏锋，浓墨厚重，收笔利落豪气，任由笔锋铺毫散开，在叶尾形成分叉，尽显竹叶的洒脱之气。松针则起笔露锋，收笔出锋或回锋，将松的倔强坚挺展现得淋漓尽致。

站在《花果十二屏》前，会感觉到苍劲的气势扑面而来。吴昌硕作画时特别注重整体构思，往往酝酿甚久，不落一笔，一旦成熟，即一气呵成。以气推动笔，落笔如飞，放收自如。正如他自己所言："奔放处离不开法度，精微处仍照顾到气魄。""大胆落笔，小心收拾。"这种气势，恰与阳刚的金石之气一致。这十二屏作品"统一中见独立，变化多端而又整齐划一，厚重沉稳而巧拙相生"，令观看者流连忘返。

《山水十二条屏》

齐白石　日暮乡关如画

文 ｜ 唐澜芯

　　顺着成都主干线天府大道，视线往南一路延伸至天府新区，一座巨型钢桁架结构的方形建筑站立在如同山丘般起伏的绿地之上，鲜亮的橙色外观，现代主义的架构，上方下圆的建筑外观，即使在周围林立的大厦掩映下也格外醒目。这就是于 2019 年开放的广汇美术馆，其建筑被称为"漂浮的盒子"，寓意艺术之旅由此开启。

　　作为公立美术馆的有力补充，民营美术馆无疑是一道更具有先锋性、时代性的风景线。广汇美术馆即其一，以吴昌硕、齐白石、黄宾虹、徐悲鸿、潘天寿、张大千、林风眠、傅抱石、李可染、石鲁、吴冠中"十一大家"为主要代表的收藏架构，形成了以 20 世纪中国水墨书画为主要脉络的完整收藏体系。

　　其中，齐白石《山水十二条屏》是当之无愧的"镇馆之宝"。

　　《山水十二条屏》为齐白石 1925 年所绘，每一条屏画面尺寸纵 133.4 厘米，横 53 厘米，共计 12 条，分别为《江上人家》《石岩双影》《板桥孤帆》《柏树森森》《远岸余霞》《松树白屋》《杏花草堂》《杉树楼台》《烟深帆影》《山中春雨》《红树白泉》《板塘荷香》。

　　齐白石一生以画花鸟著称，山水画极为稀少。他曾自言："余画山水二十余年，不喜平庸……然余画山水绝无人称许，中年仅自画借山图数十纸而已，老年绝笔。"而12幅一套的山水条屏，他一生仅画了3次，其一为1900年他38岁时为江西某盐商所绘《南岳全图》，现已下落不明；其二即1925年这套《山水十二条屏》，在第12幅《板塘荷香》上题有上款"子林仁兄先生清鉴，弟齐璜老眼"字样，推测为送给北京名医陈子林的礼物；其三则是1932年赠予四川军政要员王缵绪的《四季山水屏》，后藏于重庆中国三峡博物馆。

齐白石《山水十二条屏》

创作《山水十二条屏》时，齐白石时年61岁，在此之前，他"五出五归"遍历大江南北，积累了大量的写生经验，抛弃了"四王"桎梏下的山水程式，进入真山真水的创作境界。从1917年开始，他听从友人陈师曾的劝告，开启了10年的"衰年变法"，一改过去冷逸的画风，创生机勃勃的大写意风格。此套条屏，采用平视的角度，物象简略，趣味生拙，勾、皴、泼、点、染齐齐出现，变化丰富，可谓他风格转型期里最具代表性的集大成之作。

著名齐白石研究专家郎绍君曾言："这十二条屏，把远游印象、写生画稿、前人模式（如金农画远景荷花）和居北京后的创作经验熔于一炉，构图简洁，境界新奇，有浓郁的现实生活气息；画法则集勾勒与泼墨为一，间有鲜艳的着色。可以说，这套条屏具有总结性，很大程度上标志着齐白石山水画的成熟。"

齐白石画山水，不仅要"避俗"，还须亲历亲见。然而，漫游南北诸省、遍历高山长河之后，他却选择了以家乡湖南和桂林的山水为对象，描绘出理想中的美好家园。

"余欲大翻陈案，将少时所用过之物器一一画之。"

齐白石 40 岁以前一直在湘潭，未曾出过远门。直到 1909 年后遍游国内各地，1917 年为避兵匪之乱赴京，后来定居北京，遂与故乡渐行渐远。在漂泊异乡的日子里，他慢慢尝试着把对家乡的怀念画进画里，一遍遍地摹写记忆中的风物人情。

有漫山的杏花。

齐白石对于杏花有极其特殊的情结，他出生于湖南长沙府湘潭白石铺杏子坞星斗塘（杏花村），在此生活了 36 年，并取号杏子坞老民。在他漫长的艺术生涯中，对田园生活的向往和对故园旧日的思念，纠缠成了这一朵清新娇艳的杏花，不断在诗词、书画中绽放。在《山水十二条屏》之七的《杏花草堂》中，三两茅舍被灿烂花树簇拥，风吹过，花枝摇曳，自然天成。

有如梦的红霞。

1900 年，齐白石第一次为盐商作画十二条屏《南岳全图》后，颇为满意的盐商豪爽地给出了 320 两银子的润笔，齐白石用这笔钱典租了距老屋五里（2500 米）远的梅公祠做安身之所，取名借山吟馆。此处位于晓霞山东麓，远眺山顶翠林蓝天、晓霞红日，风景极佳。《山水十二条屏》之五《远岸余霞》题有"余霞犹似昔时红"，年轻时看过的云蒸霞蔚，化为几十年后一抹挥之不去的红晕。

有门前的荷塘。

齐白石《山水十二条屏》所在展厅

湖南湘潭又被称为"莲城"，齐白石星塘老屋背靠紫荆峰，门前就是一片郁郁的荷塘，无论是夏日的碧莲粉荷，还是秋日的枯茎残叶，乃至水里的游鱼潜虾，在之后他的创作生涯中都成为反复摹写的主题，而《山水十二条屏》之十二《板塘荷香》中，一池莲花散散落落地铺向远方，刚刚冒出的荷尖殊为可爱，正是人生好时节。

是《江上人家》中持杖行走的归人，是《烟深帆影》里江上的白帆，是《石岩双影》中照映家山的月光，是与星塘老屋如出一辙的草堂……《山水十二条屏》是超脱了孤高与冷峻，来自记忆深处的朴实与天真，也是千千万中国普通人生活中的情趣与关于"家"的切切念想。

水墨仕女

张大千　早期美人画

文｜俞希

　　成都静涛金石书画博物馆安静地伫立于青羊区草堂街道一隅，马路对面是汇聚两河的百花潭公园。临近博物馆，一股金石之气扑面而来，墙面由青石砌成，厚重的大门上，是几块形质拙朴的汉代画像砖。博物馆主人张静涛出生于江南，1998 年移居成都创建瀞园，便是静涛金石书画博物馆的前身。

　　张静涛不仅是收藏家，也是张大千研究中心的研究员。静涛金石书画博物馆内藏有张大千书画、信札、文献 50 余件。其中有一幅淡雅秀逸的水墨仕女图，在张大千诸多工笔精细、敷色妍丽的仕女图中，显得尤为特别。

　　张大千是近代画坛少有的全能型画家，在人物和花鸟画方面都有很高造诣，但他最为人称道的，无疑还是美人画。在他笔下，美人的各种样态与风情，都被刻画得丝丝入扣，散发出东方女子特有的典雅魅力。艺评家于非更是评价张大千的仕女图"大胆创造新意"，可以比肩明代人物圣手唐寅。

　　藏于静涛金石书画博物馆的这幅水墨仕女图绘于 1932 年，属于张大千早期的作品。张大千的早期仕女画取法于明清诸家，衣纹线条简洁流畅，敷色清丽。仕女大多身形清瘦，衣袖与衣带

君翔宗兄属画
壬申暮日戏业
减笔仕女人张爰

静涛金石书画博物馆收藏
的张大千仕女图

飘动，线条婉转灵动，体现出含蓄而典雅的女性趣味。这一时期，他曾致力于唐寅白描水墨仕女，专研人物的神情姿态和衣纹转折，唐寅画风对他的影响，大约持续到20世纪30年代末。同时，他也时常临摹吴伟（吴小仙）的仕女图，吸收其淡雅秀润的格调。

画中女子造型标准、体态婀娜，笔墨流动、挥洒自如，颇有唐寅意笔仕女画风范的同时，又不无吴小仙清雅的笔墨情趣。值得一提的是，在20世纪西方绘画观念的影响之下，用模特写生的观念逐渐在中国萌芽，在这一时期，张大千也开始尝试以女眷或女友作为模特进行写生与创作。不过此幅画中女子的五官，还带着传统仕女画的范式：柳眉凤眼，脸颊微丰，削肩细臂，若有所思，和张大千临摹的唐寅和吴伟粉本颇为相似。

左上角题跋中有"戏作减笔仕女"几个字。"减笔"脱胎于白描画法，却没有白描的繁复，用简单的线条笔墨，概括物象的生动特征。南宋院画家梁楷是减笔画的开创性人物，承接五代石恪的简略风格，寥寥数笔，就能令人物形神毕现。但无论是石恪还是梁楷，减笔画的对象多为佛教故事中的人物，逸笔草草，简略疏狂，画中人也一幅狂放不羁的模样。

而张大千这幅仕女图，妙就妙在以减笔画的疏狂豪放，画出了美人的雅致婉约。美人的面部勾勒细致，发髻的勾染率意虚和，又不乏质感。身体的线条一气呵成，简洁利落，不拘小节，有一种大醉之后挥毫而就的酣畅淋漓。衣领、裙带和纹饰只用淡墨一次渲染，一派清新写意，全无雕饰之感。

细看衣领和长袖上的笔墨，用笔随意，看似无规范，似乎又包容了各种笔法，在无序中构建有序。张大千研习石涛多年，两人在笔墨逸趣上颇为一致，这种"无定法"的笔墨源自石涛，又比石涛多了一丝理性。画家遒劲潇洒的笔墨功夫，在粗细不一、变化多端的线条中展露无遗。

画的右下角，有一枚"摩登戒体"印章。这枚印章，几乎只在张大千的仕女图上才看得到。"摩登"是个外来词。《佛说摩邓女经》中记载，摩登女是古印度人，一次，佛弟子阿难来乞水，赠水后女子对阿难一见钟情。然而，阿难一心向佛不愿娶妻，摩登女的母亲便施展"幻术"诱逼阿难，眼看阿难要破防，佛陀出现，念法咒将阿难救出。摩登女紧追不舍，于是，阿难向她传授了"人身不净"等法，摩登女大彻大悟，终修成正果。

9年后，张大千携家眷远赴敦煌莫高窟临摹唐代壁画，在唐代人物画健美造型、丰富构图与华丽配色的影响之下，他的仕女画风出现了非常大的转变，一改往昔细腻清雅的笔意，呈现出一种璀璨华美的风格。笔下的仕女变得丰满、圆润、健美，充满动感。

1949年以后，张大千云游世界，由此他的绘画视野大开。他曾去阿旃陀石窟临摹印度古代壁画，也研究日本浮世绘及西方立体派艺术的技法。这一时期，他的仕女图笔法生动，极具时代感，变得开朗、亮丽而热情，创作风格也逐渐从古典向现实转变。

这也正是张大千的绘画精神所在：求新求变，兼容并蓄。他不拘泥于传统，吸收许多现代绘画的造型与构图观念，大胆创意，画风不断变化，没有一幅仕女画显现出完全相同的形式。他的创新也启发了众多仕女画家，使他们不再深陷于传统桎梏中，开始观察、思索，表现现代女性的独特样貌与趣味。

《飞虎图》
"虎痴"张善孖绘虎抗战

文 ｜ 吴志维

　　四川省建川博物馆抗战系列的援华美军博物馆中，有一幅著名画家张善孖的《飞虎图》。张善孖，名泽，著名画家张大千的兄长，是近现代中国画坛的杰出代表，尤擅画虎，被誉为"虎痴""虎公"。张善孖忧国忧民，追随孙中山参加辛亥革命，功勋卓著，他的一生，始终与国家和民族的命运紧密相连。

　　1937年，七七事变的炮火拉开了全面抗战的序幕。张善孖将他的艺术才华和爱国热情融为一体，以画虎为战斗武器，用画笔描绘出一群猛虎下山的壮阔景象，以此激励国人的抗日斗志。其中，他的画作《怒吼吧，中国！》中28只奔腾跳跃的猛虎寓意着当时中国的28个省，展现出威武勇猛、生气勃勃的抗日精神。后来，日军逼近武汉，空袭不断，张善孖才与家人退至宜昌，暂住在三弟张丽诚开设的振华布店中。就在《怒吼吧，中国！》快完成那天傍晚，宜昌也响起了急剧的警报声，张善孖将一腔愤怒完全倾泻于画幅之上，挥毫疾书。一个飞行员见此情景，大为激动："张老，您就安心把画画好吧，等我去歼灭敌机！"就在冲天的火光中，张善孖完成了这幅巨作。形态生动，气势逼人，款题："雄大王风，一致怒吼，威撼河山，势吞小丑。"

《飞虎图》中的两只老虎生动敏捷，盘踞在城市的上空

除了用画笔战斗，张善孖还积极参与抗日募捐活动。彼时，中国急需国际援助抗击日寇，而空中力量的支援更是迫在眉睫。1941 年，国民政府航空委员会顾问陈纳德将军在美国组建援华志愿航空队（俗称"飞虎队"），毅然援华抗日。这一壮举极大地振奋了正在美国举办画展，筹集抗日资金的张善孖。

得知陈纳德将军组建飞虎队的事迹，张善孖心中激荡起无比的崇敬与振奋，决定创作一幅寓意深远的画作来颂扬飞虎队的赫赫战功，这便是收藏在建川博物馆中的这幅《飞虎图》。

《飞虎图》构图新颖而独特，画面上两只带翅膀的老虎勇猛敏捷、生猛恣意地在晴朗的天空中翱翔。这一形象不仅寓意着飞虎队的勇猛与无畏，也象征着中美两国人民共同抗击日本侵略者的坚定决心和磅礴力量。在技法上，张善孖运用国画传统技巧，留白大气，疏密得当，以高度精练的线条勾勒出一幅富有象征意义的历史画面，使得《飞虎图》成为一幅既具有艺术美感又富有历史内涵的佳作。

画面的底部，张善孖还巧妙描绘了纽约市鳞次栉比的高楼大厦，这一细节不仅展现了异国场景，也寓意中美两国人民在抗战时期的紧密合作和深厚友谊。此外，画作的题款和印章也为这幅画作增添了历史价值和文化内涵。在画面的左下方，张善孖题款"大中华民国张善孖写于纽约"，并钤有"大风堂""善子"两枚印章，证明了画作的作者和创作地点。

《飞虎图》不仅是一幅杰出的艺术作品，更具有深远的历史意义和文化价值。它是抗战时期美国援华陈纳德将军所率飞虎队的象征，见证了飞虎队在中国抗战期间的英勇事迹和伟大贡献，传递了抗战精神、国际主义情怀。

陈纳德后来将其率领的美国空军也命名为"飞虎队"，并按《飞虎图》做了许多旗帜、徽章分发给部下。张善孖此时已染疾病，他却抱着病体在河内、巴黎、纽约、芝加哥、旧金山、波士顿等地展出自己的作品。所至之处观众踊跃，反响热烈，募得捐款及门票收入逾百万美元，他把收入全部用于抗战。

1940年8月，张善孖结束募捐工作回国。9月2日搭美国至菲律宾的远洋轮船抵达香港，此时他的身上除了随身展品，竟已身无分文，靠在香港举办临时画展的门票才勉强凑够一张到重庆的机票。就在他回到重庆15天后，10月20日，这位蜚声中外的画坛巨匠，由于过度操劳，在重庆歌乐山辞世，享年59岁。

关于《飞虎图》还有一段鲜为人知的故事，即陈香梅为《飞虎图》题字。2003年9月22日，陈纳德将军的遗孀陈香梅女士来到建川博物馆参观。参观过程中，她看到了珍贵的《飞虎图》，出于对飞虎队历史的深厚感情，陈香梅女士要求在这幅画上题诗以做纪念。

为了保存藏品原件，建川博物馆馆长樊建川连夜制作了一幅《飞虎图》原图复制件。次日，陈香梅女士欣然在这幅复制品上题写了诗句："中美合作八春秋，飞虎功业众人赏，廿一世纪博物馆，永留关爱在蜀山。"这首诗不仅表达了她对中美两国在抗战期间合作历史的肯定，也寄托了她对飞虎队英勇事迹的敬仰之情。

《胜利之夜》

丰子恺 以胜利为抗战画下句号

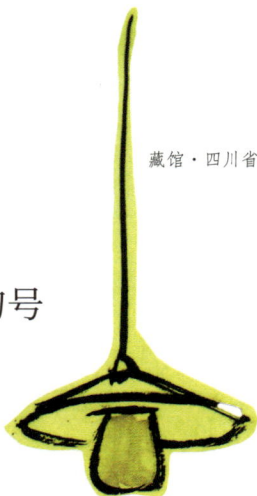

文 │ 唐澜芯

1945 年 8 月 15 日深夜，重庆街头一群报童激动地高喊："号外！号外！日本投降了！"当晚赶印的《新华日报》号外上用大字写着："接受波兹坦宣言，日本无条件投降！"从 1931 年 9 月 18 日，日本军国主义发动疯狂的侵略战争开始，这场战争已经进行了整整 14 年。

报童们的高喊声如同一道划破黑暗的闪电，整个城市瞬间被点燃了，人们从大街小巷涌了出来，奔走相告，欢呼、拥抱、歌唱、呐喊，激烈的情感恣意挥洒，汇聚成一个万民不眠的"胜利之夜"。

而这些激动人心的瞬间在丰子恺笔下凝固，成了永恒的画面，这就是四川省建川博物馆中流砥柱分馆收藏的《胜利之夜》。

这幅作品构图简单，画面一目了然：画中一盏吊灯正洒落光明，其下是一家四口与一只小猫，父亲背对观者，兴奋地高举起幼儿，母亲与幼女站在一旁，脸上洋溢着笑容，小猫蹲坐在一旁。画面整体并没有特别夸张的表达，但从肢体动作、面部表情，都能看出阖家上下充满了欢欣喜悦的氛围。画上所题更是直白明了，右边为标题《胜利之夜》，左边为题词"新吾先生 永念 日本投降后三日子恺画赠"。

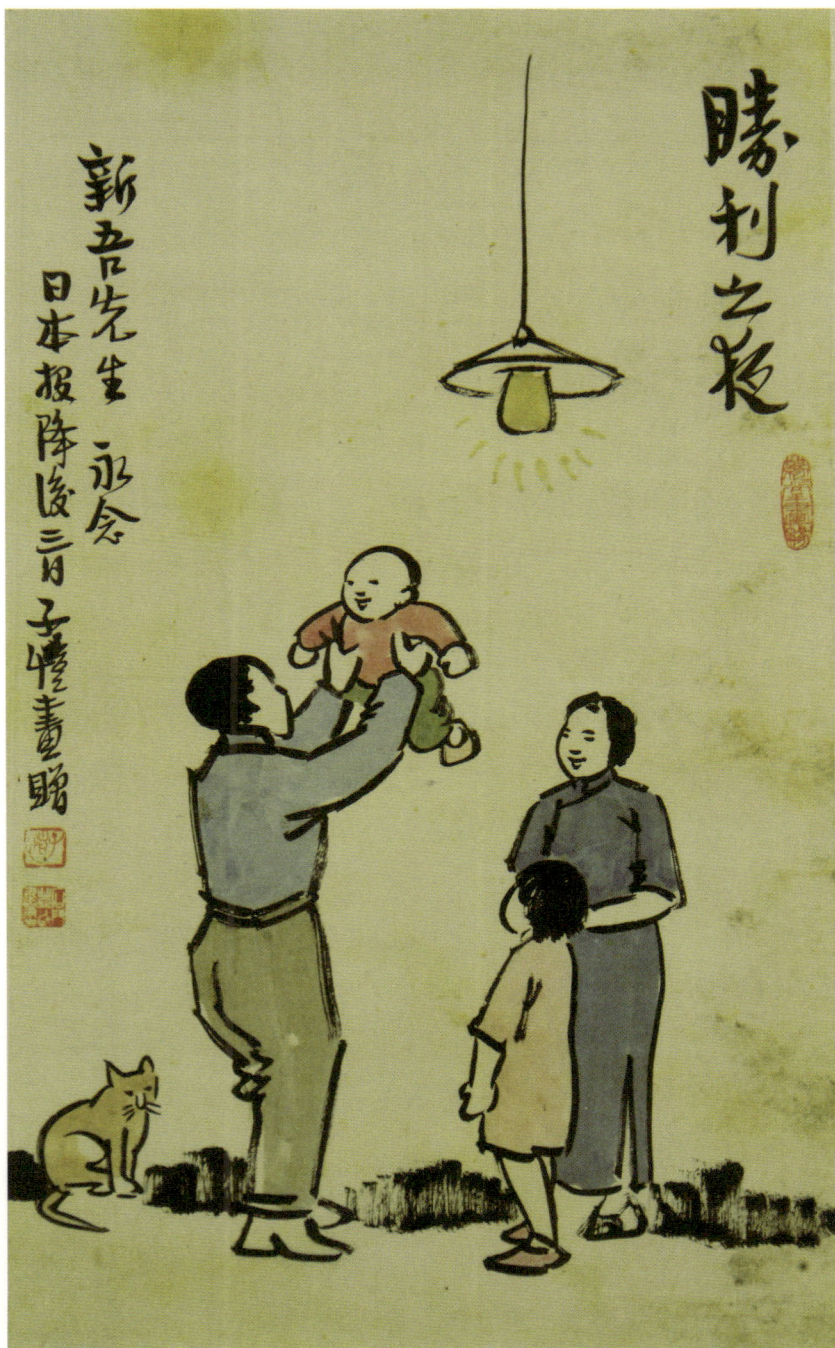

《胜利之夜》创作于 1945 年 8 月，是丰子恺为庆祝日本投降所作

大轰炸期间，重庆为防空袭设有灯火管制，夜间不能开灯。画中这盏重新亮起的灯，代表着光明与希望，寓意着"山河重光"；父亲手中托举的幼儿，更代表着民族的新生，千千万万的双手，共同托举出一个和平、富强、美好的未来。

中华民族14年来的苦难，在丰子恺笔下化作力透纸背的慨叹。他后来在随笔中写当时的心情："想起了八年前被毁的缘缘堂，想起了八年来生离死别的亲友，想起了一群汉奸的下场，想起了惨败的日本的命运，想起了奇迹地胜利的中国的前途……"

丰子恺（1898—1975），原名丰润，号子觊，后改为丰子恺，堂号缘缘堂，笔名"TK"，法号婴行，生于浙江省崇德县石门湾，被誉为"现代中国最艺术的艺术家""中国现代漫画的鼻祖"。

丰子恺从小喜欢绘画，尤爱临摹《芥子园画谱》，少年时期跟随李叔同学习绘画，跟随夏丏尊学习国文，打下了良好的基础。1921年，丰子恺东渡日本，专攻炭笔画，一次偶然，他看到了竹久梦二的简笔画《梦二画集·春之卷》，简单流畅的线条令他大为震撼，感到这些画作如同"无声的诗"，自此，他找到了自己艺术生涯的道路。

回国后，丰子恺开始漫画创作，逐渐积累声名，获得了俞平伯、朱自清等众多名人的推崇，他的作品均冠以"漫画"题头，中国自此才有"漫画"这一名称。

1937年，日军发动卢沟桥事变，抗战全面爆发，中国人民陷入了民族存亡的严峻危机。在此之后的10年间，丰子恺忍痛告别故乡浙江和他心爱的"缘缘堂"，带着全家10人踏上了逃难之路，走过了10多个省，行程近2万里（约1万千米），一路向西，于1942年来到重庆。从那之后到抗战胜利，丰子恺一直生活在此。

在那些血与火的岁月里，丰子恺目睹了奔逃路上的死伤与哀痛，也见证了中华儿女万众一心、不屈不挠的抗争，他开始把描绘家庭人物生活细节为主的漫画内容，改为控诉战争暴行，表现普通人民在战争中的境遇。在他之后出版的《还我缘缘堂》中有表述："我虽老弱，但只要不转乎沟壑，还可凭五寸不烂之笔来对抗暴敌，我的前途尚有希望。"

丰子恺在重庆沙坪坝的住所，用竹篱圈出 20 方丈（约 222 平方米）的土地，房屋面积只占 6 方丈（约 66 平方米），他和妻子、岳母带着 7 个孩子在这里居住了 3 年。在这间小小的屋子里，他创作了诸多抗战题材的佳作。直到 1945 年 8 月里的这一天，在胜利的高歌中，《胜利之夜》诞生，为画家这段饱含血泪的创作之旅，画上了完满的句号。

四川省建川博物馆还收藏了许多珍贵的历史见证物，张善孖的《飞虎图》、《义勇军进行曲》彩瓷墨盒、"军事第一　胜利第一"花盆、飞虎队铜鹰标识、"庆祝抗日战争胜利纪念"铜章等，共同展示着中华民族在黑暗中追寻正义与光明的炽热信念。

《胜利之夜》所在的中流砥柱馆

《云中君和大司命》

傅抱石　20 世纪中国美术史的标杆

文｜俞希

　　在成都以南，天府公园对面，广汇美术馆像一个漂浮的橙色盒子，悠游于绵延起伏的绿地上。建筑为山，地形为岭，铺装为水，错落有致、绿意绵延的种植屋面，勾勒出山水画跌宕起伏的神韵。走进大厅，水墨金磨石的地面，亦呈现出如山水画般的灵动与韵味。

　　馆内有众多天价藏品，拍出 9.315 亿元的齐白石《山水十二条屏》，潘天寿最贵的山水单幅《鹰石山花图》，吴昌硕存世最巨的作品《花果十二屏》……而傅抱石最重要的作品之一《云中君和大司命》，也赫然在列。

　　傅抱石生于江西南昌，幼时自学书画，以石涛为师，后留学日本，吸收日本画家的光色传统，渐渐发展出独树一帜的风格。他的山水画章法新颖，气势磅礴；人物画深得传神之妙。其一生中创作的超过 3 米横幅的绘画不超过 5 件，而《云中君和大司命》就是其中之一。同时，这幅画也是他成熟时期的人物画杰作，被誉为"20 世纪中国美术史的标杆"。

　　《云中君和大司命》是傅抱石根据郭沫若 1953 年所著《屈原赋今译》创作的《楚辞》题材人物画。在屈原的《楚辞·九歌》里，云中君是掌管风雨雷电，"与日月兮齐光"的云神。大司命

《云中君和大司命》取材于郭沫若著《屈原赋今译》，是傅抱石最重要的作品之一

是掌管生死寿夭，"乘清气兮御阴阳"的寿神。两位神仙驾乘着庄严威武的神龙，穿梭于蒙蒙云雨之中。

郭沫若的《屈原赋今译》，则把两位神仙写成了一对恋人。大司命乘着乌云出来，狂风在前面开道。他说："云中君，我要翻过空桑跟着你来……乘上我的龙车轰隆隆，让我们一直飞上空……"云中君则低声吟唱道："思想你，好凄凉！心神不定暗悲伤。"

也因此，在傅抱石笔下，威严庄重的云中君和神秘莫测的大司命，分别变成了一位温婉秀丽的少女和一位俊美飘逸的少男，在《楚辞》里无比威严的两位天神，借傅抱石的笔尖，展开了富有浪漫主义色彩的爱情。

云中君占据画面的中心位置，她脸庞丰盈，长眉入鬓，一双眼睛似盈盈秋水，樱桃小口微微抿起，神情若有所思，仿佛在想念心中的爱人。身后的大司命眉目清秀、丰神俊朗，他望向前方的云雾，似乎想从中寻找恋人的身影。

傅抱石擅画古装人物，受东晋顾恺之以及明代陈洪绶影响较大，但又不拘泥于古人，他对人物精神写照和画面整体意蕴的营造自成一格。傅抱石早期对中国画的线条掌握并不熟练，在日本留学的几年时间，为研究中国画里"线"的变化史，才开始练习线条，常常画人物。在学习古人用笔中，傅抱石深得顾恺之"高古游丝描"之精髓，画中人物的面部线条，以中锋笔尖圆润细描，纤细优雅，颇具魏晋的古雅之风。

云中君和大司命的衣带轻盈飘逸，初看颇有顾恺之《女史箴图》和《洛神赋图》中人物的神韵，但仔细观察，就会发现笔法上的差异。顾恺之的线条一以贯之，精致匀细，悠缓绵长，即使是飞扬的裙带，也能看出下笔的控制感。但傅抱石画的衣带则自由粗放，粗细干湿变化多端，又一气呵成。衣服也只是用淡彩赋色，在水墨半湿半干中掺入赭石，形成墨色相融的效果，典雅而宁静。

飞龙的刻画更加写意，一挥而就的龙须遒劲细长，仿佛触手

《云中君和大司命》局部

可及；龙眼用墨随意晕染，不加修饰；龙的身体几乎隐匿在氤氲的云雾中。

在这片云雾里，蕴含着傅抱石的独门秘诀。

从古至今，中国画最基本最重要的元素之一就是"线"。傅抱石 1939 年入蜀，住在重庆西郊的金刚坡下。蜀地空气湿润，烟雾朦胧，他发现，仅用单纯的"线"，无法表现这种浓重的云雾之感，于是突破前人中锋绘线的准则，变为散锋用笔，创立了个人风格鲜明的"抱石皴"——不仅用笔尖笔腹作画，更在运笔时加大力度，利用笔根及散开的笔锋横挥竖扫，信笔挥毫，把毛笔的性能发挥到极致。这种笔法乍看似粗头乱服不守规矩，实则含蓄微妙、乱而有法，呈现出一种聚散分明，又痛快淋漓的艺术风格。

在这幅画里，画家用抱石皴将线条拓展成块面，发运笔墨晕染的作用，传统的点、线隐藏在层层积染之中，似有非有。浓墨、淡墨兼用，从泼墨过渡到散锋乱笔的渴墨，虚实相生，神秘变幻，营造出迷离的光影。

值得注意的还有画中那一片淋漓的雨景。中国古代的画家很少直接画雨，大多通过意境的营造，例如打伞的人，被狂风吹斜的树，厚重的云雾，浓墨晕染的湿漉漉的树叶，使人产生下雨的感觉。

清代的金农，开始摸索直接画雨的方法。傅抱石受金农影响，同时也吸收了西洋水彩画的表现手法，对雨的营造独辟蹊径。为了绘出画中的雨景，画家应是先将无色透明矾水挥洒在生宣纸上，形成疏密不同的线条，等到明矾水晾干之后，再加上浓淡不一的墨色，矾水部分就形成一种淋漓的逼真雨景。这也是他在蜀中生活时，从山城雨景中获得的感悟。

画中动态的淋漓烟雨和静态的高古人物，形成微妙的对比；云雾的狂野笔触，又被人物严谨精细的线条所平衡。这样的对照，让整幅画呈现出一种既高古超逸，又现代奔放的气息。站在画前，却仿佛身处其中，可以触摸到密布的云雾，听见雷霆暴雨巨大的声响。

这幅画创作于 1954 年，傅抱石正处于绘画生涯中承前启后的阶段。他开始改变过去作品中精巧的画面格局，以磅礴的水墨气象和独特的构图，走向另一个艺术巅峰。相比于表现现实的《雨花台颂》《虎踞龙盘胜今昔》，傅抱石在这件作品里，重新回归于自己的精神世界。《云中君和大司命》蕴含了他对美好世界的想象，也寄托了他对中国未来前途的无限况愿。

从《蟆颐观》到《内江道上》

陈子庄　山水册页

文｜叶子祥

　　成都锦江之畔，百花潭公园对面，一条小巷里的一扇门上，悬着"瀞园"两个字，从这里进去，便是成都静涛金石书画博物馆。这座以字画收藏为主的博物馆，藏着陈子庄、张大千、杨锐、宋育仁、张善子、马一浮、刘孟伉等近现代名家的作品，一场纸上的"文人雅集"日复一日地上演着。

　　初见陈子庄这幅纸本设色的《蟆颐观》，只觉得厚重的笔墨跃然纸上，寥寥几笔，挺拔俊秀，苍劲有力。浓墨勾勒的山形，重墨晕染的山色，横卧于画面中央，朴实无华，随性洒脱。看近景的江上孤舟，舟中三人谈笑风生，船夫怡然自得，此情此景让人想到《赤壁赋》："苏子与客泛舟游于赤壁之下，清风徐来，水波不兴。"舟中的三人，或许是他自己与两个好友顺江而下，也可能是三苏，因为蟆颐观与三苏有着千丝万缕的联系。蟆颐观位于岷江东岸，也称重瞳观，位于四川省眉山市东坡区崇礼镇，曾是蜀中名观，历史上三苏父子曾来此游谒题咏。因此即便陈子庄在画《蟆颐观》时，天马行空地画出三人乘舟，也在情理之中。况且在近景中加入孤舟，将原本厚重沉闷的画面一下给盘活了，一动一静间仿佛有了生机和韵律。再搭配上山顶峭壁的树木，左右呼应，形成画面的构成要素，打破了纯粹横向的远山及江面，把观众的视野吸引到画面的主题"蟆颐观"上。或许有人会疑惑：说好的蟆颐观，怎么山顶上只有一个孤零零的亭子，好歹画个庙宇吧？其一，国画讲究意到笔不到，亭子只是一个符号，好比苔点，既可是青苔小草，也可是树木山石，画面的构成需要就加上，至于代表什么，皆由款识意蕴来表达，尤其是小品文人画，更需要做减法；其二，亭子在历代山水画中属于"老演员"了，亭子没有围墙只有立柱，显得空灵雅致，不会把画面堵死，山的颜色已经很重了，再叠加一座厚重的建筑着实不理想。

观陈子庄的画，让人不由得联想到齐白石。两人的山水都富有诗意，造型简练而生动，意境悠远而空灵，齐白石对陈子庄的影响本就极大。陈子庄幼年住在永川永兴场，因家境贫寒，父亲农忙时务农，农闲时就去永川瓷厂画瓷碗，也帮当地盛产的纸扇画上几笔。从小耳濡目染的陈子庄开始接触绘画，一边放牛一边学画，后来机缘巧合结识了当地的武林人士学习武术，因其身材高大，又好打抱不平，被人称为"侠士"。

24岁那年，陈子庄在成都参加武术比赛，拿下冠军金章，后成了时任四川省省长王瓒绪的武术教官与私人秘书。经王瓒绪多次邀请，1936年4月，齐白石从北京来到成都，住在文庙后街王氏私邸"治园"中，陈子庄因与王瓒绪的关系，得以观齐白石作画并当面请益。齐白石的艺术表现力给陈子庄留下了巨大的影响，奠定了陈子庄后期的艺术道路。

纵观陈子庄的绘画艺术，可以将1968年视为界限而分成前后两个时期。前期作品以花鸟为多，山水较少，花鸟画用笔率性，往往大笔挥写，设色明丽。后期作品的题材以山水最多，花鸟略少，山水画用笔变为外柔内刚，重视色调、色阶的丰富变化，他这一时期的作品名款多数署"石壶"。

陈子庄的《蟆颐观》，取材于眉山市一座古老的道观

比如《内江道上》应该就是后期创作的作品。与《蟆颐观》相比，画面内容虽更多，然而看着却清新淡雅了许多，其实主要原因在于主体的颜色变淡了。中景虽然也横着一座山石，但颜色变浅了不少，勾皴均用水分充足的淡墨，只在山体结构处用浓墨点少许苔点，丰富画面层次。《内江道上》前中后充斥着大量植被，与近景、中景的山石形成强烈对比，疏密、干湿、墨彩的对比，使画面展现出层次丰富的空间关系。陈子庄说："要画得像不容易，要画得不像更困难，最高境界是物我两忘，主观的客观的都忘了。"

1976 年，陈子庄因心脏衰竭去世，在生命的最后时刻，叶浅予来看望他，他留下的最后一句话是："我死后，我的画一定会光辉灿烂。"可以说，欣赏陈子庄的画作，既是欣赏其艺术技巧，也是品读他融于笔触的个人情感，只有理解了这些，一个更加完整而清晰的陈子庄才得以呈现于我们眼前。

《鹰石山花图》

潘天寿　鹰袭长空　山花烂漫

文 ｜ 唐澜芯

　　1942 年，毛泽东在延安文艺座谈会上提出"文艺应为工农兵服务"的方针，指出文艺要为工农兵服务，为人民大众服务。新中国成立后，文艺阵线认为传统国画只画山水、花草、鸟虫等，反映不了普罗大众的生活，于是"国画迟早要被油画替代"的论调一度甚嚣尘上。

　　针对这种思潮，许多传统画家不敢多言，有一位著名画家却据理力争，认为传统艺术有其巨大的价值，不可断绝。后来争论传到了毛主席耳中，主席反问了一句："国民党都不取消中国画，共产党为什么要取消中国画？"

　　这个据理力争的画家就是潘天寿。

　　这次抗争并非偶然，潘天寿一生不阿流俗，风骨自然，以不可阻挡的磅礴气势，朝着内心的道路一往无前。20 世纪 50 年代，中国画坛流行"国画画不了大画"的观点，而潘天寿偏不信。连续 3 次雁荡山之行后，他开始大画创作，至此进入艺术生涯的全盛时期。雁荡山花、寒梅古松和苍劲鹰鹫，成为潘天寿绘画最经典的题材，大尺幅的创作更是承载了他的大气魄，一改文人画的轻薄柔弱，展现了旧传统和新时代之间的别开生面的艺术精神，把中国画推向了一个新的高度。

成都广汇美术馆展藏的《鹰石山花图》即是此中典型。作为"镇馆之宝"之一的这幅作品创作于20世纪60年代，是潘天寿艺术成就最高时期的精品，纵172.7厘米，横142.8厘米的大尺幅，呈现出超越时代的审美趣味。

画中，鹰立于巨石顶端边角处，一枝野菊于右下伸出，题款、印章则整齐地列于画面左下角，满幅构图的框架布局撑满画面，呈现"井"字布置，让结构平衡稳定；弱化了浓淡墨色的对比，色彩成为画面中十分紧要的元素构成，两组山花分别以洋红、白色、嫩黄提亮画面，使画面增加了层次感与立体感；野花野草后面直接布置以单纯线条结构出的大块岩石，并以淡赭渲染，强调的是一块实在的岩石，而非可作虚化处理的空白，更拉近了视觉上的距离。这种以线为骨架，平涂色彩的方式是在有意识地加强"实"与"虚"的对比，亦即传统画所谓"计白当黑"的延展。观者在欣赏作品时，目光在画面上游移，而不是顺着主体，由一点深入去看，或是只把注意力集中于主体。《鹰石山花图》作为集中体现潘天寿艺术风格、艺术主张的代表性作品，自成画以来便被世人瞩目，在反传统呼声此起彼伏的大环境下，最大限度地将传统养分与时代精神相结合，开拓出全新的花鸟画创作体系。

潘天寿（1897—1971），原名天授，字大颐，自署阿寿、寿者等，浙江宁海人。他是中国现代著名画家、美术教育家，也是20世纪中国画坛最具影响力的艺术家、美术教育家之一，与吴昌硕、齐白石、黄宾虹并列为"四大家"。他倡导"至大、至刚、至中、至正之气"，在绘画、书法、诗文、篆刻方面均有很高造诣，创办了中国第一个国画系，还倡办中国第一个书法篆刻专业，为现代中国画发展开拓了新的局面。

潘天寿从小极有主见，7岁进入私塾，不爱读书，反而喜欢

《鹰石山花图》是潘天寿艺术成就最高时期的作品之一

写字、画画、刻图章，尤其喜欢临摹《水浒传》《三国演义》等小说的插图，即使被先生责罚也依然"执迷不改"。在宁海上私塾时，在课堂上悄悄画画，被先生没收了画笔，他索性用手指勾勒，用手掌揉擦，竟呈现出一种画笔所不能表现的意趣。"为求指笔间运用技法之不同，笔情指趣之相异，互为参证耳。运笔，常也；运指，变也。"这种以手指作画的习惯，贯穿了他艺术生涯的始终。

26岁时，潘天寿经人介绍前往上海，任教于上海美术专科学校，在此时期，他与诸闻韵共同创办了全国第一个中国画系，并结识了吴昌硕、黄宾虹、王一亭等诸多大画家，结成忘年交。在和吴昌硕的接触和学习中，潘天寿的画风也由恣意挥洒变得更加深邃蕴藉，他将自己画中的"野"气与吴昌硕的"豪"气相结合，形成了雄奇峥嵘、气韵非凡的艺术风格。他最爱的四方印分别为"一味霸悍""强其骨""不雕""宠为下"，与传统文人清淡雅致、淡泊不争的气质迥然相异。

正如其子潘公凯所言："雄浑奇崛、苍古高华，有一股磅礴的气势和倔强的生命力。"其画如此，其人亦如是。潘天寿以毫不妥协、一往无前的艺术态度，破开时代的桎梏与迷思，似鹰袭长空之远阔，又如山花烂漫之热烈，从传统美学丰厚的土壤中，绽开了独具时代特色与民族魅力的艺术之花。

祖先像

所思在远道

文 ｜ 杜悦竹

　　祖先崇拜，是中国民间根深蒂固的文化传统。在照相机普及之前，人们敬祖追宗只有通过绘制的祖先肖像画。祖先像，俗称祖宗像，也称先容像，多为晚辈聘请画师为先人留容，精准捕捉祖先的音容笑貌与生平轨迹，以细腻的工笔技法精心绘制，常悬挂于家庙、祠堂乃至客厅，以备怀念、祭祀或招魂之用。它担当起了贯通古今、维系家族血脉与精神传承的重任。此类肖像画在明清两代极为盛行，民国年间才随着照相术的兴起而衰落。

　　成都百家堂姓氏文化博物馆珍藏了众多清代、民国时期的祖先画像。展厅中陈列了一幅描绘清代先祖手握念珠的肖像画：一席白衣的男子悠然地坐在雕花木椅上，茶几上一个帽筒格外引人注目。帽筒上点缀着些许梅花，顶部摆放着一顶官帽，表明了画中人物的官员身份。梅花，作为"四君子"之一，寓意顽强、雅致和贞节，代表着傲然挺立、高洁谦虚的品格。画中人物以梅花自许，坚守忠贞，高风亮节，同时也对后人起到了模范作用。

　　不仅仅是梅花，细看这幅画像，竹的元素同样显著。人物腰间有一条绿色的珠子腰带，点缀在画间如翠竹般清新。他手中轻握的念珠镶嵌有竹绿色的珠子，与腰间的装饰相映成趣，提示君子当如竹般高风亮节。

画像中，茶几的第一层还放置着一摞族谱，书背上写着"训族为规"4个大字。族谱作为家族历史的记录，可谓一部恢宏的家族史诗。画中人物将族规族谱放在茶几之上，随手可拿，不难看出他对家族传统的重视与传承。族规中蕴含了祖辈们对于为人处世、为官从政的宝贵经验，成为后代的行为准则与指导。像主虽然已身为官员，但对祖先的教诲却时时翻阅，不敢稍有疏忽，也可见像主以族规作为生活中自律和自省的标尺，和对官声和家声的维护。

进一步观察画像，我们还可以发现盖碗茶的碗身绘有梅花，旁边刻着诗句"描来菊有傲霜枝"。这句诗出自北宋文豪苏轼的《赠刘景文》，原诗为："荷尽已无擎雨盖，菊残犹有傲霜枝。一年好景君须记，最是橙黄橘绿时。"人物以茶碗为媒介，时刻提醒自己作为官场人士，要有梅之傲骨，菊之高雅。

这幅清代祖先像，不仅展现了画中人物的高洁风骨，更通过丰富的象征元素与细节描绘，传递了家族对后代品德的期望与教诲，它是一幅精美的艺术品，又是一部生动的家族历史教科书。它告诉我们，家族的记忆与传承不仅仅在于血脉的延续，更在于精神的传承与发扬。

另有一幅清末民初描绘儿孙绕膝的祖母生活像，则颇具生活气息。这幅祖先像中，祖母端坐在太师椅上，双手自然放在膝上，面容和煦，显得无比亲切。她衣着素朴优雅，身旁围绕着儿孙，画面洋溢着家庭的温馨与幸福。

画面右侧，有一孩童，其右手腕上金光闪耀，是一枚精致的金镯，左手则紧握一块珍贵的翡翠玉牌。孩童手持翡翠玉牌，展现了童真与可爱，更寄托了长辈对儿孙传承君子五德的深厚期望。

画面左侧，是一少女，姿态婉约，仪容端庄。她双手捧着一

手握念珠的祖先像及其局部细节

清代祖先像是百家堂姓氏文化博物馆的特色藏品之一，古人通过画像可以表达对祖先的缅怀

只绘有莲花图案的茶盏，正虔诚地向祖母奉茶。她的举止尽显礼数，家教家风有礼有节。值得注意的是，她右手腕上的一块洋表，象征家境优渥。茶盏上的莲花，寓意清洁平安，还与少女的举止相呼应。

　　这幅祖母像与早期传统的家族先容像相比，有着明显的不同之处。传统的先容像往往彰显服饰的华丽与官阶的显赫，如头戴金冠、身着华丽官服的诰命夫人像等，而这幅祖母像则注重生活场景的描绘与家族情感的表达，展现了祖母在世时的风采与家族的和睦氛围。根据画面中出现的洋表、高跟鞋等元素推测，这幅祖母像应为清朝末年或民国初期的作品，大约是祖母在世时，家族晚辈为她所绘。

　　此外，还有一些家族先容像采用了将数代祖先形象汇聚于同

祖母像可能绘于清末民初，颇
具生活气息

一幅画面之中的独特形式。这些画作的尺寸颇大，记录下多位家
族成员的外貌特征，旨在通过细腻的笔触和精心的构图，展现家
族血脉的绵延与传承。在家族宅邸中，这样的肖像画通常被悬挂
在最为庄重且显眼的位置，作为对先祖的缅怀与敬仰，同时也彰
显着家族的荣耀与尊严。

广汇美术馆是自 2017 年起连续 7 年入选"世界 500 强"企业的广汇集团下辖的民办公共美术馆，位于天府新区蜀州路 2699 号。

广汇美术馆秉承"广育汇美，艺术为民"的使命，于 2019 年正式注册，总建筑面积 71840 平方米，其规模在全国民营美术馆中占据首位。在"聚焦水墨艺术，传承中华文化"的理念下，经过 30 余年的积累，广汇美术馆形成了以吴昌硕、齐白石、黄宾虹、徐悲鸿、潘天寿、张大千、林风眠、傅抱石、李可染、石鲁、吴冠中"十一大家"为主要代表的收藏架构。美术馆场馆由美国 OLI 建筑设计事务所设计师林兵设计，理念源自中国水墨之意境气韵，犹如一张山水长卷舒展于绵延起伏的天府绿地之上。

美术馆目前共收藏有 60 多位艺术家的 500 余件经典杰作，形成了全球唯一一个以 20 世纪中国水墨书画为主要脉络的完整收藏体系，是国内首屈一指的中国近现代水墨艺术精品收藏单位。

天府新区蜀州路2699号

广汇美术馆

成都百家堂姓氏文化博物馆

成都市锦江区沙河街道汇泉北路 177 号

　　成都百家堂姓氏文化博物馆是以家学文化、姓氏文化为主题的非国有博物馆，位于成都市锦江区沙河街道汇泉北路 177 号。

　　成都百家堂姓氏文化博物馆于 2012 年 7 月 15 日获批成立，展陈面积 1100 平方米。博物馆基本陈列包含家风家训馆、家谱馆、国学馆、体验馆和红色家风馆，该馆是四川乃至全国范围内最具规模、最成体系的家学文化、姓氏文化博物馆之一，填补了国内姓氏文化和家学文化实物收藏、研究、展示的空白。

　　成都百家堂姓氏文化博物馆藏品主要包括纸质家谱、家风对联、姓氏堂号牌匾、祭祀用品、祖宗画像等历史文献及民俗文化物品等，各类藏品共计 1800 余件（套）。其中姓氏家谱 138 件（套）、250 多册，姓氏祖宗牌位、祖宗画像、姓氏堂号匾额、家风对联、匾额字板计 338 件（套）。特色藏品为清慎远堂匾额、清"孝悌忠信　礼义廉耻"对联、清祖宗像等。

典籍报刊

Printing Technology: Books and Chronicles

⊙ 明拓肃府本《淳化阁帖》10卷，讲述了一个横跨宋、明两代、见证中国书法艺术登峰造极的故事；

⊙ 丽江·理塘版《大藏经》，历史上第一部在藏地镌刻的木刻版《大藏经》；

⊙ 《般若波罗蜜多经八千颂》，以金汁在蓝靛本上抄绘，字迹工整，画工精湛；

⊙ 一本本族谱，背后是一个个迁徙的家族，如同一朵朵浪花，汇成了「湖广填四川」的浪潮；

⊙ 客家人祖居中原，曾多次因战争与社会动荡大规模南迁，这一次，他们迁徙到了成都，族谱中留下了他们的迁徙故事；

⊙ 《蜀学报》，由宋育仁主持创办，成都近代史上第一份报纸；

⊙ 《新华日报》创刊号，中国共产党的第一份全国性政治机关报；

⊙ 俞守己，曾任成都古籍书店店长，他的《过眼书录》留下了一座城市的旧书往事。

明拓肃府本《淳化阁帖》
集中国书法艺术大成

文 ｜ 陆离

　　深秋时节的成都，天空总是笼罩着一片灰蒙。沿着南湖公园的小径漫步，一座现代、简约的建筑矗立在公园一角，这里便是天府新区明昌博物馆。古色古香的展厅内，存放着全10卷明拓肃府本《淳化阁帖》，摹工精良，纸墨俱佳，笔路清亮，原功尽显，并有董其昌、项子京、初尚龄、俞守己等名人收藏印。这个曾秘藏于明代肃王府内库数百年的书法拓本，为我们讲述了一个横跨宋、明两代，见证中国书法艺术登峰造极的故事。

　　中国书法艺术至宋代进入空前的兴盛期，而书法史上对后世影响巨大的"帖学"也大盛于宋，其中一个影响深远的时间节点便是北宋淳化三年（992年）。这一年，宋太宗赵光义命翰林院王著带领众学士，将宫中收藏以及从大臣家借用的古今法帖汇集起来，勾勒上石后，拓印为10卷《淳化阁帖》。

　　所谓"拓印"，就是将名家书作精工勾勒摹刻于木、石之上，然后用纸墨印。这10卷书法总汇又名《淳化秘阁法帖》，是中国最早的一部汇集各家书法墨迹的法帖，被后世誉为中国法帖之冠和"法帖之祖"。它收录了中国先秦至隋唐1000多年的书法墨迹，前5卷包括历代帝王、名臣及百家的各体书作，如张芝、

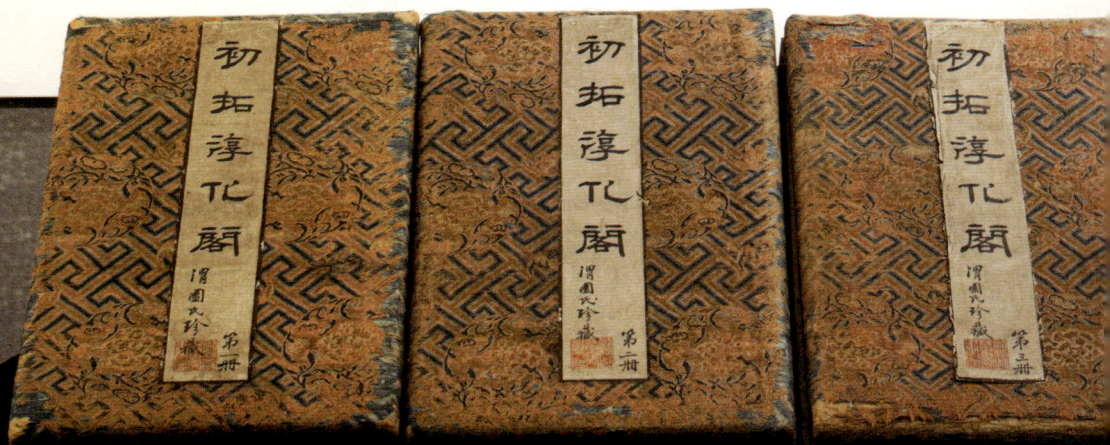

《淳化阁帖》是中国第一部汇集各家书法墨迹的法帖，被誉为"法贴之祖"，此为《淳化阁帖》前三册

钟繇、索靖，尽含其中；后5卷收录王羲之、王献之父子的草书。

　　《淳化阁帖》众体皆备，名家尽聚，集宋代以前书法精品之大成，有着非常重要的历史文物价值。尤其是其中收入王羲之草书161帖，可见宋代书法尚王、宗王风气之兴盛。甚至可以说，是《淳化阁帖》奠定了王羲之在中国书法史上"书圣"的超然地位。

　　宋代拓本《淳化阁帖》印数不多，只赏赐给了部分皇戚和近臣，且北宋刻板在宋仁宗庆历年间毁于一场宫中大火，故流传极少。2003年，经国家文物局协调，上海博物馆曾出资450万美元从美国抢救回《淳化阁帖》最善本的第四、六、七、八卷。其中第四、七、八卷为北宋祖本，第六卷是南宋泉州本的北宋祖本，而 10 卷俱存的宋代拓本《淳化阁帖》至今已然无存。

洪武二十五年（1392 年），明太祖朱元璋封第十四皇子朱楧为肃王，封国西北边塞重镇，并赐"宋本"《淳化阁帖》一部。从第一代肃王朱楧开始，这一部御赐"宋本"《淳化阁帖》便被视为肃王府的传家之宝，一直秘藏于内库长达 200 余年。史料记载，成化至弘治年间，肃恭王朱贡錝曾将"宋本"《淳化阁帖》取到前宫习书，在卷五题识："右淳化法帖全部记十本，予自成化十年内库内金包榛函藏，逐令随入库鉴取于书堂，以便临习。"又在卷六尾题："淳化法帖一部记十本，原收于内库。时成化十三年取来前宫效（校）书，今弘治五年二月，勉夫小千云，不许与人。"

那么这部本来秘藏于王府中的《淳化阁帖》，又是怎样公之于众的呢？明万历年间，时任陕西右参政的张鹤鸣偶然得到一部《淳化阁帖》别本，便向朱元璋八世孙、肃宪王朱绅尧借肃王府祖传"宋本"《淳化阁帖》校对。两相比较之下，张鹤鸣发现肃王府收藏的《淳化阁帖》"浓媸遒劲，神采泛溢，大不类世所传本。如古法帖数段久已缺文，而兹独全，确为宋拓无疑"。

恰好此时，南京金石摹刻家温如玉、张应召师徒来到甘肃，肃宪王朱绅尧遂决心将肃府本《淳化阁帖》公诸天下，延请二人重摹上石，以便拓本传于后世。在石头上摹刻，石质尤为重要。温、张师徒二人受肃宪王之命摹刻"宋本"，选定的石头是陕西富平的"铜磐石"，石质密致，具青灰色，击之有铿锵声，适合用以镌刻碑帖，其镌口平齐，历久如新。

金石摹刻是一项规模浩大的工程，"温、张两生朝暮作对，若面壁达摩，雪没胫而弗退也"。即便如此，镌刻耗时 7 年，直到天启元年（1621 年）才得以完工。一力资助这项工程的肃宪王朱绅尧在刻石完成前已去世，144 块两面刻文的刻石最终在继

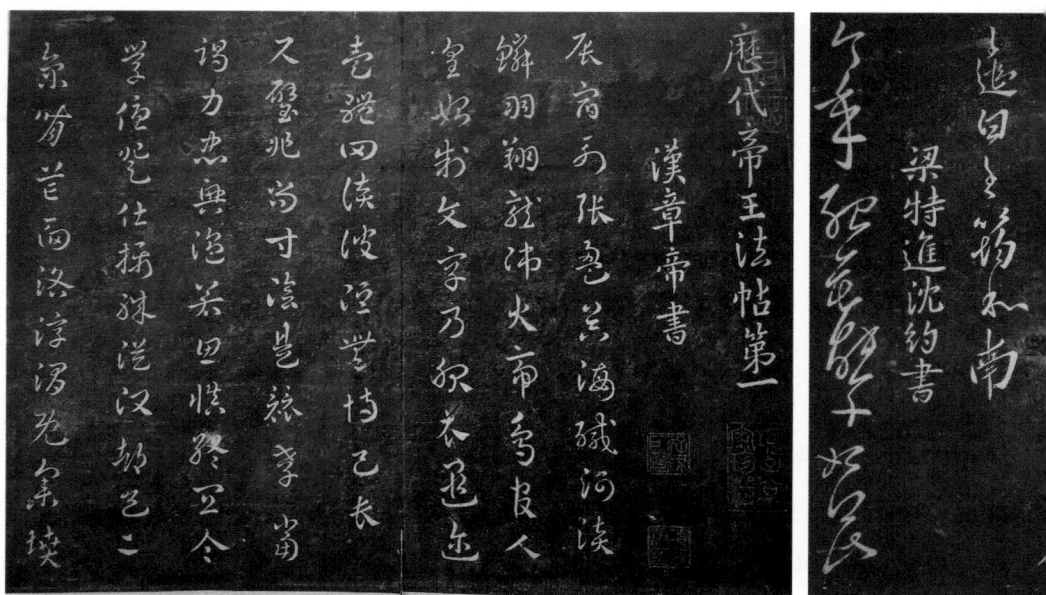

《淳化阁帖》第九卷为王羲之书法，将王羲之书法独立为一卷，也确定了其"书圣"的地位

承父亲遗志的肃世子朱识鋐那里，终于得以问世。

　　肃府本《淳化阁帖》问世后，评者谓其："摹法刻工，传神逼真，与原帖丝毫不爽，冠绝他刻。"据甘肃省博物馆研究书法的秦明智、徐祖蕃两位专家考证，朱楧所获的这部《淳化阁帖》之中的前 8 卷确系当年北宋宫廷刻板的原拓，卷九临摹南宋别本，卷十临摹南宋淳熙年间刻的"修内司帖"。今西安碑林所立帖石，即据肃府初拓本重摹而成，足见肃府本《淳化阁帖》对后世影响之大。

据统计，目前存世的明拓肃府本《淳化阁帖》仅天府新区明昌博物馆和甘肃省博物馆收藏有全 10 卷本，弥足珍贵。在天府新区明昌博物馆内，透过玻璃柜板欣赏《淳化阁帖》，中国书法的锋棱宛然、点画顾盼、神完意足皆跃然于纸上，引领人们进入一个奇妙境界。

丽江·理塘版《大藏经》

"木天王"的传奇人生与传世之献

文｜孙吉

　　位于成都市温江区南江路的四川省蓉府藏文典籍博物馆藏品库是需要佩戴口罩和手套才能进入的。质地厚重的置物木架紧贴四方墙壁整齐地排列，漆以喇嘛僧袍同款绛红色。海量藏文古籍文献被分门别类地安放其上，大多裹以象征尊贵的黄色绸缎。室内偏暖色灯光普照四壁，让宽敞的库房充盈着一种视觉饱满且富丽堂皇的藏地经堂氛围。

　　工作人员小心翼翼地打开木制的护经板，解开包经带和护帘，一沓长 62 厘米、厚 15.3 厘米的朱砂墨汁经书顷刻出现。泛黄的藏纸页面印满藏文经文，正面左侧为藏文函号及页码，右侧为汉文经名、部次及页码，背面则有藏文"奔"字，意为"十万"，是《十万颂》之简称。缓缓翻阅经卷，一股古朴的馨香隐隐散发而出，梵箧装帧、木刻雕版、朱砂刊印……让人浸润在 17 世纪川滇藏交界处的木华梵香与天雨流芳之中。

　　明万历二十六年（1598 年），统治中国的神宗皇帝朱翊钧荒疏朝政，沉溺酒色之中，整个王朝正由"中兴气象"转向"衰亡之兆"，而远在万里之外的云南承宣布政使司丽江土知府，正迎来一位聪慧勇猛的年轻执政者——时年 11 岁的木增承袭父亲

丽江·理塘版《大藏经》完整版几乎失传，其收藏价值极高，是蓉府藏文典籍博物馆的镇馆之宝

蓉府藏文典籍博物馆藏品库内存放着大量藏文典籍

木青的知府职，正式成为明代第十三任丽江土司。

"丈夫未可轻年少"，幼主木增不仅保住了先祖基业，且志存高远，励精图治，最终将木氏家族在川滇藏交界之地的统治与声望推向顶峰。丽江土知府辖域荒僻，环境复杂，族群多元。木增审时度势，"顺俗施政"，与当地酋长分权共治，推动开路筑桥，实行移民垦荒，大兴开矿采炼……力促区域内外的经济、文化、宗教交流。彼时连通川滇藏的茶马古道畅通无阻，汉、藏、纳西等民族共存共融，文教、建筑、工艺等人才汇聚丽江，一派繁荣兴盛景象。凭借"富冠诸土郡"的雄厚财力，木增趁势兴建了被徐霞客誉为"宫室之丽，拟于王者"的木氏府署，史书更赞其家族"土地广大，传世最远"，在其统治的时代，木氏土司的有效控制范围北至今四川巴塘、理塘，西达西藏左贡、芒康和云南怒江一线，东进四川木里及其附近区域，雄踞滇西北与康藏高原交界地带。丽江土知府因此得以与蒙化（即巍山）土知府、元江土知府并称云南三大土知府。

《明史·土司传》载："云南诸土官，知诗书，好礼守义，以丽江木氏为首云。"木增不仅自幼熟读汉地经史书籍，于府中建"万卷楼"，自身亦是诗人、散文家和书法家。他痴迷佛道，广交中原名士，与被誉为"南董北米"的大书法家董其昌，"诗、书、画"三绝的名僧释担当交往甚密。

明万历四十二年（1614年），擅于中国诗文、笃信佛法的木增，邀请与木氏家族建立施授关系和政教结盟的噶玛噶举派红帽系第六世活佛夏玛巴·却吉旺秋（1584—1635）来到丽江，主持编纂、校订、刊刻《大藏经》之《甘珠尔》部。《大藏经》是藏文佛教经论的总集，分为《甘珠尔》和《丹珠尔》两部，为藏传佛教高僧必修的功课，各大寺院均将完整版《大藏经》作为"镇寺之宝"。木增此番在丽江捐资刻印的《甘珠尔》，精心选择以蔡巴版手抄本作为底本，这一手抄本被藏传佛教界普遍认为是最准确无误的版本。木增以"广利众生，五方宁谧，百姓康和"为名行佛经刊刻之举，愈加表明其善用"顺俗施化"赢服人心之统治策略。

除"顺俗施化"之外，木增还有更深层的考量。在丽江刻印的《甘珠尔》曾经于1410年首次在南京刊刻，是历史上唯一带有汉语目录的藏文经典。深谙木氏统治权力来源的木增，以此举向中原王朝表明尽职藩篱，尽心效忠。

明天启三年（1623年）四月初八，正值佛祖释迦牟尼诞生纪念日，历时9年，共含108函、33784块经板的丽江版《甘珠尔》刊印完成，并先后于木氏土司家庙——汉传佛教福国寺举行了竣工仪式，在小中甸木氏官邸旁的藏传佛教康司寺举行了开光仪式。

丽江版《大藏经》是历史上第一部在藏地镌刻的木刻版《大藏经》，也是藏传佛教史上唯一带有汉语目录的藏文经典，被历代藏学家评价为"历史上最好的藏文《大藏经》"。借由丽江版《甘珠尔》的刊刻，木增本人被康藏地区僧俗两界广为尊崇，获得无可替代的巨大声望。

然而，木增的深思熟虑与神性威名未能挽救木氏家族摆脱衰落的命运。清朝立国后，木氏家族势力日益衰落，不得不从康南高原退守丽江，那部珍藏府内的《甘珠尔》也迎来辗转多舛的命运。清康熙三十七年（1698年），丽江木府的《甘珠尔》经板用骡马驮运至四川理塘大喇嘛寺存放。从此，这部独一无二的传世巨献离开故乡，被后世重新命名为"理塘版"《大藏经》，或"丽江·理塘版"《甘珠尔》。最让人唏嘘的是，数万珍贵木刻经板中多数于20世纪初毁损，少量残落四方。

或许，木增当年主持刊印《大藏经》时，已对置身王朝衰落末世有清醒的认识，他在为这部《甘珠尔》所撰写的《三藏圣教序》中感叹道："每于政暇之际，禅观诵持，深痛无常，晓夜惕虑……"

《般若波罗蜜多经八千颂》

珍贵的蓝靛纸金汁手抄版

文 ｜ 孙吉

　　四川省蓉府藏文典籍博物馆门口庄严大气的照壁右侧，上面精美的图案吸引着人们的目光：青莲花底座上方，竖立着一把宝剑，宝剑的背后像是一沓捆扎好的厚书册。馆长旦正加如是解释这个图案的含义：佛教文化中，文殊菩萨一般右手握智慧剑，左手所持莲花上放置《般若经》。图中的宝剑是智慧之利剑，表示能斩断种种愚痴，智慧犀利如剑。青莲花代表纯洁无染，花上放有《般若经》，是智慧与慈悲的象征。宝剑后面是藏文典籍的典型样式，内文多为长条散页，通常用布或绸缎包裹后上下用护经板固定保护，再用皮绳缠绕，以经书扣固定皮绳。

　　莲花上的经书《般若经》全称《大般若波罗蜜多经》，为梵语音译名，根据内容的繁简分为《般若波罗蜜多心经》《般若波罗蜜多经八千颂》《般若波罗蜜多经二万五千颂》《般若波罗蜜多经十万颂》等版本。而在蓉府藏文典籍博物馆内，便藏有一件弥足珍贵的藏文蓝靛纸金汁手抄版《般若波罗蜜多经八千颂》。

　　这部《般若波罗蜜多经八千颂》字迹工整、流畅，文字清晰可辨。书籍中间绘有吉祥八宝等一系列风格独特、精美绝伦的图案。这些插图的画幅极小，方寸之间，却流露出绘画艺术工匠的

这本蓝靛纸金汁手抄版《般若波罗蜜多经八千颂》，是《大般若经》中的简略版本

精湛功底与时代烙印。虽然藏品内页不全，但其蕴含的文献价值，所承载的历史价值，以及自身具备的文物价值仍旧非常珍贵。而其中最值得书写的，便是以《般若波罗蜜多经八千颂》为代表的佛教典籍对藏文改革发展的推动。

据藏文文献记载，松赞干布13岁时举行盛大的登基典礼，天竺、唐朝以及大食等周边国家诸王遣使祝贺，有的献以厚礼，有的致以书信。由于吐蕃没有文字，答谢方式或捎以口信，或以对方使用的文字由译者表明谢意。松赞干布认识到吐蕃没有文字，许多国政大事难以完成，必须创造一种符合吐蕃自己语言的文字。

但是，创造文字的过程注定要历经无数困难与挫折。据藏族文献《贤者喜宴》记载，松赞干布下决心创造文字后，派遣众多聪慧的大臣前往印度，但学习文字一事未能如愿以偿。

真正完成松赞干布关于创造藏文计划的，是吞米桑布扎。据载，少年吞米桑布扎带着松赞干布赏赐的一升金沙和给印度贝金协布纳拉钦王的慰问品，在随从达洛德仲等人的陪同下前往印度。中途经过尼泊尔时，吞米桑布扎向尼泊尔王奉献了礼品，并求得医治中暑的良药龙脑、竹黄等，才平安到达印度。随后，吞米桑

每一页经书的正中都绘有精美的佛教图案

布扎拜南印度精通语言的大学者婆罗门李勤为师，学习各种知识，在印度 7 年，专心修习，最终成为著名学者。

吞米桑布扎学成返回吐蕃后，奉松赞干布旨意，为吐蕃创造文字。《贤者喜宴》记载："吞米桑布扎模仿纳卡热及迦湿弥罗（即今克什米尔）等文字，在玛荣宫内创制字形，仿照神字连察体作楷体字，以瓦都龙字作草书……"吞米桑布扎根据当时的吐蕃实际情况，依照不同地区的发音特点，创造了梵文中没有而在吐蕃却非常实用的字母，即从印度梵文的 50 个元辅音字母中筛选了 24 个辅音字母，补充以藏文必需的 6 个字母，另外 4 个元音符号亦取自梵文。

藏文创制以后，吐蕃地区的译经事业迅速地发展起来。在松赞干布的提倡与亲自组织下，不仅大量派遣吐蕃青年到邻国学习包括佛教在内的各种文化，还相继从唐朝、印度、大食等地迎请许多班智达（梵语音译，意为学者）来到吐蕃，帮助吐蕃翻译各种经典，从而开创了吐蕃佛经翻译事业的新纪元。

自 8 世纪以来，《般若波罗蜜多经八千颂》屡经翻译、校勘、修订和厘定。根据阿拉善·丹达拉然巴所著《般若波罗蜜多心经注释明义宝光》记载，其中《八千颂》有 6 个藏译本，最早的版本约在 8 世纪后半叶译出。《八千颂》的不同译本主要以各种写本和刻本形式流传，各版本在文法上也有较大差别。根据对蓉府藏文典籍博物馆所藏的这部《般若波罗蜜多经八千颂》的语法、书写方式等考证，抄写年代大约在 15 世纪。时至今日，在藏地几乎每家佛教信众的佛堂中都供有一部《般若经》，其中最为常见的仍是《八千颂》。

族谱

"湖广填四川"的微观史

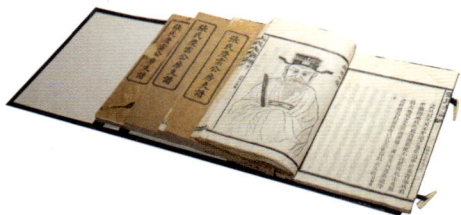

文 | 徐平

　　走进成都百家堂姓氏文化博物馆，立刻就会被馆中收藏的古旧物品所吸引——家具、牌匾、祖先画像等，琳琅满目，五花八门。其中数量最多的，大概是各姓族谱。它们或陈列在展室中，或堆积在库房里，盈千累万。族谱，又称家乘、家谱、宗谱，记录氏族世系源流，族中人物事迹，以及家礼仪节、书信契约等。一卷一册，尽见古人之良苦用心。

　　百家堂姓氏文化博物馆收藏的族谱不少来自四川本地，即蜀中各地族裔的旧藏本或新修本，如三台《左氏族谱》、岳池《韩氏族谱》、开江《彭氏族谱》等，版别各异。形式有刻印或誊抄的；年代有早于明末的，也有晚于民国年间的。各姓族谱中，有些保存完整，有些残缺不全，但哪怕是破损卷册也被牛皮纸或粗布包裹着，备受珍爱。

　　族谱中记录了该支族人的枝源派本、迁转落业等情况，例如，左氏一支于清初"由江西而徙湖南，自湖南而迁蜀北……蕃衍于梓州"；韩氏一支原籍"湖广永州府零陵县普乐乡十四都"，清康熙入蜀"迁顺庆府岳池县地名东关外陈家湾插业居住"；等等。

　　移民迁徙，各有原因。《湖山罗氏宗谱》记载："子孙蕃衍，

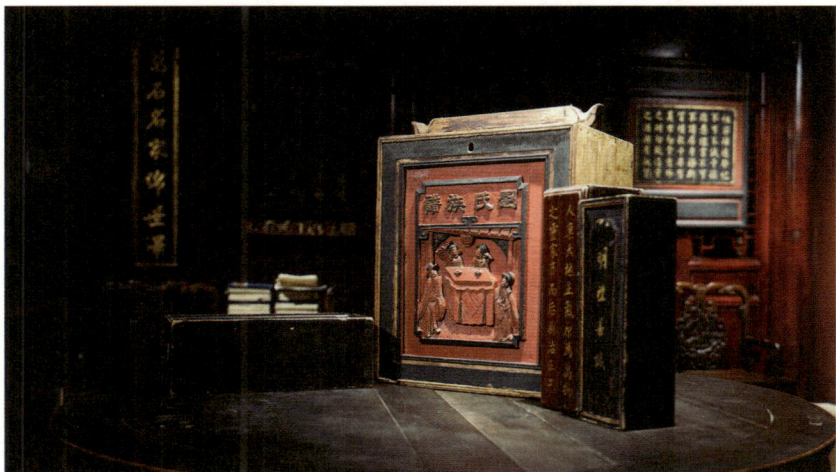
古人往往将族谱视为珍宝，以木箱珍藏

支派涣处，有以商贾由赣而川粤而闽浙者，有以仕宦由赣而吴而湘鄂者。"其实，中国人历来重视乡情，大多数移民迁徙是迫于生计，或因战乱兵燹，或因天灾地孽，或因时运不济，为避难逃灾而背井离乡。迁徙之路也并非一帆风顺，多是辗转数处，甚至倾家竭产。《韩氏族谱》记载："其时计穷势迫，悲号万状，始离故土而迁川，继而来川归守蜀业，数百年间，流离播迁之苦，惨不忍言，或只身或携家，东逃西走。"

迁徙中，一些家族七零八落，天各一方，为让子孙后代能铭记自家源流派别，族谱中都记载了本姓公派或分支的"班辈字派语"。例如《黄氏族谱》中的"迁居诗"：

　　骏马匆匆出外疆，任君平地立纲常。
　　马到滩头能进步，身在他乡忆故乡。
　　半夜思量亲骨肉，望云唯有泪沾裳。
　　若有合同来相对，三七男儿当自强。

来到新居地，移民们多倾心尽力垦荒拓土，置产创业，以求安身立命，发家致富，故而在相当长的时间里整理或续修族谱之事被搁置下来。清中期以后，家族生活稳定下来，其中一些更是家大业大，枝繁叶茂，于是建祠堂、修家谱成为家族之要务。《韩氏族谱》载："幸皇天眷顾，得有今日，族人子若孙之多，皆祖一身从刀刃下、露宿中，饥饿道涂，九死一生，始有此。源远流长也。"

然而，续修族谱并非易事。迁徙之中，动乱不定，移民们或没有携带，或不幸遗失旧谱。另有一些移民，与原籍故亲失去联系长达数十年甚至一二百年的时间，早已不知其源其派。无案可稽，续修族谱之事也就难上加难了。《彭氏族谱》载："历年来迭经兵燹，典物荡析，缙绅家保不失其宗牒者，十无一二。往往询其世系何别、积累何时，多瞪目莫对。"

也有一些族谱代代相传，经后裔续修或补录，又不断产生新的族谱或枝叶旁牒。《左氏族谱·八修谱序》载："谱牒之修，始于有宋，迨明嘉靖间已七修焉，而今复继前贤之七修而为八修……"时至清光绪七年（1881 年），该左氏一支已经"十修"族谱。

各姓族谱所载事项或多少不一，或简繁各异。一些族谱洋洋洒洒，鸿篇巨帙。典型的如《张氏支谱》，记载有祭祷文、墓志铭、祠堂启、先祖列传、公派语、支派语，以及宗祠图、祖茔图、源流世系图，等等。特别要提及的是，很多族谱还将"家礼""家训"等内容载入其中，或选辑大家名篇如《朱子治家格言》，或自家编写完成。由此可见，族规约束、家风熏养，历来是教育后代的不可缺少的一环。

族谱与国史、方志一样都是了解社会历史与传统文化的重要文本载体。在弘扬传统文化和传承优良家风的实践中，族谱的价值将会得到更多的认识。百家堂姓氏文化博物馆收藏的众多族谱，既是人们了解"湖广填四川"移民迁徙的珍贵微观史料，无疑也是博物馆的"镇馆之宝"。

客家族谱

客家人的上川之路

文｜徐平

成都市龙泉驿区洛带镇里有一座样式特别的楼房——高耸的圆形客家民居"围屋"。"围屋"内藏着一家博物馆——西部客家博物馆。客家人，祖居中原，因社会动荡，曾多次大规模南迁。中原人最早南迁始于西晋，后又于唐、宋、明、清时期南迁。相对于新居地的原住民，辗转迁徙并定居于闽粤湘赣交界地带的祖籍中原的汉人及其后裔，被称作"客家人"。

明末清初，因战乱与灾害而荒芜的四川迎来了大批拓土垦荒的移民，其中不少是来自闽粤湘赣地区的客家人。客家人恪守家规族训，团结乡里，重德修身，耕读传家，在新居地里长期保留和传承坚韧耐劳的精神。洛带就是一个典型的客家人聚集与客家文化浓厚的地方。

翻阅西部客家博物馆收藏的族谱，可以看到很多姓氏的先祖来自南方。如客家杨氏，祖居江西龙泉，先祖于清康熙二十七年（1688年）迁至四川；客家张氏，祖居广东龙川，先祖于清康熙六十年（1721年）入川；客家刘氏，祖居福建南靖，先祖于清雍正五年（1727年）迁徙；客家万氏，祖居广东长乐，先祖于清乾隆六年（1741年）来川。另有一些族谱，记载了不一样

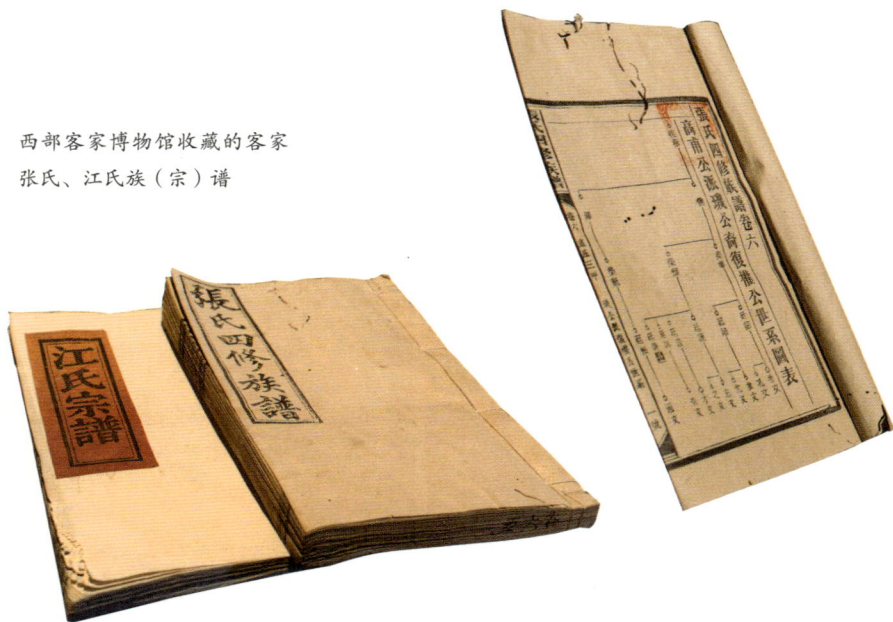

西部客家博物馆收藏的客家
张氏、江氏族（宗）谱

的移民入川历史。例如余氏一支，其祖居地为"扬州府泰州大圣村军旺庄余家湾"，清康熙年间余氏举族外迁，离散聚合，后人先后迁居于四川的资阳、金堂、彭县（今彭州市）等地。著名文人流沙河（本名余勋坦），就是该余氏迁入金堂县城（今青白江城厢镇）余家湾一支的后裔。

路途遥远，盘山涉涧，加之拖家带口，扶老携幼，移民迁川之行十分艰辛。他们中很多是一家人，甚或一村一族、十亲九眷、数百为群，千里跋涉，用了数月甚至半年的时间，历经万般磨难，才能到达目的地。

洛带地处成都平原东部东山浅丘地带中的平坝区域。这里的东山泛指龙泉山西麓大片丘陵地区，即旧时成都与简州的交界地带。今成都东外客家人尤为密集的龙潭寺、木兰寺、龙王场、西河场、廖家场、石板滩、柏合寺、太平场等地，均在这个区域。不少入川的客家移民定居于东山一带，其中一些客家移民还由此向西，先后迁至金堂、新都、广汉、什邡、彭县等地。今洛带镇内外的巫氏祠堂、刘金坝、唐家坝、白家大堰、余家老房子、杨家大房子、谢家老房子等带有姓氏的地名，就是早期移民在此聚族而居留下的印记。

清朝早期，纷至沓来的移民给四川带来了生机，各地乡场渐兴渐旺，客家人密集的洛带（时名镇子场）也不例外。至清中期时，场上已形成有上街、下街、花市坝、北巷子、糠市巷、柴市巷、槐树巷、江西馆等多条街巷，除鳞次栉比的民居外，还有多个华丽宏伟的会馆建筑，如禹王宫、万寿宫、南华宫等。

移民的到来，也带来了先进的农业生产技术。客家人引入玉米、辣椒、烟叶等多种高产农作物和经济作物。而客家人祖籍地的一些风俗，如饮食习惯、民间艺术、婚丧嫁娶等，更是深深扎根于巴蜀各地，世代传承。

洛带镇宝胜村刘氏家族的先祖为清初从江西赣州府安远县南水乡迁来的客家人，刘家"舞龙"习俗即从江西原居住地带入洛带的。各省移民带来的多样化的民间艺术，大大丰富了四川乡村的文化生活，在不断融合、传承与衍化的过程中，形成了诸如灯戏、花鼓、清音、川剧等巴蜀地区特有的表演艺术。

西部客家博物馆所收藏的族谱中，还有不少家规、家法、家训一类的文字。以《任氏家谱》为例，谱中记载了"尊长上""正宗支""正婚姻""戒邪淫""戒偷盗""戒争讼""戒贪财"等内容。这些记载，以及博物馆中收藏的与宗教信仰、婚丧嫁娶有关的物品，反映了客家人一以贯之的认祖归宗、勤以立身、俭以养德、守信笃义等良风美德。

一本本族谱，记录了客家人迁徙的故事。伴随着客家人的到来，荒芜的土地上出现了一个个垦荒的背影，集镇上游走着一批批操着异乡口音的商贾，一些新的物种、工具也被带到了四川，客家人的上川之路，最终造就了一个新的四川。

《蜀学报》

成都近代"第一报"

文｜温月

位于成都成华区华林二路的李彬报纸博物馆，是中国西南地区唯一开放的民间报纸博物馆，收藏各类报纸 15000 多种，近 50000 份，出版时间涵盖了清代、民国、新中国成立之初、"文革"及改革开放以来各个时期，不乏珍品。

其中，一份出版于清光绪二十四年（1898 年）四月望日的《蜀学报》，乃是成都第一份具有现代意义的报纸，尤令人瞩目。报纸为线装书形式，篆书字体，长 25.3 厘米，宽 16 厘米，从右到左直排，每页 13 栏，每栏 25 字，木活字白土纸双面印刷。在这份珍贵的报纸后面，又有着怎样不凡的经历呢？故事还得从其创办者、维新思想家宋育仁讲起。

1898 年初，宋育仁从重庆来到成都，受聘接任尊经书院院长，开启了他在四川的又一段不寻常经历。此前 4 年，宋育仁曾以二品顶戴衔出任大清国驻英、法、意、比四国公使馆参赞。驻外期间，具有维新思想的宋育仁着意考察西欧诸国的政治经济、文化教育、社会风情。回国后，宋育仁参加了康有为、梁启超组织的"强学会"，任"都讲"，主讲"中国自强之学"。1896 年 3 月，宋育仁到重庆任商务总局监督，彼时正值变法学说鼎盛之时，他企望以舆论唤醒民众，于次年 10 月在重庆创办了四川新闻传播史上的第一份近代报纸《渝报》，树起了宣传维新变法的旗帜，兴起了川渝近代史上第一次思想解放的潮流。

此番来到成都，宋育仁秉承北京"强学会"的维新思想，与尊经书院的学生邓镕、吴之英等发起成立蜀学会，其宗旨是"以通经致用为主，以扶圣教而济时艰"，带有浓厚的"中体西用"色彩。

为宣传维新变法思想，1898 年 5 月 5 日，主持蜀学会工作的宋育仁和《渝报》停刊后随同赴蓉的一班人马，在成都创办了蜀学会学术刊物《蜀学报》，并刊文声称："《时务》、《求是》各报既已畅行，蜀中更立此报者，意在昌明蜀学，开通邻省。故于各报体例略有不同。各报沿海疆，闻见较易，于洋务不详，本局意立推行，力求实用，言务不当，不嫌并行。"《蜀学报》是成都第一份具有现代意义的报纸，报馆设于尊经书院内，初为半月一期，至第四期时改为 3 个月一期。每期含封面共 62 页（双面），全报大约 20000 字。在当年的成都，《蜀学报》可谓容量较大、规格较高的报纸了。

《蜀学报》乃集资兴办，仅据该报第一期刊登的"集款诸君姓氏"中捐款数字统计，即达 4500 两银之多，经费充足由此可见。报馆结构健全，设有总理（宋育仁）、协理兼总校（杨道南）、主笔（吴之英）、总纂（廖季平），以及司计、抄录等职位。同时，为解决交通邮传不便和费用昂贵的问题，还在省内外设立了 40 余个代派处，聘用了支付月薪的"访事"多人，负责报纸的推介、征订和代派地新闻的采访。

《蜀学报》不但延续了《渝报》的办报方针，还完全利用了《渝报》的发行渠道，有效地扩大了读者群。订阅数由最初的不到 1000 份，一路突破 2000 份，最高达到 2500 份。这在清末的成都，算得上是创下了佳绩。

《蜀学报》结合当时的国情，开设了"上谕恭录""奏议""学会讲义""论撰""海外近事""中国近事""蜀中近事"等栏目。作为一份具有现代意义的报纸，《蜀学报》也高度关注政治时事，不但大量抄收来自北京的"谕旨电传"，还每期必登京城新闻，特别是成立强学会、保国会，传递维新派人物动向等有关维新变法的消息。从第四期起，即连载了《康有为呈请代奏及时发愤革旧图新折》，并发表《拟保国会章程》。

　　1898年乃光绪戊戌年，当年6—9月恰是光绪亲政、百日维新、变法改革等进行得如火如荼之时。值得注意的是，当年7月中旬出版的《蜀学报》第十二期上刊发了朝廷25道谕旨，均为光绪皇帝所下，竟无一为慈禧太后所下；皇帝朱批文件4份，慈禧太后签批文件数为零。通过新闻看时事，慈禧太后此时似乎完全被边缘化，垂帘而未听政了。

李彬报纸博物馆收藏了清代以来的各类报纸15000多种

秉承蜀学会"以通经致用"的宗旨,《蜀学报》在关注政治、经济时事之时,亦注重"实学",大力传播可供实际运用的科技知识。报纸从 1898 年 5 月创刊到 9 月停刊,总共发行 13 期,登载消息 308 条,其中,与近代科学技术有关的就有 141 条。

值得一提的是,《蜀学报》自创办起,便秉持"昌明蜀学"的理念,立足于"蜀"地,相当注意结合四川省的实际,积极宣传和推广近代科技知识。如李彬报纸博物馆所珍藏的第三期《蜀学报》,便刊载了王荣慰的《统筹蜀藏全局论》:"川中惟成都一带水利,自能蓄泄,不忧旱潦。外则不能无忧也。抚此膏腴,未尝尽地利,极人工,而听之天下时,无怪人满为患,不能以自养。西人之言曰,中国若以化学浇,一年可增款一百五十万两,则以川省一百三十余州县计之,岁可增款一百九十五兆两。"讲述科学种田能带来的好处,在清末的蜀地,吹拂科学的新风。

《蜀学报》还有一"最"——最早在成都地区登载广告的刊物。《蜀学报》上的广告,时称"告白"。除刊登"本馆告白"外,还向社会招揽告白。其"告白刊例"是:"第一次每字取钱四文,第二、第三次每字取钱三文。以五十字起码。多则照十字追加。论年另议。放大字目及照刊图样者,按所占字数地步计算……"不过,当时在《蜀学报》上刊登的多是"本馆告白",社会客户很少,仅在第十二期上发现"学制山房告白"一例,系出售习算和画图仪器的广告。

1898 年 9 月 21 日,慈禧太后发动戊戌政变,远在成都的《蜀学报》亦因"太过于评议时弊,宣传维新思想"而被查禁,总共出版了 13 期即告停刊,宋育仁则被流放,逐渐退出政治舞台。今天,通过李彬报纸博物馆珍藏的这份《蜀学报》,我们仍能感知百余年前的政治风云与蜀地民情。

《新华日报》创刊号

为创建独立自由之新中华而呐喊

文 | 温月

  在成都李彬报纸博物馆的众多报纸创刊号藏品中，《新华日报》创刊号可谓一件意义独特的珍品——这张诞生于抗日战争中的报纸，乃是中国共产党第一份全国性的政治机关报。

  1937年7月，抗日战争全面爆发。同年8月，"国防会议"后，在国共第二次合作、共同抗日的大背景下，中国共产党决定公开出版一份报纸，宣传抗日救国，鼓舞广大民众，并以"反对压迫，建设新中华"为义，定名《新华日报》。

  《新华日报》最初拟在南京出版发行，但因内遭国民党顽固派阻挠，外遇日本军队迫近，报社被迫迁往湖北武汉。1938年1月11日，《新华日报》在武汉汉口成忠路53号正式创刊，并在头版头条位置登载《发刊词》：

    在民族自卫战争的怒潮中，本报得以与读者诸君及全国同胞相见……日寇猖狂，国家破碎，我前方数十万将士正以热血头颅为民族之独立生存而流血牺牲，我后方千百万民众亦正以英勇坚毅之精神为前线之胜利而努力奋斗着，全中国沸腾着，"贯彻抗战到底，争取最后胜利"，在今天成为彻响于全中国的雄伟壮烈的呼声……本报愿在争取民族生存独立的伟大的战斗中，作为一个鼓励前进的号角……将自己变成一切愿意抗日的党派、团体、个人的喉舌。

《发刊词》俨如响亮的号角，唤起全国人民更大的抗战热情。创刊后不久，《新华日报》即迁至汉口民意一路大陆里 4—9 号办公；1938 年 8 月 1 日，再次迁址汉口府东五路 150 号。在此期间，报社属中共长江局领导，为长江局机关报。报社领导机构为董事会，由陈绍禹（王明）、秦邦宪（博古）、吴玉章、董必武、凯丰和邓颖超 6 人组成。陈绍禹任董事长，潘梓年任社长，华岗任总编辑，熊瑾玎任总经理。董必武具体主管报社工作。

尽管创刊于武汉的《新华日报》名义上只是中共长江局的机关报，但作为中国共产党第一份在全国公开发行的报纸，为在更广阔的地域宣传中共团结抗战的路线与主张，陆续在重庆、广州、西安、山西涉县等地设立了分馆；在湖北黄陂、宜昌，河南洛阳、许昌，江西南昌和陕西潼关等地设立代销处。在随后的岁月里，因形势需要，还曾出版过分属中共中央北方局的华北版、中共中央华中分局的华中版等。

1938 年 10 月 25 日，日军突破汉口以北的岱家山，占领守望台，侵入汉口城区。情况紧急，但《新华日报》临危不乱，仍坚持在武汉出版最后一期；同日，同一期号、不同内容的《新华日报》在重庆出版。武汉沦陷后，《新华日报》西迁重庆，隶属中共中央南方局领导，报社具体负责人先后有潘梓年、华岗、吴克坚、章汉夫和夏衍等。置身于国统区的政治经济文化中心重庆，《新华日报》有理有据有节地应对国民党当局的挑衅、打压和阻挠，克服重重阻碍，坚持出版，针对国统区的实际情况，向广大民众宣传中国共产党的纲领、路线和方针；为全国人民的根本利益，

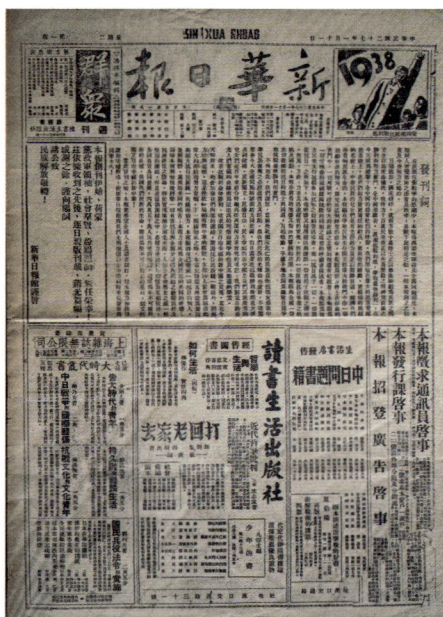

《新华日报》是中国共产党第一份全国性政治机关报，其创刊号发行于1938年1月11日

大力发声，倾情呐喊，占据了舆论的制高点，被人民群众誉为"茫茫黑夜中的一座灯塔"。毛泽东同志因此高度赞扬其为八路军、新四军以外的"另一方面军"，3次为《新华日报》题写报头，并由现为中共江苏省委机关报的《新华日报》使用至今。

1940年1月6日，《新华日报》原拟刊登社论《论冬季出击的胜利》，可稿件送审，却被以"系军事论文"为借口扣压；《新华日报》决定改登另一篇社论《起来，扑灭汉奸！》，可仍未通过审查。面对国民党当局的无理刁难，《新华日报》毅然以"开天窗"的形式予以反击。当日的《新华日报》在原社论的位置上只刊印了8个大字："抗日第一！胜利第一！"旁注两行小字："本日两次社论：一、论冬季出击的胜利；二、起来，扑灭汉奸！均奉令免登尚望读者原谅是幸！"对"开天窗"的原因予以说明。

1946年6月，全面内战爆发。坚守在重庆的《新华日报》处境更加艰难，在1947年2月28日出版至第3231号后停刊，《新华日报》自此结束了在国统区出版9年零1个月又18天的战斗历程。

俞守己《过眼书录》

一位收藏家与成都的书缘

文 ｜ 吴劼韬

1945 年，随着抗战胜利的消息传遍上海的大街小巷，这个饱受战争摧残、满目疮痍的"远东第一大都市"正在慢慢苏醒。这一年秋天，一个 50 多岁的中年男人从成都来到上海，偶然经过一个并不起眼的小地摊，地摊上的几张照片令他不由停下了脚步。照片用湿版摄影法制作而成，这是一种发明于 19 世纪 50 年代的古老摄影技术。特别的是，这些照片的拍摄对象不是风景或者人物，而是一张张珍贵的古画，其中包括南宋画家的《耿先生炼雪图》（现藏于台北故宫博物院）、宋佚名（原题周昉）的《联吟图》等。

70 多年后，这批照片被陈列在天府新区明昌博物馆中。当时购得它们的主人，将它们装订成画册，并命名为《恒河沙室集历代名人画拾零画册》。在泛黄的画册扉页，我们可以看到这样一行文字记载："民国三十四年（1945 年）秋，中日战争胜利后去上海静安寺冷摊所得，俞守己注眉。"

画册的主人名叫俞守己（1888—1973），苏州吴县人，晚清著名学者俞樾族人，民国时期著名的收藏家、古籍版本学家，其斋室名"敦复堂""恒河沙室"等。俞守己精于鉴定书画、碑帖、

257

古籍善本，曾当过清末大臣端方的幕僚，为其鉴定、收藏古董、文物。抗战时，俞守己进入四川，先后任世界书局、成都古籍书店经理。

俞守己一生交集广阔，收藏颇丰。他与张大千、于右任、徐悲鸿、谢无量、吴湖帆、傅抱石、谢稚柳、丰子恺、姚石倩、吴一峰等名人皆有交往。他生前的许多收藏，如今展览于成都市天府新区明昌博物馆内，类别涵盖书画、碑帖、拓片、古籍、瓷器等，其中不乏有价值的珍贵藏品，如清康熙皇帝的《御书法帖》、大风堂敦煌榆林窟唐代文殊变壁画摹本等。

在《恒河沙室集历代名人画拾零画册》的一旁，展出的是俞守己生平唯一的著作《过眼书录》。《过眼书录》书长 24.9 厘米，宽 18 厘米，无框格界线鱼尾，14 行 37 字，川白纸朱蓝三色套印，手书上版。这本书由成都古籍书店在 20 世纪 50 年代末油印，首页有作者自序。

那么，这位民国收藏家的著作究竟写的是什么呢？其实从今天的角度来看，这本书更像是俞守己在担任成都古籍书店经理期间为书店职工编写的"学习手册"。在《过眼书录》的自序中，俞守己开门见山地道出撰写宗旨："是录之辑，专为服役书店工作同志们学习古本书籍的研究……及那些（哪些）刻本为善刻，那些（哪些）刻本有谬误不善之本，均分别注载……"

据自序记载，该书的编选主要针对的是当时成都古籍书店存有的书籍，书中详细介绍了收录书籍（刻本）的分类、卷数、册数、著者姓名、刊刻年代、纸张和印刷是否粗糙，以及哪些版本为善本，哪些版本有谬误。在《过眼书录》目录的第一页，我们可以看到当时成都古籍书店所售卖的书籍名称：《左传释疑》《三礼析疑》《纳书楹曲谱全集》《文中子中说》《黄山谷先生全集》……今天看来，《过眼书录》的编录，不仅是俞守己在古籍书店经营上

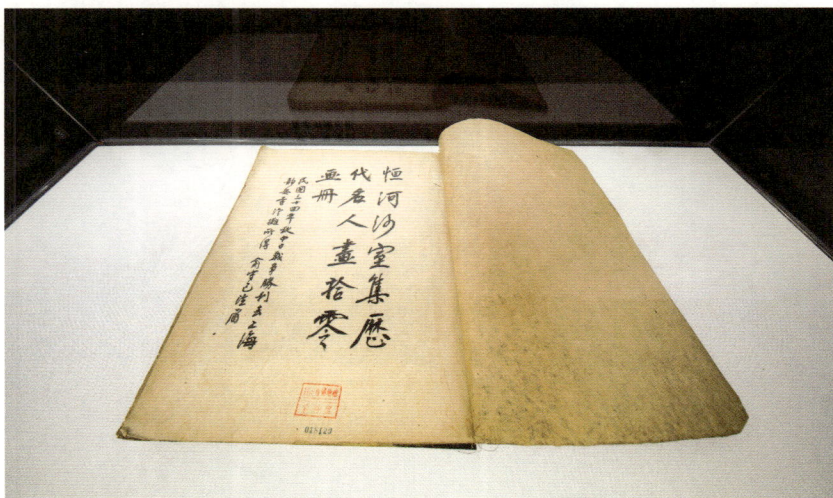

《恒河沙室集历代名人画拾零画册》扉页

俞守已著作《过眼书录》封面

《恒河沙室集历代名人画拾零画册》中收录的古画照片，左为《耿先生炼雪图》，右为《联吟图》

的一大创举，也展示出他对古籍版本学非凡的造诣。

值得一提的是，俞守己担任经理的成都古籍书店，是成都一处重要的文化坐标。1956 年，新华书店成都市店建立古籍门市部，地址便位于成都春熙路孙中山铜像南边。成都古籍书店是一幢青砖砌成的 2 层小洋楼，1 层是营业大厅，店堂外的两个橱窗内陈列线装书、碑帖等，靠墙为书柜，陈列民国时期的旧书和各种有关中国传统文化的旧书，大厅中摆有长形大桌，上面陈列不同内容的杂书，如《唐诗三百首》《三字经》《古文观止》《增广贤文》等。2 层原是书店的库房，后来也改为售书大厅，多为木刻线装书，还有手稿、碑帖拓本以及书画作品。

20 世纪 70 年代末，在成都古籍书店的后面路边空地，自发形成了一个民间交易市场，以书换书，以物换书。1983 年 10 月由管理部门规划，名为"春熙书市"，后改名"龙池书肆"。2003 年，经历了 47 年风雨的成都古籍书店最终关闭。

如今在天府新区明昌博物馆里，这小小一本《过眼书录》，得以让我们走进一位民国收藏家的精神世界，看到他对古籍收藏与传统文化始终不渝的热爱和意趣。

　　成都市天府新区明昌博物馆是天府新区首家综合性非国有博物馆，位于天府新区华阳街道南湖公园附 6 号。

　　明昌博物馆 2021 年 1 月开馆运营，占地面积 1288 平方米，其中常设展馆面积 1200 平方米。基本陈列包含"千年广都　古蜀华阳——华阳历史文化陈列""法帖之祖　肃府遗珍——明拓肃府本《淳化阁帖》特展""俞守己旧藏展""明清青花瓷特展" 4 个展览。

　　明昌博物馆藏品主要有青铜器、铁器、陶器、瓷器、古籍、碑帖等类，共计 2000 余件（套），其中珍贵藏品 313 件（套），以碑帖最具特色。

天府新区华阳街道
南湖公园附 6 号

成都市天府新区明昌博物馆

四川省蓉府藏文典籍博物馆

四川省成都市温江区南江路 668 号

　　四川省蓉府藏文典籍博物馆是全国首家少数民族典籍类博物馆，以藏文典籍为主题，位于四川省成都市温江区南江路 668 号。

　　蓉府藏文典籍博物馆致力于挖掘古籍的时代价值，加强古籍的转化和利用，保护好传承好珍贵的历代典籍。博物馆使用面积约 2000 平方米，其建筑风格融合现代与传统的元素，展现出独特的民族文化魅力。馆内展示分 20 个单元，展厅汇聚了敦煌藏文文献、宫廷木刻版、丽江·理塘版《大藏经》、永乐版《甘珠尔》护经板、金银汁写本等我国古代众多珍贵古籍文物，集中展示了我国少数民族典籍文化的典雅之美和独特之美，揭示典籍所承载的历史、文化和科学艺术价值。

　　博物馆现有一级文物 16 卷（1 套）、二级文物 48 卷、三级文物 147 卷、一般文物 90 卷。

　　西部客家博物馆是我国西部最大的客家博物馆，也是中国唯一的情景式客家主题博物馆，位于四川省成都市龙泉驿区洛带镇老街博客楼。

　　西部客家博物馆成立于 2003 年 3 月，旨在通过大量文物展示客家人的历史文化、风俗民情和艰苦创业的历程。博物馆基本陈列分为"源流""迁徙""创业""民俗""成就"5 个展厅，展示了清初客家先民大规模入川的艰苦创业历程，通过实物、图片、雕塑、音像、文字等多种形式，生动再现了客家人的生活场景和历史故事。

　　博物馆展品包括各种手工工艺品、实物和饰物，如织布机、鸡公车等，这些展品不仅展示了客家人的勤劳与智慧，还反映了他们自给自足的生活方式。

四川省成都市龙泉驿区
洛带镇老街博客楼

西部客家博物馆

成都李彬报纸博物馆

成都市成华区东华二路 39 号

　　成都李彬报纸博物馆是以报纸收藏展示为主题的非国有专题博物馆，位于成都市成华区东华二路 39 号。

　　博物馆创建人李彬从 20 世纪 80 年代起开始收藏报纸，2013 年，"李彬藏报馆"正式向公众开放；2014 年，《人民日报》社原社长、全国新闻工作者协会主席邵华泽为博物馆题写馆名；2015 年，博物馆正式登记注册，更名为"李彬报纸博物馆"。馆内总面积近 400 平方米，按照清代报纸、民国报纸、中华人民共和国成立后的报纸进行分类展览。

　　博物馆的藏品包含国内外不同历史时期报纸 1000 余种，共计数千份。其中以中国共产党早期报纸、中国共产党在四川地区早期报纸、抗日战争时期报纸、解放战争时期报纸以及号外报最具特色。

陶 石 之 器

⊙ 一件硕大的双耳羊头罐，镶嵌大小铜乳钉 26 颗，盛满了 2000 多年前羌族先民对世界和自身粗犷而瑰丽的想象；

⊙ 西溶三山下，沫溪河之畔，西坝窑兴盛一时，一件造型独特的虎子堪称宋瓷精品；

⊙ 青花四开光山水人物纹泡菜坛，显示四川泡菜在清代便已流行一时；

⊙ 瓷板画在中国历史悠久，《天地涅槃》表达重视土地，敬畏自然；

⊙ 鹿野苑博物馆，石刻融于建筑，建筑融于自然，展现川西林盘道法自然的独特魅力；

⊙ 雕花石刻香炉，双龙抢宝纹、缠枝莲花纹，雕镂精美；

⊙ 1980 年，广汉向阳人民公社在全国率先『撤社建乡』，掀起了农村基层政权改革的序幕，一块石碑是这段历史的见证；

⊙ 一方石磨，耗去自身几乎三分之二的重量，用日复一日的研磨，为无数家庭送去了那份独特的香气。

铜乳钉双耳羊头罐

古羌人的羊崇拜

文 | 席永君

　　成都尔玛民俗博物馆位于邛崃市火井镇河北街 48 号"海屋"中。博物馆的前身叫"海屋"（余宅），是一幢始建于民国二十二年（1933 年）的民居，2013 年被成都市公布为第五批市级文物保护单位。这家民间博物馆和全国为数不多的羌族主题博物馆一样，传承和弘扬羌族文化，羌笛、羊皮鼓、鸭头熏香炉、青铜铠甲、羌族释比图经长卷……尔玛民俗博物馆里的每一件文物都凝结着羌人祖先的汗水和智慧，而其中的"镇馆之宝"是一件铜乳钉双耳羊头罐。

　　步入馆内，整个主展厅基本展陈的都是 20 世纪 90 年代四川阿坝，尤其是汶川地区陆续出土的黑陶及汉代珠饰。尽管这件"镇馆之宝"并未被陈列在展厅中央，但硕大的器型仍旧一下吸引了参观者的眼球，说它鹤立鸡群，一点也不夸张。

　　铜乳钉双耳羊头罐，1998 年发现于汶川县威州镇增坡村麻邑组。汶川大地震后，作为全省唯一一个跨市州异地安置点，邛崃市南宝山镇先后接收安置了汶川和青川两个羌寨的羌民，陈学龙一家随汶川县龙溪乡村民来到了邛崃。和陈学龙一同来邛崃的还有这件双耳羊头罐，以及他收藏的 7000 余件羌族文物。

铜乳钉双耳羊头罐高26厘米，宽24厘米，包括双耳在内，周身嵌大小铜乳钉26颗，罐口左右两侧伸出宽带状的双耳，双耳下端与腹部连接，罐身呈羊头状，中间两个玄文犹如一双眼睛，直视着世界。据史料记载，这类嵌铜乳钉的黑陶罐或黑陶壶在羌区大多作为礼器，只有贵族才能享用，在当地宗教生活中扮演着重要角色。近30年来，阿坝地区出土了大量黑陶，但这类嵌铜乳钉的黑陶十分罕见。有研究者将其归属指认为早期由西北地区迁至西南的氐羌系民族，后因转向定居农业，以及汉文化的不断渗入，这类主要分布于川、藏、滇三省相邻的地区，年代自中原地区的夏商时期延续至秦汉的平底双耳罐（壶）渐趋绝迹。

古羌族是一个以养羊为主的畜牧民族，千百年来，羌人对羊有一种特殊情感，并逐渐形成了对羊的崇拜。传说炎帝来自羌族，炎帝姓姜，而"姜"与"羌"是同一汉字分化出的两个形体。已故历史学家徐中舒说："夏王朝的主要部族是羌，根据由汉至晋五百年间长期流传的羌族传说，我们没有理由再说夏不是羌。"这件汉代铜乳钉双耳羊头罐，生动地再现了羌人对羊图腾的崇拜，具有极高的历史文化价值和艺术价值。羊头罐的制作下限为汉代，上限可追溯至战国。

学术界普遍认为，汉代黑陶的历史背景可追溯到龙山文化时期，与古代帝王虞舜有直接关系。虞舜被后世推崇为黑陶制作的开山鼻祖，对黑陶工艺的发展产生了深远的影响。这一观点似乎表明，四川阿坝羌族地区的黑陶制作工艺是从黄河中下游地区流传过来的。然而，距今6000—5500年的四川阿坝茂县营盘山遗址的发现，却在不经意间动摇了这一观点，这里出土了大量彩陶，还有部分黑陶。

这里我们不去探讨黑陶的起源，但有一个不争的事实，在

铜乳钉双耳羊头罐不仅在造型上具有鲜明的羌族特色，在文化上也体现出羌人对羊图腾的崇拜

我国，包括羌族汉代黑陶在内，黑陶的制作工艺复杂且精细。而汉代铜乳钉双耳羊头罐的制作工艺无疑更趋复杂，其中，在烧制中嵌铜乳钉的工艺流程是这一传统技艺中的独特环节。然而，直接提及汉代黑陶嵌铜乳钉的具体历史记载或详细工艺流程并不多见。业内专家学者认为，汉代铜乳钉双耳羊头罐的烧造制作，乃是 2000 年前的工匠巧妙地利用了黑陶烧造温度（一般为 900 摄氏度）和青铜熔点（1083 摄氏度）之间的温差得以实现的。也就是说，黑陶上那些精美的铜乳钉，是工匠在黑陶泥坯尚未干透时，提前嵌入黑陶表面，然后再依照黑陶烧制的相关工艺流程烧制的。嵌铜乳钉的工艺流程大致为：设计布局，根据黑陶的器型和装饰需求设计铜乳钉的布局和排列方式；准备铜乳钉，铜乳钉是预先铸造好的，具有特定形状和大小的小型铜件；固定铜乳钉，在需要嵌铜乳钉的位置钻孔或预留凹槽后将铜乳钉用传统的陶土黏合剂固定在孔内或凹槽中；修整与打磨，黏合剂干透后对嵌有铜乳钉的黑陶进行修整和打磨，使铜乳钉与黑陶表面平齐或呈现出特定的立体效果；最后，对黑陶进行抛光处理。

尔玛民俗博物馆的这件汉代铜乳钉双耳羊头罐，盛满了 2000 多年前羌族先民对世界和自身粗犷而瑰丽的想象，也同时彰显了它在文化和审美上的特立独行。

西坝窑虎子

来自沫溪河畔的宋瓷

文｜龚静染

　　四川省三都博物馆中有一件藏品，叫"宋西坝窑变釉牛头龙柄虎子"，为宋代西坝出产的陶瓷，高 30 厘米，底径 23 厘米，牛头突起，龙状提梁，造型精妙，栩栩如生。

　　虎子这种器物于东汉时在中国出现，六朝墓葬中时常见到，其用途有两说：一说是溺器，起夜时用来接小便；一说是水器，用于日常生活。中国国家博物馆馆藏的一件三国东吴青釉虎子，1955 年出土于江苏省南京市，通体浑圆，腹上有弓背奔虎状提梁，虎首昂起，张口露舌，目视远方，其上刻画"赤乌十四年会稽上虞师袁宜作"13 个字。"赤乌"是三国时期东吴君主孙权的第四个年号，赤乌十四年即公元 251 年，这是迄今为止考古发现中最早一件带有准确纪年款识的瓷器。

　　虎子是一件造型奇特的陶瓷制品，在西坝出土物件中非常少见。西坝窑以日常器皿为主，如盏、碗、碟、盘、瓶、罐、壶，又以民用为主。罐在西坝窑中是大宗产品，出土也多，并不稀奇，但虎子的形状夸张、别致，加入了瓷塑的艺术创作元素，是一件不可多得的宋代陶瓷精品。

　　除了造型独特，这件虎子还有一绝，那便是身上带有蓝兔毫纹、白兔毫纹、玳瑁斑、油滴斑、虎皮斑、酱红色斑、酱黄色斑等各色窑变，多姿多彩，美如云霞。西坝窑在唐代窑变釉工艺的基础上进一步发展，将陶瓷窑变釉彩的装饰美学推向了一个新境界。这得益于西坝窑独特的自然条件，西坝窑的坯料富含高硅瓷土，主要成分是二氧化硅、三氧化二铝、三氧化二铁，同时还含有氧化铁、氧化铜、氧化锰等化学元素，烧制过程中呈色成分在熔融中自然流动，绽放奇光异彩，出炉冷却后色彩斑斓而富丽，神韵四溢。西坝窑的窑型主要为"馒头窑"，从烟道、窑门、火膛遗迹来看，当时已普遍采用煤炭烧制陶瓷，窑温高，增加了胎土与釉料的充分熔融。

那么，为什么会在西坝这个地方出现如此精美的陶瓷呢？那就得来讲讲此地的地理和历史环境。西坝是乐山五通桥境内的一个古镇，很早前就是通邮的小驿站。民国教育家侯鸿鉴当年坐船经此，曾有诗云："澎湃乱流渡，奔腾雪浪溅。喧呼声已过，西浦庆安然。"西浦就是西坝，它位于古代出川入蜀的必经之地岷江大通道旁，是一个舟楫往来、商贾辐辏的大码头。

西坝出产煤炭，过去是犍乐盐场的煤炭供给地，煤进盐出，这给西坝带来了财富，给窑场提供了市场消费基础。但西坝窑能成为一个蜀中大窑场，是因有独特的自然资源和制陶条件。西坝周边有山，称为"西溶三山"。《嘉定府志》记载："（三山）曰底，曰中，曰巅，土细而白，居民作陶咸取足焉。""土细而白"，这才是西坝产陶器的真正原因。

西坝在民间有"窑州"之称，宋代已经有民间生产陶瓷的大窑场。进一步考古调查发现，西坝窑核心遗址长约1500米，宽100—350米，总面积达到30万平方米，共清理窑炉6座、灰坑4个，同时出土了一批实物标本。窑炉均为半倒焰型馒头窑炉，其中编号Y1、Y5的两座可能是目前我国宋元时期规模数一数二的大型

这件虎子产自四川省乐山市的一
个大窑场——西坝窑

馒头窑炉，可见宋元时期西坝窑制瓷曾行销一时。西坝窑除了在烧制方法上采用"覆烧法""匣钵装烧法"外，还采用可增加容量的"叠烧法"，以及可减少成本的"裸烧法"。

　　然而西坝窑的发现其实很晚，且真正开始引人注目，也就是20多年前的事。20世纪70年代"农业学大寨"，农村兴起改田改土高潮，废弃的碎瓷片就在挖筑过程中被大量翻出，由此露出冰山一角。1986年全国进行第二次文物普查，人们又发现了窑场主的纳税记事石碑，西坝窑才正式浮出水面。文物工作者经过研究，将西坝窑出现的时间定在了唐五代时期，繁荣于两宋，至元明时期逐渐衰落。

　　西坝窑址主要分布在岷江支流沫溪河右岸，绵延约5千米，集中于庙沱村一带。沫溪河，也称沫水，郭沫若的"沫"就取于此，可见此水沾文气。此地还有一个名人，即宋代道教高人陈抟，后来陈抟隐居在庙沱村一带，最后"羽化于此"。可以猜想，陈抟应该是亲眼见到过西坝窑繁盛的。

清青花泡菜坛

"泡出来"的川菜历史

文 ｜ 吴亦铮

四川人吃饭离不开泡菜，正如川菜烹饪离不开郫县豆瓣。郫县豆瓣被誉为"川菜之魂"，泡菜同样也是川菜烹制中不可或缺的辅材，用一个形象的比喻：泡菜和豆瓣，就是川菜的"双生之魂"。

走进成都川菜博物馆，有一件"镇馆之宝"颇引人注目——清代青花四开光山水人物纹泡菜坛，它由两部分组成——坛体和坛盖，坛盖上有明显的金缮。整件器物以天蓝釉做底色，天蓝釉是取"秋水共长天一色""雨过天蓝"之意。而开光则是指在器物显著部位，勾勒出长方形、圆、菱形、云头、花瓣等形状的栏框，其内再绘花卉、图案，有突出主题的作用。因这种方法有如屋内开窗见光，故名开光。

开光画青花山水人物，制作规整，一丝不苟，胎质洁白，青花发色自然、沉稳，具有典型的"清三代"特征。山水人物画沿袭明末风格，采用董其昌山水画布局"远山、中水、近人树"，画面流畅、飘逸，此画风曾经因深得康、雍、乾三朝皇帝喜爱而流行一时。

这件藏品之所以珍贵，不只在于其精致考究的制作工艺或坛体上极高的艺术价值，更在于它背后的历史意义。据成都川菜博

清代青花四开光山水人物纹泡菜坛是一件由清代官窑烧制的瓷器，也反映出当时四川的饮食风俗

物馆馆长芶思介绍，青花四开光山水人物纹泡菜坛最独特之处，在于它是官窑作品。

官窑烧制的瓷器，一般是作为当时政府集中采购的专供瓷器用品，其使用者也基本是达官显贵。康熙年间的官窑能够烧制泡菜坛，一方面足以证明四川泡菜的影响力之大，在清代前期就已经全国闻名；另一方面也足以证明，泡菜在当时已经不是民间的小菜，而是从"寻常百姓家"逆向传入"王谢堂前"。

泡菜，自古就是中国人餐桌上的常客。追溯历史根源，《尚书·说命》中就有"若作和羹，尔惟盐梅"的记载，这说明最迟在商代武丁时期，劳动人民就能用盐来渍梅用于烹饪。之后，中国泡菜技术不断发展，如北魏时期农业科学家贾思勰在《齐民要术》中写道："洗菜盐水，澄取清者，泻著瓮中，令没菜把即止，不复调和。"

在泡菜发展历史中，最著名的"代言人"当数北宋大文豪苏东坡。苏东坡一生5次出入蜀地，其中陆路3次，水路2次。相传在取道水路出川时，苏东坡因不舍家乡泡菜，将泡菜坛搬到船上，伴随自己沿着水路出川。行至中途，启坛取食，味道鲜香脆美，竟比平时泡菜更为可口。这一传奇的经历流传开后，也成就了眉山独特的在船上泡菜的风俗，俗称"船拐子泡菜"。

苏东坡不仅爱吃泡菜，还自己做泡菜，并且深有心得。他写下的"梅止于酸、盐止于咸，饮食不可无盐梅，而其美常在咸酸之外"，被后世认为深得泡菜的精髓与深意。与此同时，苏东坡还利用泡菜的居中调和，创造出许多传承至今的美味。相传苏东坡在黄州时，亲自烹饪江鱼，用泡萝卜和鲜鱼搭配，烧制了鱼汤鲜美浓白、滋味酸甜可口的"泡菜鱼"。对于这道菜，苏东坡最爱的不是鱼，而是鱼汤中的泡菜："响松风于蟹眼，浮雪花于兔毫。先生一笑而起，渺海阔而天高。"或许是泡菜酸咸可口的滋味给了苏东坡无尽的灵感，他相继写下《菜羹赋》《东坡羹赋》《老饕赋》等100多篇诗文，记录了别样的美食人生。

在1915年启动编纂的汉语工具书《辞海》中，对泡菜的注释如下："将蔬菜用淡盐水浸渍而成。……质脆、味香而微酸，或稍带辣味，不必复制就能食用。四川泡菜最为有名。"由此可见，四川泡菜之名，百年前已经名声在外。

如今的四川泡菜，早已不是古代人为储存蔬菜而特制的保鲜手段，反而成为一种时尚，达到了"万物皆可泡"的境界。泡菜对于四川人而言，不仅是餐桌上的佐菜、下饭菜，更是川菜复合滋味的灵魂与催化剂，不可或缺。同样不可或缺的还有四川人家里的泡菜坛，泡菜老坛不仅是必备的"家伙什儿"，更是无数人的回忆与情结。这些老坛或许没有川菜博物馆中那件清代青花四开光山水人物纹泡菜坛精致考究，却也有同样的"家庭地位"。

《天地涅槃》

续写瓷板画传统

文｜吴娲

　　2011 年秋天，汶川大地震 3 年后，李清来到江西景德镇，开始创作大型釉上彩瓷板画《天地涅槃》。转眼到了第二年夏天，在密不透风的窑室里，李清一遍又一遍地勾画草图、刷填釉料，刺鼻的油彩气味混着咸苦的汗水钻进他的毛孔，地动山摇、生命消亡的记忆卷土重来，冲进他的脑海。

　　2015 年秋天，完成《天地涅槃》3 年后，李清把自己创建的蜀山窑迁入位于成都平原西南边缘的蒲江县明月村，并在这里创办了蜀山窑陶瓷艺术博物馆。明月村是座历史悠久的古村落，地处蒲江、邛崃、名山交界处，茶马古道上，土陶业自古兴盛，如今尚存有上张碗厂、下张碗厂、孙碗厂、吴碗厂等多处清代至民国时期的古窑址。博物馆位于村落南面的林盘间，是一处土坯夯筑的屋舍院落。主展厅由钢条与玻璃搭建，玻璃墙外是葱郁的竹林和宽厚的田土，玻璃墙内的展厅里陈设着各式各样的陶壶、陶杯。而堪称"镇馆之宝"的，则是一幅瓷板画。清晨的阳光透过玻璃外墙照进来，给展品投下一层自然柔和的光，《天地涅槃》瓷板画被放置在展厅正面的展示墙上，参观者跨入门内就能望见。

　　宽 1.2 米、高 2.4 米的巨幅瓷板上呈现的视界恢宏如整片大

《天地涅槃》巨幅瓷板画取材于作者李清亲历汶川大地震时的经历

地。李清记忆中的映秀村镇经历地震时，山崩地裂，房屋坍塌，击撞起滚滚尘烟。灾难的世界是昏暗的，然而在画面上方，尘土涌向天空，晦暗中见光芒，映出淡淡的橙色，状若凤鸟羽翼，带来生命涅槃的希望。村庄在土地上毁灭，生命又在土地上重现。重视土地，敬畏自然，是李清以瓷土为介质，用瓷板画去记录、反思的初衷。

瓷板画，是以釉为颜料，在平板素瓷上绘画，再用窑火烧制后形成的瓷画艺术品。考古发现的瓷板画雏形是唐代墓葬中，人们"恐地变，虑山异"，用烧制的瓷替代天然石块制作的墓志铭，如上海博物馆所藏唐长庆三年（823年）越窑青釉姚夫人墓志，便是将墓志铭勾刻在瓷胚上整体烧制而成。至元代，已经出现用青花釉料书写在陶瓷件上烧制的墓志。

明代中后期，瓷板烧制及釉彩瓷画工艺渐趋成熟，瓷板画开始兴起，走进民间日常生活。扬州国有文物商店所藏梅妻鹤子青花瓷板画，釉面洁白厚润，画中林和靖执笔坐于案前，研墨书童立其身旁，梅花凌寒怒放，仙鹤信步闲庭，苍松盘旋，仙草散落，是明嘉靖时期官窑瓷板画的佳作。

　　清代中晚期，瓷板画发展成为独立的绘画门类，陶瓷艺人将中国画的韵味意境完美呈现在瓷板画里，青花、斗彩、粉彩等各式釉彩争奇斗艳，山水、花鸟、虫鱼、人物等各种题材的瓷板画作品，是装点厅堂的高雅陈列。清末民初，文人画家把诗书画印的艺术特色和审美情趣带到瓷上彩绘，如青岛市博物馆所藏民国时期粉彩人物故事图瓷板四条屏，作者为文人瓷画代表、"珠山八友"之首的王琦，他用粉彩将《严子陵爱渔》《陶渊明爱菊》《王羲之爱鹅》《李白爱酒》四个典故绘在瓷板上烧制成条屏，色彩淡雅，笔触细腻，将淡泊宁静的文人品位表现得淋漓尽致。

　　制作工艺上，瓷板画主要分为釉上彩和釉下彩。釉下彩瓷板画以青花为主，入窑烧制前，在用色釉绘制的画面上施一层透明釉，这样厚薄不同的有色釉与透明釉渗透结合，再经1300—1350摄氏度高温烧制后，瓷面会出现浓淡不同的变色肌理。釉上彩瓷板画则更突出画本身，用新彩、粉彩等釉料调配出低温色料，在白瓷板上绘制好图案后经过800摄氏度左右的窑火烧制出颜色丰富、构图复杂的图案。

　　李清选择以釉上彩工艺创作《天地涅槃》，综合水彩、国画、油画技法，在素面瓷板上涂绘油料新彩，通过笔触的重叠变化塑造图案肌理，经过窑火的淬炼，画面中的房屋、山河、尘土、落石呈现出动态的立体效果，宛若场景重现。《天地涅槃》正如李清所想表达的主题"凤凰涅槃而重生，天地涅槃而重建"，经过涅槃重生的映秀，焕发新的生命光彩，续写着中国瓷板画的艺术传统。

大型釉上彩瓷板画《天地涅槃》

鹿野苑博物馆

石刻与自然共生

文 ｜ 吴云霞

在成都众多民间博物馆中，位于郫都区云桥村的鹿野苑私立石刻艺术博物馆是一个小众而文艺的存在。亲身走进后会发现，这里处处是意外之喜，苍翠林间的建筑，隐于林间的石刻，流水潺潺间的蛙鸣，都透露出熟悉的川西林盘气质。由著名建筑师刘家琨打造的博物馆建筑，正是鹿野苑博物馆的"镇馆之宝"。刘家琨通过对中国传统园林进行全新解读，将石刻艺术融合到建筑设计和园林风貌中，让沉静内敛的石刻艺术博物馆透露出温柔恬静的人文气息。

中国的石刻艺术从最早的刻石记事，到秦汉金石碑刻，再到后来的唐代石窟造像，经历数千年演变，承载着悠久的历史和中国人的审美意趣。

探访博物馆的主体建筑，先要穿过一片茂密的竹林，几面宋代武士像掩映在林间微微泛着青苔的墙壁上，与周围环境融为一体。以武士像护卫墓主人的平安，是曾流行于宋代西南地区的葬俗。这些宋代武士身披铠甲战袍，手执兵器，脚踏祥云，尽显不怒自威的气势，但耳侧和腰侧缠绕的帛带却飘逸灵动，在威严的同时多了些文人神采。

鹿野苑博物馆收藏的石刻青龙、白虎

千百年前的古人有怎样的精神世界，现代人无从得知，却能从博物馆的藏品中窥见一二。鹿野苑私立石刻艺术博物馆藏有诸多佛教石刻艺术品，或庄严，或古朴，彰显着各个时代不同的精神气质。位于博物馆 2 层露天平台上的一系列青龙、白虎石刻，就承载着中国古人的宇宙观。

青龙、白虎是中国四灵中的神兽。四灵源于远古的天象观测和星宿崇拜。最初是代表方位的神灵，东青龙、西白虎、南朱雀、北玄武，后来逐渐与季节、五行紧密相连。西南地区的许多宋代墓葬中都雕刻有四灵，它们作为墓葬的守护神，成为墓主沟通神灵的"中间人"，意在告知其他神灵，这块地为墓主人所有。

古人说万物有灵，从一块普通的石头成为神灵的具象化体现，取自山野的石材在古代匠人的巧手下拥有了灵魂，这是源于中国人对生命和自然的敬畏。

同样是出于对自然的敬畏，建筑师刘家琨以"与自然共生"为理念对现代博物馆建筑进行设计尝试：采用中国传统园林手法布局，移步换景，将一座现代化的建筑完美融入川西林盘的自然环境中。

鹿野苑博物馆的展厅之一"十方殿"

博物馆的主体建筑"十方殿"，让人充满意外和惊喜，入口处有一汪乡间最常见的小池塘，抬高的飞梁跨过池塘直接通向场馆2层，让人想起山西晋祠的鱼藻飞梁。观众身处场馆2层虽一眼可见馆内全貌，却又无法近身触及。场馆中的展线设计以曲径来延长展览路径，扩展了有限空间，顺着展线由上而下地参观，便会发现藏在不同角度的惊喜。

不同于其他博物馆展厅中考究的灯光，设计师在场馆中尽可能地利用自然光源来展示藏品。顶部的天窗、建筑体块间的缝隙是展厅中最主要的光源，顶光从天窗投射而下，如同舞台聚光灯，让石刻造像纹理毕现，显得神秘而庄重。建筑体块缝隙形成的反射光打造出天然的展示窗口，为置于其间的石刻造像增添一分灵动。

在光线较暗的1层展厅，墙壁缝隙透出的自然光线通过白墙、水体的折射，在展厅中打造出不同层次的环境光源，自然而舒适。

而整个博物馆的景观打造，则充分运用了本土植物和本土建筑元素，将主体建筑融入自然环境中。在馆外，覆盖着原生态的川西林盘自然景观，场馆与乔木、灌木、竹林、河流和外围耕地有机融合，钢筋水泥的外墙面则印刻着竹木的自然纹理。在馆内，通过石刻造像背后的缝隙，将展品和自然风景呈现在同一个画面中。春可窥园中玉兰，夏可听林间溪水，秋可品桂子芬芳，冬可赏银杏风骨，建筑融于自然中，四季景色又成为场馆内的天然图画。

明代造园大师计成在《园冶》中提出，造园的至高境界是"虽由人作，宛自天开"，鹿野苑博物馆能让置身其中的参观者感知到川西林盘道法自然的独特魅力。

明雕花石刻香炉

循香而来

文 | 代萍

　　从成都天府广场一路向南30千米，到达天府新区正兴镇回龙社区毛家湾森林公园，毛家湾艺术博物馆就藏身在森林公园中。博物馆仿古建筑的门楼掩映在格外茂盛的大树和苍竹之下，馆内呈院落式布局，环境清幽，移步换景，藏品种类包括木雕、石雕、陶瓷、玉器、书画等。值得一提的是，它还是新晋第五批国家三级博物馆。

　　馆内有一方明代雕花石刻香炉，存世价值极高。可惜关于它的现有资料很少，就连馆长陈志学都说："这件藏品不太好说，它缺乏详细信息。"

　　那么，只好从源头去追溯。"炉"这一名称的最初记载可追溯至《周礼·天官》："炉之名始见于周礼冢宰之属，宫人寝中共炉炭。"也就是说，先秦时期就有用炉取暖的习惯。而"香炉"的制作，则始于春秋时期，香文化孕育于春秋时代的楚国，因楚地湿气较重，室内点燃熏香能够驱邪避秽、杀菌消毒。以上这些记载，还是着重突出香炉的生活实用性。但实际上，香炉还有另一派用法，那就是陪葬和宗教燃香。尤其是魏晋以来，每逢改朝换代，必然时局动荡，人们浮动无依的心理，如孱弱的藤蔓一般

明代雕花石刻香炉共分3层，每一层都雕刻有寓意吉祥的图案

依附于死后的极乐世界，试图汲取一些精神养分，安慰无力的内心。于是彼时的宗教燃香和陪葬，成为推动香炉造物的主要力量之一。

毛家湾艺术博物馆的这方明代雕花石刻香炉，就是在这样的背景下诞生的——它是一座陪葬香炉。香炉由3层构成，底座四面以简单线条勾勒出双向如意纹饰，第二层四面以深凿法雕刻出缠枝莲花纹饰，第三层雕刻如意云纹双龙抢宝。底座雕刻如意，象征顺遂如愿；第二层的缠枝莲花纹饰表达生生不息、子孙延绵不断的美好祝愿；第三层的云龙纹，寓意祥瑞，象征吉祥、高升、祥和等。

想要进一步看清这座明代雕花石刻香炉的价值，不妨与新津观音寺现存的明代石刻香炉做个比较。观音寺内有4座明代中期的精美石刻香炉，这些香炉融合了低浮雕、高浮雕、圆雕与镂空雕等多种雕刻技法，并辅以绚丽的彩绘、贴金工艺。相比之下，成都毛家湾艺术博物馆的明代雕花石刻香炉并非年久褪色，而是本就没有错彩镂金的装饰，风格更为素雅。

但上述香炉都有突出的特点，那就是炉上雕饰龙纹。龙是中华民族的标志性图腾与象征，历经悠久的历史演变，早已成为中华民族始祖崇拜的一部分。成都毛家湾艺术博物馆明代雕花石刻香炉上的龙纹"双龙抢宝"位于香炉正面的中心，龙身从两个侧面绕到背面，雕刻有力，花卉纹饰精美而逼真。据陈馆长推测，有如此精湛雕刻的香炉，大概率是出自明代王公贵族之家，极有可能是蜀王的陪葬品，因为在古代，龙纹是和皇家密切相关的纹样。但由于缺乏详细信息，这一推测还有待验证。

除了表达祝福，陪葬香炉还有驱邪避恶鬼的功用，保护死者在通往极乐世界的旅程中一路顺畅。再加上"事死如事生"的民俗，人们相信肉身虽然会消亡，但是灵魂将永存，这些拥有美好寓意和驱邪避凶功能的祭祀器物将与逝者一起前往下一个世界。或许这座香炉曾在墓葬之中，燃烧来自西域的香料，烟雾从镂空之处飘散而出，呈现的景象就是石刻盘龙在云雾中遨游的样子。又或许，它从来都未曾真正燃烧过。但这些都已经不重要了，这石炉的燃料，也可以是世人在死生之间垒成高山的心愿。

香炉上装饰的龙纹细节丰富，惟妙惟肖

向阳人民公社石碑

"中国农村改革第一乡"的故事

文 ｜ 郑咚咚

　　成都天府新区煎茶街道梨花簇拥，绿道环绕，这里的民居掩映间藏着一座和美三农博物馆，这是全国唯一一座以中央一号文件为主题脉络的民间博物馆。走进博物馆大门，墙上刻画有农民们在田间地头劳作，喜迎丰收的画面，画面一旁则是多个与农业相关的红头文件，串联起新中国成立以来中国"三农"发展的脉络。而和美三农博物馆的"镇馆之宝"，则是一方立于1966年的四川广汉县向阳人民公社石碑。

　　石碑内容是毛泽东对"总后勤部关于进一步搞好部队农副业生产报告"的一段批语："农民以农为主（包括林、牧、副、渔），也要兼学军事、政治、文化，在有条件的时候也要由集体办些小工厂，也要批判资产阶级。"

　　一块看似普通的石碑，却颇为不凡。1980年，向阳人民公社在全国率先"撤社建乡"，掀起了农村基层政权改革的序幕，被誉为"中国农村改革第一乡"，这块石碑就是这段历史的见证。

　　40多年后，人们或许已经不太了解"撤社建乡"意味着什么。它是国家对社会制度的一种探索，每一小步，都关系到每个人的命运和千家万户的生活。今天所有的现实，都是由曾经走过的道

向阳人民公社石碑记载着"中国农村改革第一乡"的故事

路抵达的。

1979年，安徽小岗村实行包产到户，打破了"大锅饭"的经济体制，安徽省其他各地和四川省各地等迅速跟进。但当时的改革还是在人民公社名义下进行的，人民公社作为基层政权，"三级所有队为基础"的根基依然存在，生产力并没有得到完全解放。

彼时人民公社的弊端早已暴露："政社不分、一大二公、五位一体。"人们在公社干活，大都是磨洋工，生产力低下，所谓"出工一条龙，收工一窝蜂"。向阳人民公社决心更进一步——"撤社建乡"，实行基层政权改革。这预示着，束缚生产力的桎梏将被彻底打破。如果说小岗村分田到户，引领了从集体到个体经济转变，向阳乡则敲响了人民公社的丧钟。

1980年4月18日，向阳乡召开人民代表大会，选出了乡长、副乡长。选举没有剪彩，没有放鞭炮，一切都悄悄进行。两个月后，向阳乡摘下了人民公社的牌子，向阳乡人民政府诞生。同时，还成立了向阳农工商联合公司，从此拉开了政社分开的序幕。

但牌匾的变换绝非易事，背后是一段惊心动魄的故事。当时，对于翻天覆地的改革，还存在着激烈的争论，没有人出来一锤定音，都在各自单干，向阳乡的举动因此冒着极大风险。为了保护家人不受牵连，摘牌人钟太银两个月都没有回家。他在外秘密打造牌匾，摘牌前一个星期，甚至向妻子提出了离婚。摘牌后很长一段时间，钟太银都寝食难安，担心被"问罪"。然而并没有人来"问罪"，这一摘牌举动，反而赢得了"敢为人先"的美名。1982年12月，五届全国人大五次会议审议通过修改后的《宪法》，其中规定："改变农村人民公社'政社合一'的体制，设立乡政府。"到1985年春，全国"撤社建乡"全部完成。

包产到户、"撤社建乡"第一年，向阳乡家家户户缴纳了公粮后，都还有充足的余粮，吃不完的可以卖给粮站。这一年，许多村民家里都养了肥猪和鸡鸭鹅，过年做了新衣服，孩子有了新书包，第一次吃上了饱饭。曾经流传一首打油诗："有女莫嫁向阳郎，吃的稀饭浪打浪，住的草房笆笆门，走的泥路弯又长。"后来，新的诗歌写道："杨柳青青江水平，向阳花木早逢春，一朝做得此地客，潇潇洒洒不羡仙。"这正是向阳乡蝶变的写照。

如今，从108国道到广汉进入向阳镇时，就会看到"中国农村改革第一乡"9个大字。几十年过去，向阳乡已成为向阳镇。在时代浪潮里，向阳镇抓住乡镇企业发展的机遇，成长为名副其实的工业强镇，被列为四川全省首批百镇行动试点镇。

向阳人民公社石碑，是人民公社体制的见证，它的故事，再一次告诉我们，在关键时刻，劳动人民总是会爆发出惊人的智慧和勇气。他们的大胆创新，不仅解决了自身眼前的困境，还成为国家自下而上改革的样本。人类总是"向阳而生"的，所以任何时候，都要相信生生不息的力量。

青石石磨

研磨出人间至味

文 | 杜均

　　芝麻，一粒粒细小的种子，在民间有着广泛的应用和不同的认知。它是常见的食材和油料作物，也是吉祥与进步的象征。"芝麻开花节节高"，这句腾播众口的俗语，以其生动的形象描绘了芝麻生长时的独特景象——花穗随着植株的生长逐渐升高，仿佛预示着一切事物都能如芝麻般不断发展，不断进步。

　　位于成都市新都区繁香大道的建华香油博物馆，是一座专注于展现芝麻油文化深厚底蕴的民间博物馆。博物馆紧挨建华香油厂，一层又一层细腻而浓郁的芝麻油香气轻纱般环绕四周，不断撩拨着人们的味觉记忆。

　　这里藏着芝麻文化的精髓。在我国，芝麻的种植历史可追溯到 2000 多年前的汉武帝时期，张骞出使西域，从中亚带回了芝麻、胡萝卜、葡萄等，它们从此成为中原大地农作物的新成员。西晋博物学家张华在《博物志》中已对芝麻油进行记述。展馆内，芝麻的生命历程被细腻地描绘出来：春播希望，夏育繁盛，秋收硕果，冬藏精华。芝麻，喜温好光，对环境挑剔，却在中国广袤的土地上扎根生长，见证了农耕文明的智慧与勤劳。

　　芝麻蜕变为芝麻油，究竟历经了怎样的"压榨"？馆内以模

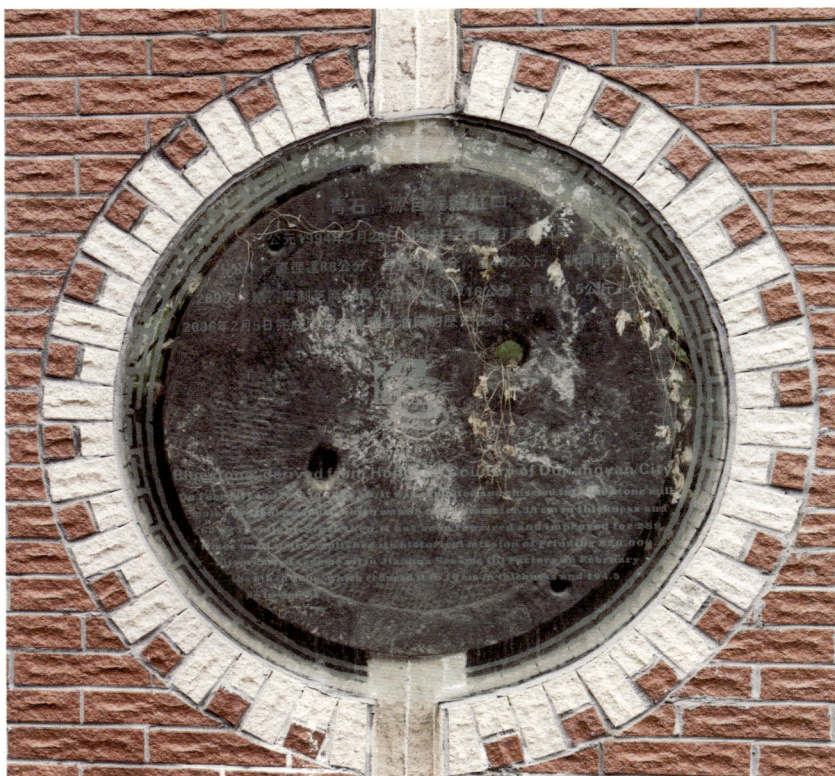

在建华香油厂的历史上，这盘石磨堪称功勋卓著

型复原古法，从播种至压榨，每一步都凝聚着先人的匠心独运：播种的期许，收割的精准，晾晒的耐心，筛滤的细致，炒制的火候，碾磨的均匀，直至压榨出滴滴珍贵的芝麻油。在博物馆的珍藏中，石磨作为传统工艺的象征，占据着举足轻重的地位。这些曾经在生产线上兢兢业业的石磨，如今功成身退，被赋予了新的使命——或被嵌入围墙密封在玻璃罩中，或摆放在文化墙前进行展示，以另一种形式继续它们的"生命"。

　　建华香油厂创立于1992年，是全国仅有的几家采用传统石磨生产芝麻香油的企业，生产车间拥有几十盘传统石磨。建华香

建华香油博物馆的展厅"石磨春秋"

油的产品系列中，"小磨香油"誉满天下。所谓小磨香油，就是用石磨把芝麻碾压成细麻酱，再提纯的芝麻油。它采用石磨低温、低压碾磨，保留了芝麻中原有的香味，相较于机器高温碾磨，更易锁住芝麻的醇厚香气。

石磨，这个古老的工具笨重而稳固，粗糙而质朴，简单而实用，它是大自然与匠人心意的结晶。它们通常由两块厚重的青石构成，上磨盘略小于下磨盘，边缘微微隆起，中央则是一个圆形的磨眼。上磨盘通过人力、水力或畜力的驱动缓缓转动，与下磨盘紧密贴合，发出低沉而有节奏的"吱嘎"声，那是时间流转的声音，是大地与人间烟火气息的交融。芝麻，这小小的黑色精灵，从磨眼中缓缓落入，瞬间被两盘之间的缝隙紧紧拥抱。随着石磨的旋转，芝麻在巨大的压力下逐渐破碎，释放出浓郁的香气。在挤压与摩擦中，油脂缓缓渗出，沿着磨盘边缘的凹槽汇聚，最终汇聚成一滴滴清澈透亮的芝麻油。

在博物馆众多展品中，石磨居于核心位置，一盘号称"镇馆之宝"的石磨，是取自一块都江堰虹口的青石，于1994年2月28日开采。青石常年浸泡于龙门山脉山顶雪水融化后的溪流之中，溪流水温常年低于10摄氏度，使得石材质地坚硬而细腻。经过石匠历时半月的精心打磨，石磨终于成型。它分为上下公母磨，此石磨为下方的母磨，直径88厘米，厚31厘米，重达347千克。从1994年到2006年，转动的石磨将粒粒芝麻研磨成香油，也研磨出人们生活的味道与梦想，让两者化作人间至味。在这漫长的岁月里，它经历了289次修缮，磨制了820吨芝麻。直到2006年2月25日，当它的厚度减至12厘米，重量减至128千克时，它终于光荣退役。其他石磨的状况与"镇馆之宝"相仿，它们静静地伫立在那里，仿佛是与岁月共舞的雕塑，磨盘上每一道斑驳的痕迹都是时光留下的印记。

与其他博物馆的"镇馆之宝"相比，这座石磨或许显得朴素与简陋，但它耗去自身几乎三分之二的重量，用日复一日的研磨，为无数家庭送去了那份独特的香气。站在它面前，仿佛能听到它悠悠的低语，那是关于勤劳与智慧的故事，更是关于人与自然和谐共生的美好愿景。那些汗水与欢笑，那些坚持与守望，都凝聚在了这尊石磨之上，成为它最宝贵的灵魂。

　　成都尔玛民俗博物馆是一家以羌文化为主题的非国有博物馆，位于成都市邛崃市火井镇河北街48号。

　　尔玛民俗博物馆主要从事羌族历史沿革、民风民俗等领域的物品收藏、展览陈列、文化普及教育，同时开设羌族文化传习所。博物馆占地面积1500平方米，建筑面积800平方米，展厅面积700平方米。尔玛民俗博物馆基本陈列以"古羌文化"为主题，以13个主题展馆绘制出羌族历史脉络，构建羌族人民共同的精神家园。

　　博物馆藏品包括涉羌地区不同时期的陶器、瓷器、铜器、民族服饰、农业生产工具、狩猎工具、钱币类藏品，共计7000余件（套）。

成都市邛崃市火井镇河北街48号

成都尔玛民俗博物馆

四川省三都博物馆

成都市双流区华府大道二段 99 号

　　四川省三都博物馆是一家非国有历史文化类博物馆，位于成都市双流区华府大道二段 99 号。

　　三都博物馆于 2009 年正式对外开放，建筑面积约 4000 平方米。三都博物馆是新中国成立以来唯一一家在北京首都博物馆举办过大型书画展的民间博物馆，基本陈列包括陶器馆、珍品瓷器馆、书画艺术馆和油画馆。

　　博物馆藏品有历代名家书画、陶瓷精品、青铜器、石刻、木雕、汉陶、玉器等藏品 10000 余件（套），其中源自"三都"地区的藏品 1000 余件（套），二级、三级文物 100 余件（套）。

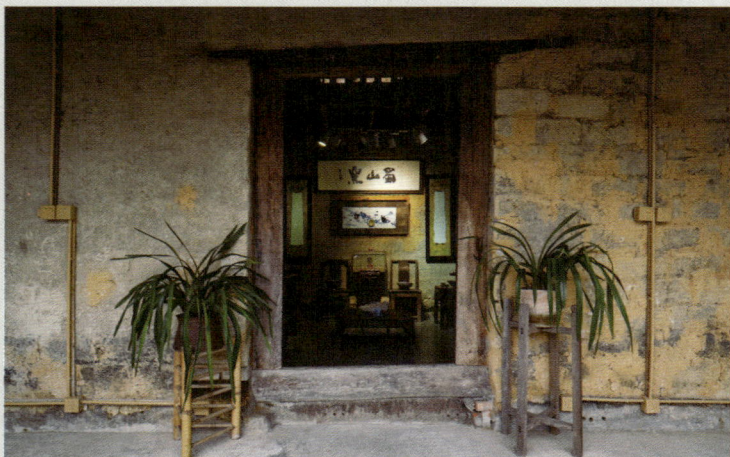

　　成都蜀山窑陶瓷艺术博物馆是一家以陶瓷艺术为主题的非国有博物馆，位于成都市蒲江县甘溪镇明月村 5 组 39 号。

　　蜀山窑陶瓷艺术博物馆由中国工美行业艺术大师李清创建的蜀山窑发展成型，博物馆建筑由典型川西民居建筑和乡村特色建筑组成。蜀山窑陶瓷艺术博物馆基本陈列共设置 7 个展区，以工艺美术为支撑原点，以四川文化为核心元素，以科技创新为表现手法，将当代艺术思想与工匠技艺融为一体，让游客以开放式体验了解陶瓷艺术文化。

　　博物馆现有藏品 518 件（套），其中以瓷板画最具特色。

成都市蒲江县甘溪镇明月村 5 组 39 号

成都蜀山窑陶瓷艺术博物馆

四川省鹿野苑私立石刻艺术博物馆

成都市郫都区安德街道云桥村 6 组

　　四川省鹿野苑私立石刻艺术博物馆是以石刻艺术、建筑为主体的非国有博物馆，位于成都市郫都区安德街道云桥村 6 组。

　　鹿野苑私立石刻艺术博物馆沿徐堰河古河道而建，上有古旧石桥，下有河湾乔木，整个博物馆掩映在浓荫之中，为"馆园一体"的博物馆。博物馆展厅布局采用中庭环绕方式，其外墙以模板浇注成型并形成奇妙之木纹肌理，楼体则运用无梁结构，室内缝隙光、天光和壁面反射光之巧妙运用，以及坡道入口处之抬高，由上而下之参观路线，都给人以一种进入石窟式之体验。鹿野苑博物馆展厅总面积 2500 平方米，主要有"十方殿""三世殿""伽蓝殿""竹林精舍"4 个展厅。

　　成都毛家湾艺术博物馆是国家三级博物馆，位于天府新区正兴街道回龙社区毛家湾森林公园内，为"馆园一体"的博物馆。博物馆主体建筑为一座仿古两进的四合院，依山面水；馆内竹林与树林占地约 1.33 万平方米，环境清幽。博物馆基本陈列有"泥与火的艺术——瓷器艺术展""凝固的音符——石雕艺术展""梵韵木语——馆藏佛教艺术展""清风雅韵——明清家居展""方寸之间天地宽——砚文化展"，展览面积 2250 平方米，露天陈列面积 1000 平方米。

　　博物馆现有藏品 3000 余件（套），题材涉及艺术、民俗、宗教、文化等方面，种类包括木雕、石雕、陶瓷、玉器、书画、古家具、服饰等，以现代沉香千手千眼观音、现代乌木雕西方三圣等雕刻品最具特色。

天府新区正兴街道回龙社区
毛家湾森林公园

成都毛家湾艺术博物馆

四川天府新区和美三农博物馆

天府新区煎茶街道老龙村
天府微博小镇

　　四川天府新区和美三农博物馆位于天府新区煎茶街道老龙村天府微博小镇，是天府微博小镇项目的重要主题点位、实践基地和文化传播平台。

　　和美三农博物馆毗邻梨花大道和同心湖交汇处，占地480平方米，展厅总面积达1460平方米。博物馆于2018年筹建，2019年10月正式对外开放。场馆以新中国成立70年来，农业农村农民的"三农"变革历程，不同时期农村发生的重大历史事件，以及不同时期发布的中央一号文件为主线，全面展现各个时期我国制定的重要农业政策、26个"中央一号文件"、重大历史事件和典型事迹等主题。整个场馆分为3层，划分为"情系'三农'""峥嵘岁月""激荡三十年""迈向新时代"4个篇章。

　　博物馆共计展陈文史资料、照片文物、传统农具等各类藏品近300件，其中书籍90余册，珍贵画册150余册。

　　成都市新都区建华香油博物馆又名中国芝麻油博物馆，位于成都市新都区繁香大道130号。

　　建华香油博物馆占地面积3000平方米，于2021年4月正式对外开放。博物馆的建筑外观像一个正在转动的磨盘，馆内展示了传统农业生产、加工、储存、计量工具，以及相应的衣食住行用等物件。此外，博物馆还详细展示了芝麻的种植、收获和加工过程，包括小磨香油、机器碾磨和水代法等多种压榨方法。

　　博物馆的藏品包括300件（套）与芝麻历史、传统石磨工艺及农耕文化相关的展品。

成都市新都区繁香大道130号

成都市新都区建华香油博物馆

入 木 三 分

Carving Arts

⊙ 一座清道光二十六年（1846年）的四合院，藏身于一家民间博物馆中；

⊙ 校园中的1013件旧家具，让人们看到高校图书馆的另一种可能；

⊙ 张三甲"状元匾"，中国历史上最后一位武状元的人生浮沉，千余年武举制度的最后荣光；

⊙ "空城计""华容道""过五关，斩六将""火烧新野""三顾茅庐""七擒孟获"，一部木头上的《三国演义》；

⊙ "元丰源号"豆瓣柏木桶，一场发生在百年前的豆瓣商家良性"内卷"竞争；

⊙ 李一氓家中的清代花床，见证了这位革命家、学问家的传奇人生；

⊙ "千工之床"，5位精通徽派木雕和东阳木雕匠人的杰作，盐商王家的显赫地位和不凡身世；

⊙ 12扇贴金雕花《朱子治家格言》围屏，以524字概括了勤俭持家、安分守己的中华传统美德；

⊙ 《老成都》东阳木雕，刀刻风华，木塑时光，1000多个人物和上百栋建筑，展现清代老成都的市井生活。

⊙ 蜀锦花楼织机，整套织造工艺流程，寓示蜀锦技术的革新；

清代四合院

藏在博物馆中

文 ｜ 陆离

　　谈起四合院，人们最先想到的往往是北京老胡同里的京派建筑。而四川地区的四合院历史，同样悠久。从成都出土的东汉画像砖上，可以看出当时的住宅已经有了类似四合院的布局：四周有长廊，庭院被长廊分为两个部分，前院有雄鸡相斗，内院有两鹤相立，堂上宾主对坐，构成一幅其乐融融的居家场景。

　　今天，除了通过画像砖上的想象空间，我们还能目睹川西民居四合院的"真容"。成都市双流区汉轩民俗艺术博物馆里，就坐落着一座清代川西民居四合院。在这里，参观者可以一览川西传统民居建筑的精妙，感受自古以来蜀人"亲近自然，天人合一"的居住观。

　　如今，在成都为数不多的传统民居中，建筑年代最早的不超过清代。其中，既有本土大院民居，也有因移民文化而来，带有闽赣鄂粤等地色彩的外来民居。两者融合交汇，构成了川西民居的建筑特色。汉轩民俗艺术博物馆里的这座清代四合院，亦是如此。通过航拍图，可以看到四合院的整体布局大气稳重，正房、东西两侧厢房、倒座房井然有序，建筑色彩朴素却不失文雅，凸显了川西民居的典型风格。如果再细细观察，不难发现其建筑布局又有独到之处，除了中央的天井外，东、西耳房及倒座房的两侧（即庭院的四个角落）还各有一个小天井，这种布局名曰"四星捧月"，在传统川西民居中极为少见。

川西民居善于巧妙地布置天井，天井的多少，往往象征着房屋规模。相比于北方的天井，四川的天井更小，这是因为四川地区阴雨天多，日照时数少，小的天井更利于通风。"四星捧月"的建筑布局，则加强了房屋的通风、排湿、采光功能，展现出营造者的非凡智慧。

四合院的大门口，青灰色的旧砖与字迹斑驳的石刻门联，无一不诉说着岁月的沧桑。大门上方的门匾为四川近代著名学者、书法家谢无量所题，上书"龙门望重"，意为此处是声望卓著之人的府第。

推开两扇大门，跨过石槛，映入眼帘的是正三间两层门楼。门楼在川西俗称"龙门"，过去人们常聚集在门楼做细活，聊天。在川西，聊天又叫"摆龙门阵"，故作此称。多年前，四川民俗建筑专家季富政来这里参观时，便对此处的门楼大加赞赏："尤其是门楼单独立于大门，且全然一派官家气度，很有汉代庄园大门遗风。"

门楼之后，是雅石铺地、视野宽阔的前庭。两旁翠竹随风而动，主宅正立面两侧的照壁之上，雕刻《二十四孝》砖雕，体现了传统儒家文化对川西大户人家民居的影响。

来到庭院中，迎面是三间正堂，两侧是东西各三间厢房。四方交界处各有一小天井，小天井之中翠竹拔地而生，似乎在诠释着苏轼的名句："可使食无肉，不可居无竹。"川西民居建筑在建造时还会因地制宜、因材设计，例如这座四合院的井池，就比传统川西天井深1—2倍，约80厘米。这是为了通过降低地面水位，起到保护木结构建筑的作用。

汉轩民俗艺术博物馆的主体建筑同样也是该馆的"镇馆之宝"——
清代四合院

除了正房，四合院的东西厢房里也有堂屋。堂屋是一家的中心，这也是川西大院的一大特点，即没有大家族和族长的概念，而是分成了一个个小家庭聚集在一起。虽然正房、厢房之间相对独立，却并不代表着亲情的疏离。川西建筑一般出檐深远，晴时可以遮挡阳光，雨时则可遮风挡雨。大人们在这里纳凉、躲雨、做手工，小孩们在这里嬉戏打闹，宽广的檐廊下，是一个和谐的家族空间，体现着四川人重视亲情、随和乐观的生活态度。

这座成都地区为数不多的清代川西民居四合院，建于清道光

四个角落的天井与中央天井共同组成了"四星捧月"的建筑布局

二十六年（1846 年），至今已有近 180 年的历史。宅子虽老，对于它脚下这片土地而言，却是一个后来的"新村民"。

四合院原本坐落于都江堰，2008 年 5 月，突如其来的"汶川大地震"让它成为一座危房。汉轩民俗艺术博物馆馆长李定根是双流人，多年前便和这个老宅子结下了不解之缘。当他听说了拆除的消息后，他毅然决定将这座四合院搬到家乡双流。

李定根将原址的 36 套雕花窗、54 扇门、128 根柏木柱和难以计数的瓦片拆下，逐一编号登记，用轻卡车拉了 60 多车，运到了双流。然后历经 3 年多的施工，终于按照原貌恢复了这座四合院。这座曾坐落于都江堰、从岁月的长河中走来、饱经风霜的百年老宅，在双流焕发了新的生命力。

2013 年，以这座四合院为主体的"汉轩民俗艺术博物馆"获批，这也是双流区第一家民间博物馆，2017 年，四合院被评为"成都市历史文化地标"。如今，我们站在这座清代四合院的屋檐之下，可以感受开敞的院坝空间将天、云、风，还有屋外田野的气息一股脑倒进天井，让自然弥漫在古色生香之中的样子。也难怪多年前季富政到访此处时留下如此评价："这是一个对中国居住文化颇有见解的民间贤达的力作。"

1013 件旧家具

图书馆的另一种可能

文 | 无云瑕

北宋学者吕陶在《经史阁记》中写道："蜀学之盛，冠天下而垂无穷者，其具有三：一曰文翁之石室，二曰高公之礼殿，三曰石壁之《九经》。"

西汉蜀郡太守文翁在成都开办了第一所地方政府主办的学校，开巴蜀学术文化之源。五代，由后蜀皇帝孟昶主持，在石室精舍镌刻儒家经典于石碑之上，诞生了著名的《蜀石经》。所谓石经，是在碑石上刊刻的官定儒家经书。在印刷术尚不发达的古代，文字在传抄的过程中可能会产生错漏，官府刻立石经，就相当于打造了一套国家标准版教材。《蜀石经》跨越多个朝代，历时 230 年才完成，工匠们最终在 1000 余块石碑上刻录下了 13 部儒学经典的正文及注释，总字数达 140 万字。与其说是官方教材，它更像是石室精舍里的石质图书馆。当学子们立于千块石碑面前，定能感受到文化传承的分量。

一所 2000 多年前创立的学校，一个 1000 多年前刻立的"校园石质图书馆"，成为蜀学兴盛的源头。

今天，成都依然在不断更新对图书馆的定义。位于龙泉的四川国际标榜职业学院，充满了古典唯美的文艺气息，不同于其他高校建筑的庄严端方，这所"颜值爆表"的学校，还是国家AAA级景区。校园内随处可见的红砖建筑，无论是搭配欧式拱形门窗还是中式木质构件都可以相得益彰，建筑外墙上爬满火棘，初冬时节红彤彤的果实让人心生欢喜。这里既是一所学校、一个景区，还是一个主题博物馆群落，汇集了女红工艺、古今发艺、民间传统养生技艺、当代土陶艺术、川西古典家具五大专题博物

标榜川西古典家具博物馆将 1013 件旧家具藏品放入图书馆中，让人们看到了高校图书馆的另一种可能

图书馆的整体设计将传统文化与现代建筑的美学风格融为一体

馆。其中，最为大家津津乐道的便是以学校图书馆名义打造的川西古典家具博物馆书房主题体验区，它让人们看到了高校图书馆的另一种可能。

图书馆分为一舍两馆——博雅精舍和慎思馆、笃学馆。博雅精舍是一座仿明清时期川西民居风格的四合院。梨树、桃树、杏树、李子树散落于院中，四周分布着以中国七大藏书楼命名的 7 座阁楼。

在成都城市化进程中，旧城改造以及周边农村城市化建设淘汰了大量的木质家具和建筑构件。这些饱含川西生活气息的老物件，见证了这座城市数百年前的建筑样式与生活习俗。在图书馆里，它们又重新找到了家。书房主题陈设馆共收藏陈列了 1013 件旧家具，其中明式风格家具 49 件、清式风格家具 547 件、民国时期风格家具 417 件。置身这座图书馆，会看到古典家具活化再利用的无数种可能性。

在这里，昔日的雕花木门和窗框如同积木一般，利用中式家具的榫卯结构特性，被重新组合，化身成为长条书桌，透过桌面玻璃，让百年时光痕迹一览无余。千工拔步床的木质构件可以变身成为馆内装饰和围栏，朱漆贴金的木雕制品依然精致夺目。老建筑上的雕花木构件与现代砖石建筑融为一体，相得益彰。各类扶手椅、玫瑰椅、圈椅、官帽椅、灯挂椅、梳背椅、屏背椅风格迥异，却能围坐一桌。

图书馆的几乎每一扇窗口，都被各种八仙桌、条桌、方书桌、书案打造成一个独立的阅读空间。窗外，青瓦红墙与园林相映成趣；窗内，洒在老书柜上的金色夕阳让人恍惚间穿越百年。

唐代以前，图书主要是由官府掌握，官方的藏书之地是普通人可望而不可即的。据《史记》记载，老子曾做过"周守藏室之史也"，相当于周朝国家图书馆馆长。到了唐代，随着造纸术的成熟，印刷术的出现，纸质图书开始普及，私人藏书增多，书房成为文人们入仕晋升之门和避世修心之所。书房，这个小小的空间承载起文人的审美追求和精神寄托，明代高濂在《遵生八笺·起居安乐笺》中专门有一段《高子书斋说》，描绘了最理想的书房配置：光线要好，不用太强，窗外墙壁爬满藤蔓植物"薜萝"，屋中有"松桧盆景，或建兰一二"，还要养一盆"金鲤"，以营造一个生机盎然的静雅环境；至于室内物品，文章对文房用品、书画装饰、古琴香炉、书架陈列都一一做了描述。

放眼望去，标榜职业学院的这座图书馆似乎与明代文人笔下的最佳书房相互呼应着。在这样一个雅趣十足、逍遥自得的空间里，或许真可以学学古代的文人，躲进书房成一统，管他春夏与秋冬。

"状元匾"

匾额上的科举史

文 ｜ 杜均

　　匾额，亦称牌匾、牌额，高悬门楣堂壁。对于家族而言，匾额是门面之光，如同一部微缩的家族史诗，镌刻着世代相传的故事与传奇，历久弥新。

　　坐落于成都市天府新区的四川省三都博物馆，藏品数量逾万，设有字画、瓷器、青铜器、石刻等主题馆，其中木刻匾额馆更是集各地各时期名匾之大成。

　　步入木刻匾额馆，首先映入眼帘的便是一块居中陈列的"状元匾"。它高150厘米，宽65厘米，匾额正中，赫然镌刻着"状元及第"4个大字，竖排而立，字字千钧；正上方有"钦点"二字，透露出皇恩浩荡的威严。上款为"光绪二十四年戊戌科一甲第一名"，下款为"殿试武状元臣张三甲恭承"。字面金光闪闪，字体遒劲有力，记录了张三甲在光绪二十四年戊戌科武举考试中力拔头筹的辉煌成就。

　　"状元匾"虽历经时光流转，其色泽依然温润如初。四周边框精雕细琢，环绕着栩栩如生的龙凤祥纹，龙腾云霄，凤舞九天。古代工匠卓越的雕刻技艺与对美学的执着追求，使得整块匾额在庄严神圣中亦流露出细腻温婉的艺术韵味。匾额弥漫着古朴典雅

三都博物馆的木刻匾额馆内收藏有"状元匾""探花匾""进士匾"等，是古代科举制度的荣耀见证

的气息，仿佛一扇时空之门，将我们带回那个充满激情与荣耀的历史时刻。

张三甲，字鼎臣，号魁轩，又名荣甲，清光绪丙子（1876年）生于开州户部寨村（今河南省濮阳市濮阳县户部寨镇）一个尚武世家。自幼受父辈熏陶的他，武艺日渐精进，刀枪剑戟、弓箭软鞭，无所不精，尤其以大刀起舞威震乡里。十五六岁时，他的身量已经远超同龄人，体格壮实，力大无穷，其武艺之高，更是令人啧啧称奇。见他天赋异禀，其父遂送三甲至杨什八郎村，师从开州武术名家杨国昌，以期儿子的武艺更上一层楼，未来能够报效国家，光耀门楣。在杨师傅的悉心教导下，三甲勤勉不辍，武艺日臻上乘，一柄180斤的练武刀在他手中如盘龙翻舞，跑马射箭更是箭无虚发。

及至弱冠之年，张三甲踏上了武举考试的征途，其历程竟异常顺遂。武科考试，与文科相仿，分为童试、乡试、会试和殿试四级。

光绪丁酉（1897 年），他在乡试中脱颖而出，成为武举人。

翌年进京赶考，会试中，弓、箭、刀、石等项的武艺比拼，他皆独占鳌头，一举夺得"会元"桂冠。武举殿试更为严苛，分三场进行：前两场着重考察弓马技勇，称为"外场"；第三场则侧重策论武经的阐释，称为"内场"。历经重重考验，张三甲最终金榜题名，荣膺武状元之衔。光绪皇帝亲赐红袍花饰，恩准京师夸官三日，一时之间，朝野轰动，官员纷至沓来，武举人们也争相拜访，以求提携。三甲下榻之处，门庭若市，车水马龙。

夸官之后不久，三甲携弟冠甲衣锦还乡。行至大名，大名知府以大礼迎接，开州州官亦快马相迎，冀南之地，无不为之震动。乡亲们搭起竹木牌坊，大名知府高悬"御前侍卫"滚龙金匾，开州知州亲手升起"状元及第"金匾，更有父老乡亲赠予"会元"金匾，以示尊崇。

送匾之日，鼓乐喧天，鞭炮齐鸣，红绸包裹的匾额被恭敬地抬送至三甲府上，沿途红绳系轿，彰显敬意。揭匾之时，由在场最尊者主持，红布揭开，匾额熠熠生辉。这些匾额是对三甲功绩与荣誉的颂扬，也承载着赠予者的深情厚谊。

然而，世事无常，这位胸怀壮志的天之骄子，在高中状元、喜得贵子的双喜临门之际，却因操劳过度，不幸染疾，月余便溘然长逝，令人扼腕。张三甲的生命如流星般短暂，但他在赛场上的英姿与风采，却凭借这一块匾额，成为一段传奇。张三甲去世不久，武举制度废除，这让他成为最后一位武状元，这块匾额也成为千余年武举制度的最后荣光。

馆藏文物中，还有一块同样引人注目的"探花匾"。匾上写着："钦点同治七年戊辰科，探花及第，殿试第一甲第三名王文在。"王文在中探花这年已经 35 岁，可见他的科考之路漫长曲折。殿试后，授翰林院编修。传说慈禧太后在看过他的试卷后，给出

"文冠七品，笔压三班"的赞誉。他是山西探花，清代山西籍进士 1456 名，无人高中状元，仅有榜眼 1 人、探花 3 人。这一块"探花匾"，可以说既是个体成就的彰显，也是地方文运的见证。

在"探花匾"之侧，是一块"传胪匾"，匾上镌刻的文字清晰可辨："大清光绪二十年恩科，钦点传胪，殿试二甲一名吴筠孙。"吴筠孙是江苏扬州人，殿试得传胪，授翰林院编修，其后为官一方，亦颇有政声。与他同年恩科的状元是张謇，他们为科举制度末期最后的荣光增添了浓墨重彩的一笔。

馆中还有"进士匾""贡元匾"等，它们静静地悬挂在展厅中，无声地讲述着那些关于荣耀、梦想、才情与遗憾的故事。若驻足凝视，仿佛都能听到那穿越时空的回响，感受到那份来自历史深处的震撼与感动。

清代花窗

一部木头上的《三国演义》

文 ｜ 逸闻

　　走进成都市郫都区臻古堂家具博物馆，好像偶然闯入了明清时期的某户人家当中。与常规的展陈方法不同，博物馆选择以再现生活场景的形式陈列藏品。目之所及，能够看到使用透雕大漆描金工艺制成的五檐十柱三进描金凤穿牡丹纹千工床，作为嫁妆的核桃木大漆镶嵌玳瑁直角柜，等等。而称得上"镇馆之宝"的，是一组镌刻着《三国演义》经典场景的花窗木雕。

　　花窗木雕共 12 扇，统一制式为高 132.3 厘米，厚 29.7 厘米，宽 85.33 厘米，全部用红椿木雕刻而成。打眼看去，尽管经历了数百年的岁月，表面颜色仍然鲜艳明丽，工匠用矿物颜料在花窗上细致描绘的场景，仿佛可以浮现在观者眼前。在花窗上，工匠使用了 2 到 4 层的透雕工艺，巧妙地将戏本子中的时空折叠到日常生活中，匠心独运。

　　花窗不仅具备采光和通风的实用功能，更具有极强的观赏价值，是中国古建筑中重要的装饰元素。古典园林建筑中，花窗往往与庭院和长廊结合在一起，形成一种"漏见而实"的效果，使得园内外的景色巧妙地融合在一起。而在传统的民居中，琳琅满目、雕刻精美的花窗体现了古人的意趣、审美，堪称古建筑的脸面。

清代花窗木雕，演绎着《三国演义》中耳熟能详的故事

"空城计"

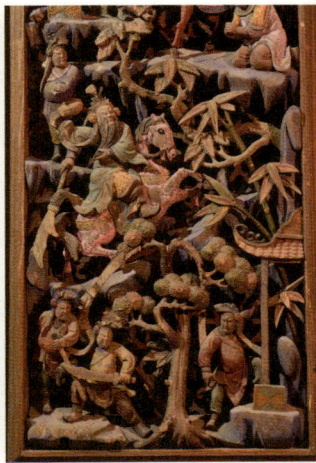

"六出祁山"　　　　　　　　　"七擒孟获"　　　　　　　　　"过五关，斩六将"

　　雕刻"空城计"的花窗上，头戴红冠的蜀汉丞相诸葛亮笑容可掬地高坐在城墙之上抚琴作乐，两名小童神情威严，一名手执宝剑，另一名手捧宝瓶，昂首立于丞相两侧。诸葛亮的神情仿佛正在纵情欢歌，或许正应了那段经典的京戏唱腔："诸葛亮在城楼把驾等，等候你司马到此，咱们谈、谈、谈谈心。"

　　城门之下的众生相虽非主角，却同样神情鲜明，姿态生动。握着扫把的百姓轻松自得，仿佛在挥手邀请来客入城。两侧涌来手握兵刃的曹魏士兵，反而身体前倾，皱眉蹙眼地做试探状，迟疑惊惧的神色让人一目了然。

　　有意思的是，历史中的空城计其实并非特指诸葛亮的故事。作为一种心理战术，空城计曾在不同的历史时期被多次运用。作家易中天在"品三国"系列中还大胆推翻过空城计和诸葛亮有关的可能。汉末三国时期，孙坚、曹操、赵云等人其实都曾使用过空城计。

　　与存在争议的"空城计"不同，另一件木雕中描绘的"长坂坡"在历史上却是实打实地存在的。长坂坡之战发生在东汉建安十三年（208年），是三国时期的一场关键战役。长坂坡之战中，曹操带领五千精锐骑兵追击刘备，刘备被击溃后，抛妻弃子，率赵云、张飞等数十骑逃走。赵云单骑救主，勇闯敌阵，救出了甘夫人和刘禅。张飞在长坂桥吓退敌军，《三国志》记载："使飞将二十骑拒后，飞据水断桥，瞋目横矛曰：'身是张益德也，可来共决死！'敌皆无敢近者，故遂得免。"此战刘备虽然损失惨重，但在赵云和张飞的努力下，集团核心得以保存，为后来的联吴抗曹奠定了基础。

而在以"六出祁山"为主题的花窗木雕中，工匠选择将主人公诸葛亮像放置于正中间，使其他人物侧身环绕。诸葛亮手拿羽扇坐于花纹繁复的推车之上，面带运筹帷幄的微笑，姿态如他随风飘动的胡须一般飘逸洒脱。历史上，诸葛亮实际出兵祁山的次数为两次，"六出祁山"的说法实际上是受到了《三国演义》的影响，此后便成为北伐的代名词。

剩余的9扇花窗中，还呈现了《三国演义》中其他经典篇目，有"华容道""过五关，斩六将""火烧新野""单刀赴会""三顾茅庐""七擒孟获""三英战吕布""挥泪斩马谡""煮酒论英雄"。"空城计"和"七擒孟获"分别生动地展现了诸葛亮足智多谋、以德服人的形象。而刘备的"仁"、赵云的"忠"、张飞的"勇"、关羽的"义"，也在花窗木雕作品中有着精彩演绎。成都作为蜀汉国都，留下了武侯祠、马超墓、九里堤等三国遗迹，同样也在木雕、石刻上留下了诸多与《三国演义》相关的作品。

"元丰源号"豆瓣柏木桶
一场百年前的良性"内卷"

文 | 孙吉

　　秋雨绵绵之时探访成都市郫都区民俗博物馆，颇有些清寂之感。馆长吴国先刚刚将所有馆藏搬迁到新址——三道堰镇古城村锦水路162号，毗邻新石器时代的古城遗址。新址的陈列布展尚未完成，多达2845件的藏品堆放在库房或大棚里。吴国先常年致力于搜集、整理本地文献与文物，试图系统性地呈现成都平原数千年来的民俗演变。目前的收藏分为川西坝子农耕和民俗、四川茶文化以及郫县豆瓣文化几个主题。

　　在郫县豆瓣文化主题收藏中，不仅有昔日包装豆瓣的牛皮纸、竹筐、竹篓等实物，亦有堪称珍品的"益丰和号"第六代传人陈述予祖传郫县豆瓣传统制作工艺配方手抄本。而藏品中最特别的，则是被吴国先誉为"镇馆之宝"的两件"元丰源号"黑漆柏木桶。

　　这两件清朝光绪年间郫县"元丰源号"的豆瓣盛器，呈扭棱立方体，口宽底窄，内外通体涂有黑色土漆。桶高45厘米，口径343厘米，底径31.5厘米，桶身阴刻"元丰源号"4字行楷，秀逸文雅，用笔洒脱。桶盖嵌于桶口内，盖面阴刻"郫县豆瓣"4字。桶口沿两边有木质双耳贴合，方便酱园师傅搬运。

　　郫县豆瓣经过300多年的创生与发展，被誉为"川菜之魂"。

然而随着时代急速更迭，当今能见到带有"郫县豆瓣"文字的古旧器物已经相当稀少，"元丰源号"柏木盛器不仅提供了宝贵的实证实物资料，也折射着一段百年前郫县豆瓣市场的良性"内卷"故事。

清光绪三十一年（1905年），中国历史开启了"百年未有之大变局"，西方近现代政经思想在京城与沿海一带已成"黑云压城"之势，余风吹渐，西南内陆成都平原"春耕夏耘，但道桑麻"的古老农耕社会，亦有了"蝴蝶振翅"之姿。这一年，"温郫崇新灌"上五县的丰饶富庶吸引了来自彭县（今彭州市）投资者的目光。一位名叫龚（亦记载姓"弓"）鹿宾的商人携带陕西商帮的万两白银来到"银郫县"（今郫都区），决定投资当地日渐兴

"元丰源号"是清光绪年间郫县豆瓣最大的两家商号之一，从"定制"木桶就可以看出当时郫县豆瓣市场竞争十分激烈

旺的产业——酱园。

资金雄厚的龚老板买下郫县县城东街的"宾乐"茶旅馆，整修铺面，雇用工匠，添置陶缸，前店后厂，以自己在彭州开设的"元丰时号"酱园为参照，将新店命名为"元丰源号"。

酱园新铺"元丰源号"装修堂皇典雅，主营当地最为知名的土产——豆瓣，包括红豆瓣、甜豆瓣、黑豆瓣，还售卖酱油、醋等调味品。豆瓣以柏木做桶盛放，用新鲜荷叶包装，望之鲜亮如昨，红褐油润；做竹制篓筐运输，保留原有的色相美味，颇有富商巨贾风范。而与彼时郫县家族传承式的私营酱园模式不同，"元丰源号"实行新兴的经理制，老板龚鹿宾为资本方代表，具体业务则交由经理主持。

凭借资本优势与新式经营，"元丰源号"迅速发展壮大，很快便"于东门外另购得田产七八亩"，雇用工匠40多人，豆瓣产销量与本地龙头"益丰和号"旗鼓相当。

这让时任"益丰和号"掌柜陈竹安倍感压力。明末清初，他的祖先随移民潮入川，途中因充饥偶然制作出"辣子豆瓣"，清嘉庆八年（1803年），高祖陈逸仙开设"顺天号"酱园，方开始大量生产销售"辣子豆瓣"，开创了家族基业。1853年，其父陈守信开宗立户，创立新商号，让"益丰和号"成为后世公认的"郫县豆瓣"正宗鼻祖。但从咸丰到光绪年间，随着豆瓣生产工艺日渐成熟，郫县境内已经出现了包括"益丰和号""道生昌号""三义公号"等在内的十多号酱园，市场竞争日益激烈，如今"元丰源号"一路高歌猛进，不仅直接威胁到"益丰和号"的传统地位，更是导致郫县豆瓣陷入前所未有的"内卷式"竞争。

郫县豆瓣最大的两家产销商——"益丰和号"与"元丰源号"的竞争尤为激烈。两家酱园不仅工艺相互保密，彼此手下的工匠皆不准往来，各自店铺的主理人更是在质量、工艺与市场上暗自发力。在陈竹安的卧室里，摆满了各式小缸小碟，他每天都要抽取并亲自品尝豆瓣、酱油样品，不合格者即令工匠降低等级、货号或者星夜返工另造。"元丰源号"也亦步亦趋，不仅制定了严格的"翻、晒、露"等工艺流程，亦将责任包干到人，豆瓣掌缸师的技术甚至连老板都不知晓。

但二者的竞争似乎始终未分出胜负，据《郫县豆瓣志》统计，"益丰和号"与"元丰源号"酱园最鼎盛时"各自拥有晒场近10亩、酱缸2.5万口、年产豆瓣达40万斤"。据传，中华民国四川军政府总督尹昌衡曾向两家商号分别采购郫县豆瓣数万斤以犒劳驻藏官兵，并同时嘉奖，也算平分秋色。同时，龙头商号之间的竞争引发了现代经济学所说的"鲇鱼效应"，带动了郫县豆瓣的工艺升级与规模扩张。彼时郫县豆瓣不仅制作工艺日渐精进，名声大噪，市场版图也已是"东进成渝行湘鄂，南转宜宾销云贵，西由雅安进康藏，北经广元至陕甘"，成为亿万国人的佐餐调味品。1931年，陈氏家族的陈文揆新设"绍丰和号"酱园，从此郫县豆瓣市场"三足鼎立"的局面持续到新中国成立后的公私合营时期。

时光荏苒，岁月流逝。发生在百年前的那场良性竞争，奠定了郫县豆瓣在今人心目中的理想范式。"益丰和号"的陈竹安发现，唯有将双流牧马山的"二荆条"辣椒、川滇出产的"二流瓣"青皮干蚕豆、自贡千米深井所采的"井盐"，融合郫县温、光、水、气环境的传统工艺，方可酿造出上等的郫县豆瓣；"元丰源号"的匠人们则留下了这件古朴厚重、油润的豆瓣作坊专用柏木盛器，为那场激烈"商战"留下一个具象的记录。

清代花床

走出彭州的李一氓

文 | 张义奇

"渡过了金沙江的第二天，早晨还没有出发的消息。天气是继续热下去，石洞也住不了，转移另一个'石洞的回廊'去，有轮船上一样的窗眼，实在是枪眼，可以通风稍微舒一口气，多几个蝇子也不在乎，铺起油布睡觉。"这是著名的革命家、学者、诗人、书法家李一氓在报告文学《从金沙江到大渡河》中的一段记述。此刻，随红军长征中的李一氓，真是"天当房地当床"，仅铺一块油布便惬意地躺在坚硬、潮湿的土地上睡起了大觉。只是已过而立之年的李一氓，是否在梦中想起过他离家前睡过的那架镂刻雕花的大木床？

彭州市万木留香家具博物馆收藏了 10 多张精美的清代雕花大床，都是从民间搜集来的。它们外形古朴，做工精细，虽然时间久长，但陈旧的土漆仍掩盖不住它们曾经的富丽堂皇。床的主人，有的是官员，有的是乡绅、袍哥，均为非富即贵的人。

在展场诸多架子床中，有一张枣红色的床尤其引人注目：四根立柱，正面两根雕刻有花鸟；三面围栏呈"回"字形，倒挂牙子是博古嵌花；楣板分上下两层，有镂空雕和浮雕，图案都涉及鸟兽花卉，寓意多子多福；床的两头还雕刻有松鹤与凤穿牡丹，

万木留香家具博物馆收藏的革命家李一氓使用过的床

均有吉祥富贵的含义……单就华丽程度和雕刻工艺的繁杂来说，
这张床并不算是展场中最上乘的，然而，它却是万木留香家具博
物馆的"镇馆之宝"。参观者从床前挂的两幅照片已经看出了这
张床的来头不小。两幅照片，一幅是几位身着国民革命军戎装的
军人合照，另一幅是穿中山装的几位老人的合影。但两幅照片中
都有同一个人，这人便是李一氓，这张床的主人。

　　李一氓（1903—1990），四川彭县（今彭州市）人，祖上曾
是当地大户，拥有数百亩土地和雄厚的商业资本，至父亲一辈走
向破落。青年时代，李一氓便走出夔门，走上了革命道路。1925
年加入郭沫若组织的创造社，次年加入中国共产党。1934 年 10
月随中央红军参加了二万五千里长征，并先后担任过陕甘宁省委
宣传部部长、新四军秘书长；1949 年之后，相继出任过国务院

架子床上浮雕出龙及葡萄等图案

古籍整理出版组组长等要职。

李一氓不仅是革命家,还是学问家。中华书局出版的5卷本《一氓文存》汇集了他一生所写的大量诗文,其中最重要的代表作是《花间集校》。这本书自1958年由人民文学出版社出版后不断重印,是研究花间词最重要的学术文献之一。李一氓收藏的历代《花间集》版本也是最多的,达20余种。

在中国,甲骨文中已经出现了"床"的象形字,像一个竖立的几案的模样。至于床的实物,目前保留下来的有1957年河南信阳长台关1号战国楚墓中出土的黑漆床,至于它是不是用来睡觉的,尚未定论。不过,《诗经·小雅·斯干》中写到了床:"乃生男子,载寝之床。"这个"载"有坐的意思,"载寝之床"也许是可坐可卧的床。

作为卧榻的床,在隋唐后有了新发展。床体增加了3面围板,但床作为坐具的功能非但没消失，反而成为尊者的座席。五代顾闳中的名作《韩熙载夜宴图》就形象地呈现了床在当时的用途。众人或站立，或坐椅子，只有韩熙载和另一官员坐在床上。显然，这两个坐床的人，官职和地位最尊贵。

韩熙载所坐的这张床已经不叫榻，而应称罗汉床。由榻发展到罗汉床，床作为卧具的功能在这时已逐渐显现，除了用于坐，也开始用于卧，只不过这个"卧"多是小憩，而非大睡。真正用于就寝的床是明清时期出现的架子床。架子床除了4根（或6根）立柱和盖顶、3面围栏，在上方还有楣板、倒挂牙子等，特别是在清代，家具由明代的线条简约向繁复演变，架子床的立柱、围板、楣板以及倒挂牙子开始出现各式各样的镂空浮雕图案。其图案丰富多彩，有民间故事，有鸟兽虫鱼，有花卉树木，均是为了讨个好的寓意，福寿延年，多子多福，财源广进，家庭和睦……万木留香家具博物馆馆藏李一氓家的这张床，便是典型的清代架子床，代表那个时代中国卧具的风尚。

那么，李一氓家的床如何进了博物馆呢？据馆长梁川先生介绍，李一氓当年出川求学并参加革命后，曾经委托一位姓王的长年（即长工）代为照看其家。王姓长工后来靠给人挑水为生，所以人称"王挑水"。而李一氓自从离开家乡后，一直在外，没有再回家居住。后来，为感谢王挑水多年守护李家故居，李一氓便将一些老家具赠予了这位敬业的长年。再后来，这些老家具传到王挑水的儿子手上，而王挑水的儿子为了补贴家用，卖掉了这些过时的老古董，这张床便被梁川购买，如今成了博物馆的"镇馆之宝"。

"千工之床"

见证自贡盐商传奇

文｜宏兰

　　自古至今，中国人的起居方式可分为席地而坐和垂足而坐两大时期，床既是坐具，又是卧具。上古时代，人们用芦苇、竹篾编成席子，铺在地上，供人坐或卧。唐宋之后，随着垂足而坐的普及，人们的会客、用餐场景转移到了桌椅之上，床才逐渐成为专用的卧具。唐代，文人将床与人生的幸福和精神理想寄托联系到一起。李白在《静夜思》中，看着床前皎洁的月光，思念故土。

　　到了明清时期，床从功能设计到雕刻装饰，折射出拥有者的文化品位、财富仕途和社会地位。大户人家不惜将大量的精力、人力、财力花费在床的制作上。这一时期的千工床，是古代雕花大床的集大成者。千工床，又称拔步床，它外形庞大，结构复杂，床下有"地平"，床前设"浅廊"，宛如一间小屋。因极尽烦琐与华丽，这种床的制作需耗费1000个工时才能完成，故称"千工"。

　　新都区古典家居文化博物馆由老式家具厂的厂房改建而成，外观看起来不起眼，内部却别有洞天，荟萃了数千款明清至民国的古典家具——明式家具的简约流畅，清式家具的高贵大气，民国家具的中西合璧，都可在这里见到。馆中还陈列了多张清代的花床，其中的"镇馆之宝"，便是一张来自自贡的千工床。

自贡，自古盛产井盐，由此产生了诸多富商，尤以王氏家族"王三畏堂"的财富最多，资本最雄厚。王氏先祖在明末清初"湖广填四川"时从湖广迁居到自贡，世代以凿盐井为业，家族第五代传人王朗云就是"王三畏堂"的发家人。王朗云年少时，为了光大家业，倡议父辈兄弟三人分家，提留祖遗的田地、山场以及数十眼废盐井作为家族公产，由他经营管理。

　　当时的王朗云缺乏资金，而采盐是一个高投入、高风险、高回报的产业。他以土地和废盐井为条件，邀请外来的陕西商人，搞起了股份制经营。王家以田地、山地、废井入股，吸引外来商人出资淘深旧井、开凿新井。双方约定开采时间，按比例分配利益，这种模式成为王家致富的开端。

　　清咸丰三年（1853年），太平军攻陷南京，控制了长江中下游，导致江苏淮盐无法供给两湖地区，清廷特许"川盐济楚"。川盐

"千工之床"由5位工匠历时3年打造，彰显出自贡盐商的豪富

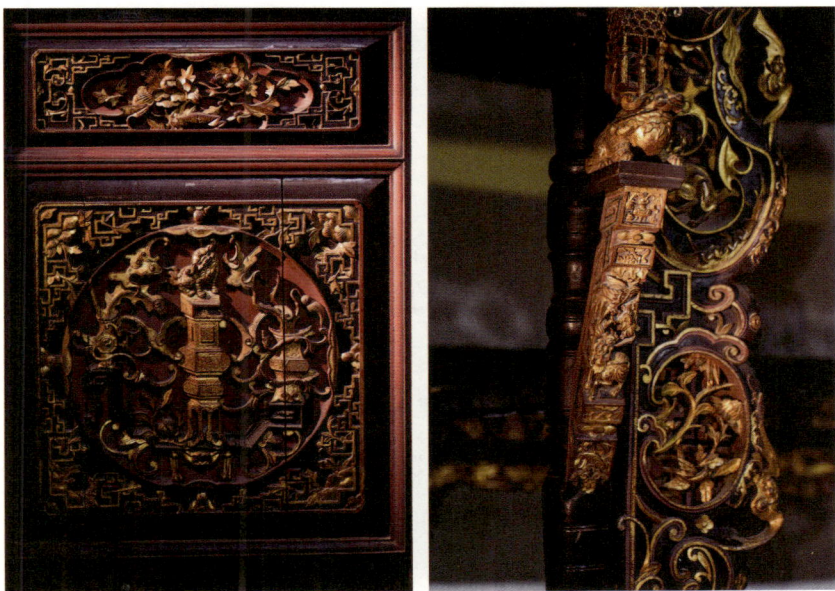

"千工之床"上雕饰局部

自长江顺流而下，缓解了楚地百姓的盐荒，也为自贡盐商带来了巨大商机。王朗云趁机拓展业务，囊括了从原料到成品，由生产到销售各个过程中的所有利润。最辉煌的时期，"王三畏堂"的盐井产量占自贡盐场12%，从事食盐运输的商号运输量达到自贡盐场商运楚盐的24%，而"王三畏堂"开设的盐号更是远及沙市、汉口、宜昌、重庆等地，王家一跃成为富甲全川的巨富豪商。

新都区古典家居文化博物馆馆藏的这件千工床，就为当时王家的男主人所有。巨额财富的积累，让王家在生活品质上有了更高的要求，他们从全国招募了5位精通徽派木雕和东阳木雕的匠人，打造卧具。

这张千工床的材料为松木，看似普通的原料却给匠人们带来了不小的挑战。松木质地柔软，易于切割和刻画，但同样也因为质地松散，不适合雕刻细节丰富的作品。四川地区的家具常以松木制作，常见的雕花木床往往都雕工古拙。王家的这件千工床同样以松木为原料，雕刻工艺却精巧繁复，呈现出硬木的雕刻效果，更展示出当时几位匠人绝妙的手艺。

床前平台的四角立柱柱头，是采用圆雕工艺雕刻的狮子和大象，寓意平安吉祥；床前平台木制围栏上，采用浮雕工艺雕刻的八宝博古图案，象征清雅高洁；最为繁复的是床体上檐，上檐共3层，皆为3块整板，每块整板采用浮雕、镂空雕刻、多层叠雕等多种工艺，刻画出"蝠在眼前""凤穿牡丹""松鹤延年""喜上眉梢""年年有鱼"等传统吉庆图案。

俗话说"三分雕刻，七分漆匠"，雕刻完成后，匠人们以朱红和黑色生漆对床进行涂饰，并在雕刻部位贴金，凸显木雕的立体效果。最终，这件气势恢宏、工艺精湛的千工床，历时3年终于打造完成，是名副其实的"千工之床"，凸显了盐商王家的显赫地位和不凡身世。

时过境迁，曾经于几十年间富甲全川的王氏盐商如昙花一现，因战争爆发而崛起，也因战争的结束而衰落。属于王氏的时代短暂而辉煌，但凝聚了匠人之心的这架千工床，辗转来到新都区古典家居文化博物馆。在这里，它并没有被束之高阁，而是以活态展示的方式，让每一位观众都可以近距离欣赏百年前的匠心巧作。

"千工之床"上形态多样的狮子

《朱子治家格言》围屏

传统家具中的家风印记

文 ｜ 李跃鳞

家是最小国，国是千万家。智慧的先辈们，往往通过一系列寓意深远的仪式与器物，作为传承培育家风的载体，来潜移默化家庭的氛围，熏陶家风，塑造人格。

在成都锦江区汇泉路社区，有一家深植家文化的百家堂姓氏文化博物馆。馆藏以姓氏牌位、祖宗画像、家谱族谱、木质匾额、神龛供案、宗祠礼器为主。每一件藏品，都是打开家族私密记忆的钥匙，无声地讲述着一个又一个真实鲜活的家族故事。

走进展馆大厅正中央，一架端庄静穆的《朱子治家格言》围屏赫然矗立。这是一件民国时期大漆贴金雕花大围屏，共12扇，通宽约6米，单扇高3米，宽49.5厘米。整体由屏心、绦环板、裙板和亮脚构成，12扇绦环板为《二十四孝》故事和寓意吉祥的图案，屏心为砂底洒金阳刻潘龄皋楷书《朱子治家格言》，落款时间为"辛未孟春"，即1931年初。围屏的面板为细腻的木板，上面覆盖着熠熠生辉的金箔，设计精致考究。

此类围屏常被置于宗祠正厅的左右两侧，划分出的空间作为祭祀仪式后，后辈聆听先辈训诫的重要场所。仅仅为了聆听祖训的庄严时刻，便不惜以一套豪宅之价购置这架围屏，足见该家族

《朱子治家格言》围屏共12扇，围屏上的书法出自著名书法家潘龄皋之手

朱子治家格言

黎明即起灑掃庭除要內外整潔
既昏便息關鎖門戶必親自檢點
一粥一飯當思來處不易半絲半縷恒

念物力維艱宜未雨而綢繆勿臨渴
而掘井自奉必須儉約宴客切勿流
連器具質而潔瓦缶勝金玉飲食約
而精園蔬念珍饈勿營華屋勿謀良
田三姑六婆實淫盜之媒婢美妾嬌
非閨房之福童僕勿用俊美妻妾切
忌艷粧祖宗雖遠祭祀不可不誠子
孫雖愚經書不可不讀居身務期質

樸教子要有義方勿貪意外之財勿
飲過量之酒與肩挑貿易勿佔便宜
見貧苦親鄰須温恤刻薄成家理
無久享倫常乖舛立見消亡兄弟叔

筆下遷為魯直書

对家风传承的极度重视及对家族治理的严谨态度。围屏之上，每一处雕刻皆细腻入微，线条婉转流畅。围屏两侧有对联"尊前俱是蓬莱守，笔下还为鲁直书"，有名人先贤图案，如"状元省亲"，生动地传达了先辈对后辈功成名就、光耀门楣的殷切期望。

令人唏嘘的是，这架大漆贴金雕花大围屏曾命运多舛，险至湮灭。时间回溯至2004年前后，百家堂姓氏文化博物馆馆长郑华在福建省龙岩市连城县调查古建筑时，一户罗姓人家介绍祖辈传下来的一列围屏，引起了他的注意。连城罗氏家族世居于此，人丁兴旺，文举武举，代有才人。而当郑华终于亲眼见到这列围屏时，眼前的景象却令他痛惜不已。原来，这列曾经辉煌一时的围屏，早已被拆解得七零八落，沦为简陋牛圈的围挡，饱受岁月的侵蚀与风雨的摧残。郑华深感痛心，决定将这列围屏从困境中解救出来。经过长达3年的精心修复，围屏终于重获新生，成为成都百家堂姓氏文化博物馆的"镇馆之宝"。

这架围屏上的书法出自著名书法家潘龄皋之手。潘龄皋（1867—1954），字锡九，河北安新人，自幼聪颖好学，15岁中秀才，后中举人、进士，入翰林院。曾任甘肃知县、知州、知府及甘肃省省长。辛亥革命后，因不忍官场腐败辞职，先后移居天津、北平，以赋诗、写字为乐。其书法成就与谭延闿齐名，民国时期有"南谭北潘"之说。新中国成立后，潘龄皋参加过开国大典，任中央人民政府军事委员会参议、中央文史馆馆员。

潘龄皋的楷书作品端庄严谨，笔力雄健，结体平正匀称，用笔圆润流畅，风格秀美典雅，时人号为"潘体"。这架围屏上的书法，形美而神足，外柔而内刚，娇美而不俗媚，含蓄而不露锋芒。

《朱子治家格言》源自明末清初的理学家朱柏庐，亦称《朱夫子治家格言》或《朱柏庐治家格言》。这是他深感时局变迁后，退隐乡间、教书育人并深研程朱理学的心血结晶。朱柏庐虽曾中

博物馆讲解员向小朋友们讲解《朱子治家格言》中的名言警句

秀才，却于清朝建立后毅然放弃了仕途。其学术造诣深厚，康熙帝屡召不仕，留下《删补易经蒙引》等多部著作。此格言，作为家庭道德教育的启蒙宝典，以524字精练地概括了勤俭持家、安分守己的中华传统美德。

格言中"一粥一饭，当思来处不易；半丝半缕，恒念物力维艰""见富贵而生谄容者，最可耻；遇贫穷而作骄态者，贱莫甚""施惠无念，受恩莫忘"等名句，脍炙人口，成为立身行事、培育德行的基石。它倡导正直向善、厚道待人、礼仪处世、勤俭持家、崇尚诗书的家风家教，自问世以来，便广受推崇，被士大夫誉为"治家之经"。因此，《朱子治家格言》并非朱氏家族独有，而是广泛流传于古代众多家族之中，作为共同的治家宝典。

在百家堂姓氏文化博物馆，我们见证的不仅是一件珍贵文物的华丽重生，它上面每一道斑驳的痕迹，都在悠悠地述说古圣先贤对后代子孙的慈悲和眷顾之情。

蜀锦花楼机

见证两千年锦绣流年

文 ｜ 谢天开

　　绿舟博物馆，这座以"非物质文化遗产"为主题的民间博物馆中陈列了诸多瓷器、织锦、玉雕、金银制品，而进入馆中的游客，大多会被一座长 6 米、宽 1.5 米、高 5 米的织机吸引，它是馆中最大的一件藏品，也是当之无愧的"镇馆之宝"。

　　蜀锦花楼机的全称是蜀锦花楼织锦机。它构造庞大而精密，全机由木件与竹件组成，岁月赋予它柔和的棱角和深邃的木纹，仿佛能看到时间从它身上流淌而过。木，为青杠木，木质密实，不易变形；竹为蜀地的金竹，绵实光润。开工时两位织工——提花师与投花师，上下同时操作，默契配合：上方提一经线，下方投一梭，打一次纬；丝竹札札，机木哗哗，犹如拨弹箜篌。

　　蜀锦织机在蜀地的历史悠久。2013 年 2 月，成都天回镇老官山有了重大考古发掘：在汉代古墓中出土了 4 部竹木制织机模型，出土时机上还残存有蜀锦丝线。等比例复原后的织机模型高 3 米，长 4 米，相当于一间房子大小。老官山汉墓出土的织机被命名为"连杆型一勾多综提花木织机"，它的结构复杂，包含机架、踏板、综片、经轴等部件，展示了汉代织机的精妙设计和高超技艺。

　　汉代提花织机的神奇之处在于，除了精美的花纹之外，它还能织出文字。今天新疆维吾尔自治区博物馆藏有国家一级文物"五星出东方利中国"锦护臂，简称"五星锦"。与"五星锦"同时出土的，还有一片汉代织锦，上面有"讨南羌"3字。学界多认为，这片织锦与前述织锦可缀合为一，二者连起来应是"五星出东方利中国讨南羌"。蜀锦出蜀地，中国最大的羌族聚居区也在蜀地，因此，据铭文与工艺推断，这两件织锦极可能为汉末三国时期成都生产的蜀锦。

2015年，中国丝绸博物馆联合成都博物馆等单位，将成都老官山汉墓出土的汉代提花机模型进行等比例复原。2017年2月，中国丝绸博物馆决定在复原的汉代提花机上进行"五星锦"的复制。后历经1年多的时间，完成了10470根经线、84片花综、2片地综的穿综工艺，成功织造出复刻版"五星锦"，整个工艺错综复杂、丝丝入扣——这更有力地证明了"五星锦"当为成都出品。

唐宋以后，织锦工艺日盛，这从唐代诗人王建《织锦曲》中便可管见一斑：

> 大女身为织锦户，名在县家供进簿。长头起样
> 呈作官，闻道官家中苦难。回花侧叶与人别，唯恐
> 秋天丝线乾。红缕葳蕤紫茸软，蝶飞参差花宛转。
> 一梭声尽重一梭，玉腕不停罗袖卷……

随着唐代经济的繁荣与社会生产力的发展，一种更为先进的带花楼织机开始流行，这便是蜀锦花楼织机。它最大的改进是，提花任务由花楼替代，方形的花综改成了单根的线综，可以控制每一根经丝的单独起落，由此能够织造花形更大、更复杂，色彩更丰富的图案，对蜀锦织业产生了重要影响，并一直被沿用至民国时期。绿舟博物馆里的这件织机，便是蜀锦花楼织机。

蜀锦花楼织机已有整套织造工艺流程：制作纹样，即花样；

蜀锦花楼织机有纤线 11520 根，经线和纬线各 9600 根，每根丝线的直径仅 1 毫米

绘样，即将花样绘在意匠格子上，确定欠线；依花定梭，即根据花纹的长短决定梭数；依序挑线，即根据意匠格子上的次序，用挑花竹干依序将线挑上；依线织造，根据所挑花纹顺序进行织造，即可造出花纹图案。

明末清初，四川人口锐减，继而兴起"湖广填四川"百年移民大潮。随着移民入川，一些流散在外地的蜀锦织工也纷纷返蜀。民国《长寿县志》记述："（川东重庆府钟士麟）原籍湖北黄安县人，幼年丧父，母氏金率其三子迁蜀，侨寓长邑中，纺织为生，……家乃小康。"同时，官府亦积极重振纺织业。四川总督阿尔泰于乾隆三十年（1765 年）奏报："现饬各属劝谕乡民，依法芟锄，广招织工，教习土人，并令妇女学织。"

清雍正以后，蜀锦终于恢复元气，成都生产的浣花锦、巴缎已行销全国，新的蜀锦产品如贡缎、回文锦、金丝缎、鸳鸯缎、三纺绸纷纷问世。一批批华丽的蜀锦从花楼机走下，流光溢彩，也见证着 2000 年的蜀锦故事。

东阳木雕《老成都》

再现清代成都市井生活

文｜吴云霞

　　木雕，中国传统手工技艺。长于山间的大树成为朴拙木料，在木雕匠人千雕万琢的打磨下，变身成兼具实用性和艺术性的木雕。如果一棵树有灵魂，木雕就像是让树涅槃，拥有新的生命和灵魂。

　　我国现存最早的木雕工艺品，来自7000多年前的浙江余姚河姆渡遗址。一条11厘米长的木雕小鱼，周身阴刻着大小不等的圆窝纹，模拟鱼儿在水中游动。7000多年后，木雕艺术的集大成者依然在浙江。中国四大木雕浙江有其二——东阳木雕和乐清黄杨木雕。

　　东阳木雕发展于唐宋，鼎盛于明清，传承技艺的工匠甚至参与了紫禁城的营造。据《东阳市志》记载："清嘉庆、道光年间，400余名东阳木匠、雕花匠应召参加北京故宫修缮。"在木香浸染下，匠人们一雕一刻中，这门技艺不知不觉跨越了千年，传承下来。

　　在成都大悦城对面的写字楼里，有一个鲜为人知的了凡木文化博物馆，收藏了诸多东阳木雕作品。博物馆玄关处悬挂着一张被拆分的靠背扶手椅，清楚地呈现出传统家具的榫卯结构，诠释着中国木文化的内涵。

博物馆中的"镇馆之宝"，是一件长达6米的东阳木雕作品《老成都》。这件作品以珍贵的金丝楠木为原料，刻画了1000多个人物和上百栋建筑，展现了清代老成都的市井生活，定格了老成都人从日出到日落，平凡而充实的一天。

清晨，挑着扁担的货郎行走在街巷中，大树旁的早点摊子蒸汽袅袅，吸引了不少人，一只小狗似乎是跟随主人而来，期盼主人将早餐分它一份。小桥旁的一户人家，工人们已经早早开工修新房，从旁边整齐堆放的瓦片可以看出，今天要为新房铺瓦。

桥对岸，依稀能看到成都的老城墙。清代，成都的城墙蔚为壮观，是西南地区著名的城垣建筑。在经过清乾隆年间大修后，城墙周长达到二十二里（11千米），并在城墙上遍种芙蓉和桃柳，再现"芙蓉城"盛景。城墙边上因为交通便利，成为商业集中的黄金地段，茶铺、米店、牛肉店铺里人来人往，生意看起来不错。

转眼来到正午时分，成都城里热闹非凡，一场庙会正在热闹上演。打金章的比武擂台，各种杂技和气功表演惊险猎奇，临时搭建的帐篷里不知上演着什么热闹剧目，引得场外观众频频往里窥探。神秘的西洋镜，总能勾起人们的好奇心。旁边茶铺里，歇脚的客人们天南地北地摆龙门阵。售书的书摊算是闹中取静，刚买完书的人，已经迫不及待地蹲在大树下读起来。

明清之际，成都人有农历二月十五日赶青羊宫庙会的习俗。传说二月十五不仅是老子的诞辰日，又是百花的生日、花神的节日，于是庙会、花市合二为一，场面极其热闹。庙会上，成都各剧团、杂耍班子和民间艺人也都不请自来，川菜馆和名小吃店在庙会上摆摊设点，让游人大饱口福。还有各种商品物资展示、评比的"劝业会"，这是成都会展业的雏形。

夕阳西下，老成都的热闹却并未停止，一支迎亲队伍吸引了

东阳木雕《老成都》长达 6 米，刻画了 1000 多个人物和上百栋建筑

众人的目光，孩童们跟随乐鼓队前呼后拥地看热闹，行人驻足猜测这是谁家的婚事。跟现代婚俗不同，古人结婚都是在晚上的，古汉语中，"婚"字由"昏"字衍化而来，寓意女子在黄昏时分踏入夫家的大门，开启人生的新篇章，这场黄昏的婚礼也为《老成都》长卷画上了句号。

这件木雕《老成都》，经过选料、下料、制图、拓稿、打胚、修光、精修、打磨等多道工序，花费了 1800 个工（一个工为 8 小时）才雕刻完成。2014 年 10 月，《老成都》在第十五届中国工艺美术大师作品展暨国际艺术精品博览会上荣获"2014 中国原创·百花杯"中国工艺美术精品奖金奖。

刀刻风华，木塑时光。沉浸于这幅木雕长卷，恍惚间好像已身临其中。穿过扰攘的人群，锦江边江水汤汤，身旁取水洗衣的妇人，远处临水品茶的老者，流淌千年的江水滋润着成都人的生活。街巷中，飘香四溢的除了美食还有美酒，伴随着酒坊里蒸腾的水雾，酒香溢满街道。街道上的临街商铺，是老成都最常见的构造，1 层是店铺，2 层是生活居住区，出则繁华、入则宁静的生活方式背后，是成都人面对世事宠辱不惊的处世态度。

　　成都市双流区汉轩民俗艺术博物馆是一家以展示清代川西民居四合院建筑和民俗陈设为主题的非国有博物馆，位于成都市双流区彭镇昆山村 8 组。

　　汉轩民俗艺术博物馆占地面积 18480 平方米，建筑面积 4200 平方米。博物馆建筑由两座清代川西民居四合院和一座清代走马转角楼组成。第一座清代大型川西民居四合院由一正房、东西两厢房、四角各一个的小天井组成，四合院建于清道光二十六年（1846 年），于 2009 年初都江堰灾后重建，整体搬迁于此；走马转角楼建于清道光十九年（1839 年），走马转角楼与第一座清代大型四合院连接为一体进行实景展示；第二座四合院为一座清代小型川西民居四合院，作为博物馆古建筑修缮维护的木工工作坊以及技术研究中心。

　　博物馆藏品包括 3 座清代川西民居建筑以及古蜀农耕农具、生活用具和民俗文化用品共计 2700 余件（套），博物馆还收藏了另外 8 座未恢复重建的清代川西地区民居四合院。

成都市双流区彭镇昆山村 8 组

成都市双流区汉轩民俗艺术博物馆

成都标榜川西古典家具博物馆

成都市龙泉驿区同安街道同策路 3 号

　　成都标榜川西古典家具博物馆是一家以展出川西古典民俗家具为主的专题性非国有博物馆，位于成都市龙泉驿区同安街道同策路 3 号。

　　标榜川西古典家具博物馆致力于展示和保护川西古典民俗家具，这些家具具有鲜明的川西地域特色，整合了川西精湛的建筑技术、浓厚的宗教传统、精雅的文人品位和发达的商人文化等因素。通过图案、雕刻和结构等静态符号以及家具制作、使用和流通等动态行为，呈现了川西民间独特的社会文化。博物馆分为展示区和工艺体验区，展示区包括川蜀民俗家具馆、材料展示馆、传统家具结构展示馆、书房主题陈设馆、卧房主题陈设馆和客厅主题陈设馆 6 个专题馆。此外，博物馆还设有餐厅、书房、妆匣、卧房主题家具体验区和木作坊工艺体验区。

　　博物馆的藏品数量为 5751 件（套），以古典民俗家具为主。

　　成都市郫都区臻古堂家具博物馆是一家民办高校博物馆，以收集、陈列四川地区明清时期家具为主，位于成都市郫都区犀浦镇泰山大道186号成都纺织高等专科学校北苑内。

　　臻古堂家具博物馆于2014年对外开放，展厅面积1600余平方米，以展示川渝地区民间古家具文化为主题。博物馆基本陈列分为"堂屋展示区""书房展示区""卧房展示区"3个展厅，将不同用途的家具按照其功能进行室内陈设展出。

　　博物馆藏品以明清家具为主，兼有古服装、书画等，藏品共计2000余件（套），尤以明清时期卧房家具、书房家具、花窗最具特色。

成都市郫都区犀浦镇泰山大道186号
成都纺织高等专科学校北苑

成都市郫都区臻古堂家具博物馆

成都市郫都区民俗博物馆

成都市郫都区三道堰镇古城村锦水路 162 号

  成都市郫都区民俗博物馆是一家以川西坝子农耕和民俗、茶文化为主题的非国有博物馆，位于成都市郫都区三道堰镇古城村锦水路 162 号。

  郫都区民俗博物馆总占地面积 1000 平方米，以川西坝子民间民俗生活实物资料和农耕用具形成系统的民俗文化展览。博物馆打造乡村博物馆模式，护粮田，守林盘，修农灌，传技艺，发扬中华农耕文明的优良传统。

  成都市郫都区民俗博物馆藏品数量 2845 件（套），涵盖石、陶、铜、玉、瓷、皮、布、竹、木、绣、纸多种材质。

　　成都市新都区古典家居文化博物馆是以家具木文化为主题的非国有博物馆，位于成都市新都区新繁街道阳光林森路 103 号。

　　新都区古典家居文化博物馆原址曾是一座老旧的家具工厂，在馆长曾道松的努力下，将旧工厂改建为古典家居文化博物馆。博物馆于 2015 年 6 月正式开放，基本陈列以中国家具发展历史为主线，还原不同历史时期古典家居陈设场景，设有明清家居文化馆、砚台馆及手工体验区、古家具修复区、功夫茶体验区、游客休息区、文创区等功能区。

　　博物馆收藏古家具藏品 1520 件（套）、书画类珍藏品 100 余幅，另有古玩、盆景及其他艺术品。

成都市新都区新繁街道
阳光林森路 103 号

成都市新都区古典家居文化博物馆

成都绿舟博物馆

成都市青羊区光华大道二段601号

　　成都绿舟博物馆是全球首个以"非物质文化遗产"为主题打造的综合性博览馆和成都国际非遗博览园的文化核心，也是每两年一届国际非遗节的重要组成部分，位于成都市青羊区光华大道二段601号。

　　2012年，成都绿舟博物馆注册登记，占地面积2万平方米，展厅面积1.5万平方米。成都绿舟博物馆以非遗传播为核心，以"让全世界公众认识非遗、体验非遗、感悟非遗"为主题，基本陈列包含"序厅""人类非物质文化遗产代表作名录厅""中国国家级非物质文化遗产代表作名录厅""后记放映厅"4大展厅。

　　博物馆藏品以表现非物质文化遗产相关技艺的当代工艺品、艺术品为主，包括瓷器、织锦、玉雕、金银制品等类。截至2022年末，藏品共计535件（套），特色藏品包含清代蜀锦花楼机、纳菲尔塔莉雕像、普洱茶团"皇室龙团"等。

347

　　成都市了凡木文化博物馆是一家以中国木文化为主题的非国有博物馆，位于成都市武侯区星狮路 818 号 4 栋 3 单元 7 层 701 号。

　　了凡木文化博物馆于 2021 年正式对外开放，占地面积 600 平方米。博物馆通过对木文化相关的社会文物及艺术品进行陈列展览，诠释木文化的深厚内涵。基本陈列包括木建筑及家具制作流程展示、木工及木雕工具展示区、木雕艺术品展示区。

　　博物馆藏品总计 1000 余件（套），其中以木雕艺术品最具特色。

成都市武侯区星狮路 818 号
4 栋 3 单元 7 层 701 号

成都市了凡木文化博物馆

琳 琅 满 目

⊙ 水井街酒坊遗址，复原了元末明初白酒的酿造全过程，被誉为『中国白酒行业的无字史书』；

⊙ 明代酿酒蒸馏器基座，俗称『天锅』，中国酿酒技术与蒸馏技术的见证；

⊙ 1755年生产的管风琴，从加拿大漂洋过海来到成都，被誉为『乐器之王』；

⊙ 路易十六皇后珍藏的鎏金钢琴，曾收藏于法国凡尔赛宫；

⊙ 『青城山下白素贞』，成都大皮影，一辈又一辈成都人的『记忆库』；

⊙ 从1300多支香水中脱颖而出的900毫升香奈儿5号，一部香水历史的缩影；

⊙ 亚洲第一个世界『美食之都』，缘何落户成都？答案隐藏在这份红、白、黑相间的证书中；

⊙ 印刷是全人类共享的文明成果，雕塑家许燎源以活字印刷雕塑致敬伟大的发明；

⊙ 金砖国家电影节熊猫奖奖杯，存放在中国首家设计艺术类博物馆中。

水井街酒坊古窖池

蜀酒飘香 600 年

文 | 代萍

　　成都酿酒的历史源远流长，三星堆和金沙遗址出土了各种酒器，既有青铜质的尊、罍、彝，又有陶质的瓶、杯、盏，说明蜀酒文化早在 3000 多年前就已萌芽，可除此之外，还缺一个可以印证蜀地酿酒历史的重量级藏品。就在此时，水井街酒坊遗址被发现了。

　　将时间拉回到 1998 年 8 月，全兴酒厂在水井街改建厂房，四川考古界闻声而动，大家冒着酷暑来到酒厂，为筹备中的四川全兴酒史博物馆寻找展品。这一趟可以说是收获不小，考古人员在用洛阳铲挖的几个小孔中发现了瓷片和陶片，看来这里地下的确埋藏着古迹。

　　1999 年，成都文物考古研究所和四川省文物考古研究所联合对水井街酒坊进行考古发掘，认定水井街酒坊遗址始于元末明初，经历朝历代增建修缮，前后使用 600 余年，堪称"中国白酒第一坊"。遗址面积约 1700 平方米，发掘面积 280 余平方米。历经元、明、清，发展至今。它为研究中国蒸馏酒（又称白酒或烧酒）酿造工艺的发展历程提供了珍贵材料，丰富了中国传统酒文化的研究内容。此次发掘中最令人惊喜的发现，莫过于水井街

水井坊博物馆是在"1999 年全国十大考古新发现"之一的水井街酒坊遗址上建立的民间博物馆

水井坊博物馆以真实的生产场景复原了传统白酒酿造技艺

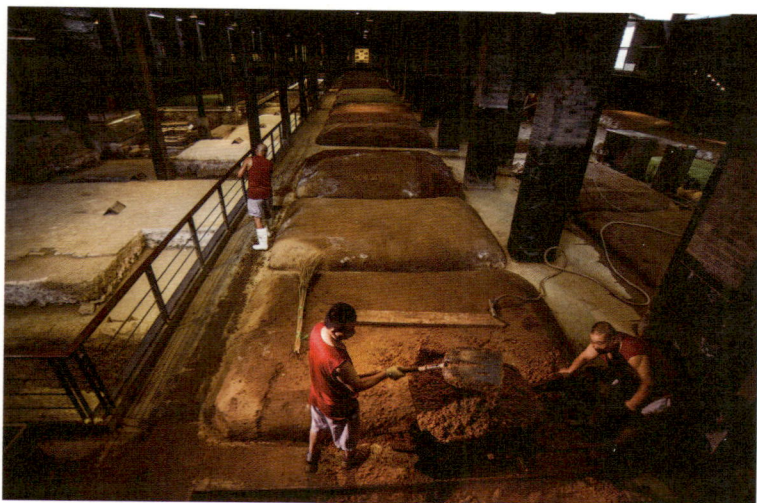

酿酒工人正在水井街酒坊遗址发现的古窖池内作业

酒坊古窖池，这也成为后来成立的成都水井坊博物馆的"镇馆之宝"。

倘若从高空俯视，不难发现以古窖池所在遗址为中心，蛛网般铺开的博物馆布局。水井坊博物馆坐落于成都市老东门大桥外的水井街南侧，依托水井坊遗址而兴建，青砖院落古朴典雅，遗迹包括晾堂3座、酒窖8口、灶坑4座、灰坑4个、灰沟1条和蒸馏设备冷凝器基座、路基，完整复原了浓香型白酒的酿造全过程，被誉为"中国白酒行业的无字史书"。诸多遗迹中，就有如今水井坊博物馆的"镇馆之宝"——古窖池。古窖池是遗址的核心，是古制酒生产车间，呈"T"字形结构，地面建筑建于民国时期，由3个建筑组合而成，分别为中间及南面的生产车间和北面的会议室。古酒窖群中，现存明清至近代的老窖池49口，土、石材质保存基本完整。

泥窖池是古代酿酒的重要发酵区域，在当年的发掘现场，长方斗形的古窖池里还留存湿润的古窖泥和仍在发酵的糟醅。"仍在发酵"这4个字至关重要，这代表窖池内还存活有大量的微生物菌群。

微生物，正是活态传承的关键。窖池的历史对白酒的风味有着重要影响，常言道："千年酒窖万年糟，酒好须得窖池老。"窖龄越长，窖泥中的微生物驯化越成熟，能够产出的香味物质越醇厚，酿出的酒自然越香浓。

水井街酒坊遗址的考古发掘现场工作告一段落后，成都文物考古研究院文保中心主任肖嶙接过重担，开始研究工作。发现古窖池自然是意外之喜，可是这也给参与遗址保护的研究人员带来了不小的困扰：怎么保持微生物的活性呢？毕竟对于一般古遗址而言，水害和微生物都是需要被重点治理的对象，可偏偏这一次需要的是保护微生物。

多个专家团队对保留的菌群进行了细致监测、研究，经过不断尝试，终于成功找到能够持续生香的"一号菌群"。过程不可谓不艰难，科研团队鉴定出了超过25万个功能基因，发现近4000种微生物，而最关键的微生物，便是喜热菌、己酸菌、丁酸菌、醋酸菌等，它们和香气成分的生成有着密切关系，是窖香的重要组成部分。

研究工作有序开展的过程中，一个大胆的想法浮上众人心头：不如继续在水井坊酿酒。

微生物是很脆弱的，这么好的微生物，如果不继续生产，只是放在古窖池里，要不了多久就会脱水消亡……是纯保护还是生产与保护结合？这个问题对很多文保人都是一次冲击，这也是水井街酒坊遗址古窖池和其他古遗址保护最大的不同。

决策的过程并不容易，但好在结果令人松了口气——保护遗址，同时也兼顾生产。终于，沉睡多年的古窖池苏醒，人们能够在此见到最传统的酿酒工艺，酒坊的古法生产酿酒流水线至今仍在生产。

这是水井坊博物馆与大部分博物馆的本质区别，这里有真实的生产场景，再现有600余年历史的水井街酒坊传统酿造技艺，成为实际生产过程和展示陈列完美融为一体的"活"的博物馆。

2000年5月，水井街酒坊遗址被国家文物局评为"1999年全国十大考古新发现"，2001年6月被国务院列为"全国重点文物保护单位（第五批）"。位于成都水井坊博物馆的水井街酒坊遗址，从元明清至近现代，600多年未改其址，酒香从未中断，是中国酒业的活文物，印证了蜀地白酒酿造工艺至少在明代以前就趋于成熟，填补了我国乃至世界酒坊遗址专题考古发掘的空白。

蒸馏器砖石基座

改写世界酿酒史

文 ｜ 代萍

　　中国是世界上最早掌握酿酒技术与蒸馏技术的国家之一，但有一件事尚未明朗，那就是蒸馏酒的起源地，到底是在中国还是在西方？这个问题，随着水井坊明代酿酒蒸馏器砖石基座的发现，逐渐清晰了起来。

　　明代酿酒蒸馏器砖石基座，是在成都水井街酒坊遗址的晾堂中发现的。白酒酿制过程中，除发酵是在酒窖中进行，续糟配料、蒸馏摘酒、摊晾下曲等重要环节均在晾堂上完成。晾堂本身就已经不一般，垂直重叠着明、清、现代的建筑材料，分别为：三合土筑成的明代晾堂、砖胚砌成的清代晾堂、红砖铺成的现代晾堂。三代同堂，实为罕见。

　　更让人惊喜的还在后头。随着发掘的深入，考古工作者发现一个圆形砖石结构的基座，它就是酿酒蒸馏器基座。从外形来看，底部平铺环行石盘，盘上起砌两圈砖石结构的立壁，壁间用砖石块及灰浆等物填充，学者从基座形状和内部结构判断它应该是传统酿酒工艺中关键设备——蒸馏器（俗称"天锅"）的遗存。

　　经窖池发酵老熟的酒醅，酒精浓度非常低，需要用"天锅"进一步蒸馏和冷凝。整个蒸馏的过程，首先需要在炉灶上放一口

水井街酒坊遗址出土的蒸馏器基座为中国蒸馏酒的起源与发展增添了实证

"地锅"，安置甑桶和"天锅"冷却器，再配以冷凝管道和盛接容器。然后将发酵成熟的酒醅装入甑桶，用灶火加热进行蒸馏。同时，在"天锅"内注入冷水，不断更换，使汽化的酒精遇冷，凝结成液体，从而达到提升酒精浓度和形成白酒香味的目的。

今天市面上的酒，根据酿造工艺的不同，可以分为3大类：发酵酒，即黄酒、米酒、醪糟等；蒸馏酒，即高纯度白酒等；配制酒，即各种果味酒。第三种暂且不论，发酵酒和蒸馏酒最核心的区别，就是工艺难度。蒸馏酒的步骤更多，技术更复杂，对原材料的把控也更严格。总的来说，蒸馏酒需要在发酵的基础上，进行蒸馏，为的不仅是酒精度数的提升，更重要的是留取更高质量的香味物质，以保证陈酿之后口感和色泽都能更上一层楼。

元代以来，中国蒸馏制酒技术成熟，并逐渐推广开来。明人李时珍在《本草纲目》中写道："烧酒非古法也，自元时始创其法，用浓酒和糟入甑，蒸令汽上，用器承取滴露。"至明、清、民国时期，蒸馏酒不仅是宴席的主角，也是百姓生活不能缺少的美物。庞大的需求，甚至催生了繁荣的酒坊文化。水井坊明代酿酒蒸馏器基座的发现，无疑是这段历史的印证。

在这之前，国内关于酿酒作坊，尤其是白酒作坊遗址的发现几乎可以说是空白，只发现过极个别的酿造酒作坊和榷酒遗址。水井街酒坊遗址不仅是中国，也是世界上第一个经考古发现的、保存较为完整的古代白酒酿造作坊遗址。在明代就能出现这样成熟的传统酿酒体系，为印证中国蒸馏酒起源论，再增添了实证。

站在水井街酒坊遗址内，可以回望 600 多年前成都的繁华之地水井街。它位于环城二江交汇点的东边，西南方是东门坝头，四周环绕着名胜、寺庙、酒楼、商铺、茶肆，熙熙攘攘，好不热闹。

水井街酒坊以其前店后坊的格局，后坊酿酒，前店售酒，既能供应周边酒楼、旅馆，又能满足散客饮酒的需求。明代著名文学家杨慎是新都人，他曾写下《临江仙·滚滚长江东逝水》中的名句："一壶浊酒喜相逢。古今多少事，都付笑谈中。"那时的他经历了"大礼议"事件，受到廷杖，并被削夺官爵，从朝廷里春风得意的状元，被放逐到偏远的西南。人生这盘下酒菜，明明酸涩难咽，他倒好，伴着酒与江风，痛饮一生的波澜。如此豁达，定有酒的助兴。

占地 1700 平方米的水井街酒坊遗址，仅仅发掘了不到 300 平方米的面积，就已经发现了数目繁多的各类酿酒设备，它们与明代酿酒蒸馏器彼此搭配，展示了传统白酒酿造工艺流程，也展示了一个酒香四溢、熙来攘往的明代成都。

1755 年管风琴

乐器之王

文｜代萍

　　踏进芯智慧音乐博物馆 1 层，在昏暗的灯光下，矗立着一台 1755 年生产的管风琴。它足足有 4.2 米高，仰望它，会让人产生一丝敬畏，怪不得有"乐器之王"的美誉。

　　管风琴通常以体积庞大而出名，但其实不同管风琴之间的差距很大，小的只有 1 米高，大的则能高达 5 层楼。管风琴令人咂舌的不仅是体积，还有它的音域。它拥有世界上所有乐器中极丰富的音色和最广的音域。

　　通过琴身上不同音栓和键盘的组合，管风琴可以在基本的音域之上，拓展到 9 个八度以上，甚至更多的音域。用钢琴的音域作为对比，88 键钢琴的音域范围已经非常广了（从最低音 A0 到最高音 C8），涵盖了人类听觉的大部分频率，使得钢琴成为独奏、重奏和伴奏中的常用乐器。然而，管风琴的音域能够扩展到 9 个八度以上，这意味着其发声范围比钢琴还要宽广得多，声音多变，既可以庄严，也可以激昂或柔和。也是因为可以发出从极低到极高的各种音色，使得管风琴能够模仿多种管弦乐器的声音，具有极高的表现力，一架管风琴就能替换很多管弦乐，仅它自己，就是超级乐队一般的存在。

1755 年生产的、原藏于加拿大圣母玛利亚大教堂的管风琴

同样与钢琴进行对比，管风琴是气鸣乐器，钢琴是击弦乐器，钢琴有轻重音，而管风琴没有。所以听到管风琴的演奏，尤其是低缓的独奏，会心生敬畏，感到神秘，甚至不寒而栗，让人联想到神圣的婚礼、辽阔的宇宙，又或是破败不堪的古宅。

芯智慧音乐博物馆的这台管风琴周围环绕着采用裸眼 3D 模式的 LED 屏，让人能够联想到它在大教堂内演奏的场景。它距今有近 300 年的历史，从加拿大圣母玛利亚大教堂运送至此。运输时间将近两个月，光是运费就花了 20 万元。它的身价更是高昂。优质的材料、安装和保养的难度，都在印证它超高的存世价值。其实这台管风琴并没有完成安装，它一共有约 1.2 万个零件，重量达到数吨，实际高度达 4.8 米，是限于博物馆的空间层高，才只安装到 4.2 米。

管风琴被称为"乐器之王"，同时也是世界上最大的乐器

　　管风琴是"生长"在建筑里的乐器，对建筑的依赖性很大，需要和存放它的教堂一起设计和修建。它如此高大，像是天神俯瞰着每一个进入教堂的人，难怪说管风琴演奏出的是神的声音。而尽管现在有人把管风琴音乐当作宗教音乐的代表，但是它并非一开始就和宗教绑定在一起。8 世纪之前，管风琴是不被允许进入教堂的，因为当时教会认为管风琴是"魔鬼"一般的存在，它发出来的声音相当于一个交响乐团，这实在不可思议，甚至有些恐怖了。9 世纪之后，随着教会逐渐让步，管风琴才终于可以进入教堂。进教堂的契机，是因为皇室喜欢听管风琴的演奏，而教会的发展离不开皇室的资金支持。当时皇室认为这个乐器体形巨

大，造型又这么漂亮，能够凸显皇室的地位和尊严。恰好在每一个城镇和村庄里，面积最大的单体建筑是教堂，于是就把管风琴放到教堂里面去了。可以这么说，耗费巨大人力、物力、财力的管风琴，正是因为搭上了皇室和宗教的顺风车，才能够站在国家资源的顶峰，成为留存于世的"乐器之王"。

管风琴音乐曾在17纪世至18世纪中期掀起不小的浪潮。这就得提起一个大家耳熟能详的音乐家——约翰·塞巴斯蒂安·巴赫（1685—1750）。他酷爱用管风琴创作音乐，也因此创作出了世界上最著名的管风琴音乐。其中非常著名的就有《d小调托卡塔与赋格》（*Toccata & Fugue in D Minor, BWV 565*）。从第一部分的柔和，到第二部分的华丽，再到第三部分的多变，整首歌曲旋律非常丰富且有气势。大家也许对这个作品名称感到陌生，但只要搜来听一听，就会发现你的耳朵对它可并不陌生，因为世界上有很多影视作品都曾经用过这段旋律。

更多人可能是在《星际穿越》中听过管风琴的声音。在全片最重要的一段配乐《原野追逐》（*Cornfield Chase*）中，浩瀚的宇宙，旋涡状的星云在你我眼前徐徐展开。在管风琴的声音中，一切变得如此平静，它是宇宙的密码，是人和自己内心深处的对话，它的音色穿过历史，指向未来。

有点可惜的是，管风琴存放和保养的难度很大，不仅需要日常保养，储存时也十分讲究室内温度和空气湿度，只有满足所有条件，它才能发出天籁之音。这台1755年生产的管风琴能够进入芯智慧音乐博物馆得到及时的照料，在大部分管风琴中已经是比较好的归宿了。

洛可可风格镏金钢琴

路易十六皇后的珍藏

文丨代代

> 钢琴是有史以来最重要的乐器发明，它对音乐
> 的重要性，犹如印刷之于诗歌。
>
> ——萧伯纳

位于成都市双流区芯谷产业园区的芯智慧音乐博物馆，收藏着来自世界各国的古董钢琴和其他古董乐器 300 余件。

在 2 层入口附近，一架 200 多年前的洛可可风格镏金钢琴在水晶灯的映衬下显得精致极了，格外引人注意。琴身上的浮雕有连绵的植物和小提琴等乐器纹样，以 24k 镏金工艺装饰。用"华贵"已经不足以表达它给人的震撼，用"璀璨"二字才贴合它的光辉灿烂。

镏金是一种金属加工工艺。制作时，工匠需先将金和水银合成一种名为"金汞齐"的合金并将其涂在铜器表面，然后加热使水银蒸发，金就能稳稳地附着在铜器上。因为高纯度的黄金质地柔软，而铜的质地相对坚硬，以铜为底器，能起到比较好的塑形作用，使得整个造型既华美又持久。

除了镏金工艺，钢琴的用材更是考究，键盘由象牙与乌木制

这架钢琴曾归属于法国皇室，曾被收藏在著名的凡尔赛宫

代表着纯真与爱意的小天使是法式洛可可风格中最常见的装饰元素之一

成。这样的搭配除了美观，还有实用功能：据说在弹琴时，手指在象牙琴键上不容易打滑，可防止演奏时失误和受伤。

芯智慧音乐博物馆的这架镏金钢琴曾经的主人是法国国王路易十六的王后玛丽·安托瓦内特，曾被收藏于法国凡尔赛宫。钢琴的造型和拥有者的皇室身份有紧密的关联。譬如踏板处的竖琴造型，就是皇室最爱的造型之一。竖琴是整个欧洲音乐史中流传历史最久的一种乐器，因此被皇室认为是高贵、神圣和贵族气质的象征。镏金钢琴出自法国钢琴的天花板品牌埃拉尔（Érard），其被誉为法国有史以来最杰出的钢琴制造商之一。因为制造的钢琴精美、奢华，获得了路易十六国王的特许，为法国宫廷生产钢琴。品牌出品的钢琴为迎合当时流行的洛可可风格，在外观上用到了大量的 S、C 形曲线纹饰和前文提到的花草边饰。

行文至此，这架钢琴的收藏价值已经不言而喻了，那么，钢琴到底为何如此重要？

关于钢琴的重要性，我们听到的比较多的一个理由是：钢琴让音乐有了情感。现代钢琴通过控制柔音踏板和延音踏板调节强弱音，于是大家便能听到乐曲或柔和，或激昂的情感表达。同时，演奏者通过对手指力度的控制，可以表现不同的节奏，使得作曲家能够创作出意境广阔的乐曲。比如，钢琴在莫扎特手下是《小星星变奏曲》中由跳跃的十六分音符构成的一串串清晰活泼的旋律；在贝多芬指尖，又变成了通过高抬手指加大演奏力度而爆发出的激情乐章，进入 19 世纪，肖邦和李斯特更加注重情感的表达，钢琴演奏出来的音乐近乎诗篇。

这些乐曲能够被大众欣赏，还要依托钢琴"阶级属性"的淡化。时间回到 18 世纪初，美第奇家族雇用的乐器制造匠巴托罗密欧·克里斯多佛利（1655—1731）发明了钢琴。然而，时至 18 世纪中期，钢琴的年产量仅为 30 至 50 架，且多数为皇室所拥有。这一状况持续到 18 世纪后期，莫扎特对钢琴产生了深厚情感，他放弃了皇家的资助，转而频繁举办面向公众的音乐会，这些音乐会震撼了整个欧洲，也使得钢琴名声大噪。

钢琴的流行，背后有作曲家美妙音乐的推力，更离不开工业革命。两次工业革命让生产力大大提高，钢琴才得以进入普遍民众的家庭。在钢琴诞生的 300 多年来，回溯它在不同国家的经历，都重复着皇室—贵族—中产—平民的普及过程，就连在中国也是先进入了皇家。据记载，1673 年，葡萄牙传教士徐日升成为康熙的音乐老师，教授西方乐理和古钢琴。几年后康熙就可以演奏古钢琴了，并以此成为中国历史上第一个学会弹钢琴的人。

钢琴从贵族专属变为大众乐器，直至今日已成为乐器界不可替代的角色。无论是独奏、伴奏或是作为交响乐队、爵士乐队的一分子，它近乎无所不能，发挥着独特的作用。

站在芯智慧音乐博物馆的鎏金钢琴前，参观者似乎可以看到那些历史上赫赫有名的音乐家精彩的演奏，他们指尖飞旋，弹出浪漫之声。

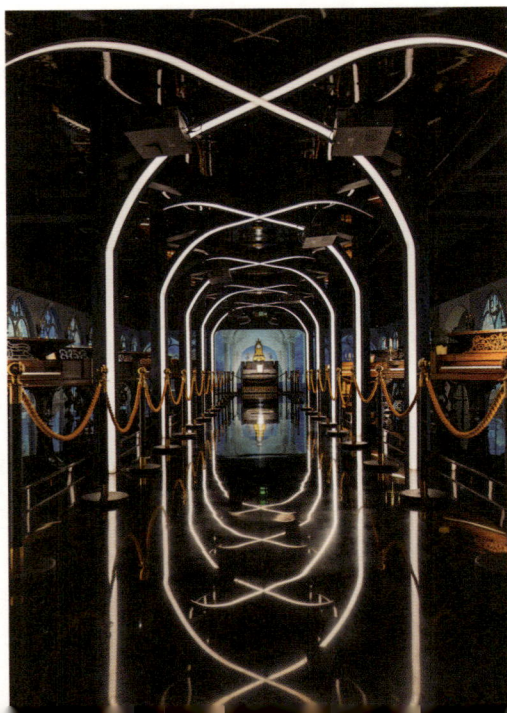

芯智慧音乐博物馆中收藏了来自世界各国的古董钢琴及其他古董乐器 300 余件

成都大皮影

青城山下白素贞

文 | 王国平

　　都江堰市青城山下一处幽静的田园深处，坐落着一处声名远播的民间博物馆——成都皮影艺术博物馆，漫步其中，鸟鸣虫唱，草木芬芳。博物馆中 1530 件（套）色彩艳丽、雕刻精细的皮影藏品让人目不暇接，心生惊叹。成都皮影艺术博物馆是四川地区皮影藏品最丰富的博物馆之一，藏品中的大部分都是成都皮影，堪称一辈又一辈成都人的"记忆库"。

　　这里的"镇馆之宝"是两件罕见的大皮影，均为牛皮制作，材质优良，光滑平整，矿物颜料上色，古朴又不失鲜艳。一为生角，角色不详，高 70 厘米，身着马褂，造型生动，器宇轩昂；支撑杆和操纵杆颜色深沉亮丽，使用痕迹明显。一为旦角，角色为皮影戏《雷峰塔》中的主人公白素贞，高 62 厘米，脸部线条圆润饱满，手指修长，服饰为女腰裙（女打衣），色调以黑、蓝为主，辅以黄、红两色。

　　可能有人会觉得奇怪，白素贞的故事发生在杭州，怎么与成都有了关联？其实，白素贞皮影形象出现在此一点也不意外，其因有二：一是《白蛇传》是皮影戏的保留剧目，二是白素贞与青城山关系密切。大家可能还记得电影《白蛇：情劫》主题曲的歌词："青城山下白素贞，洞中千年修此身……"说的就是这段故事。白蛇和青蛇曾在青城山修炼，后来遇见了白云祖师，感念其修行不易，助其化为人形，起名白素贞和青儿。白素贞在青城山邂逅了太上老君的童子李仙，一见倾心，双双坠入爱河。后来太上老君发现了李仙私自下凡，将其打下凡间，投胎于杭州许家。于是白素贞和青儿从青城山出发，前往杭州与许仙相会，一路上在青城山留下了金娃娃沱、神仙洞等美丽的景点。而大皮影的出现，仿佛是为了印证"青城山下白素贞"的传说。

皮影戏，又称影子戏或灯影戏，起源于中国，可以追溯到西汉时期，兴于唐，盛于清，是一种以兽皮或纸板做成的人物剪影来表演故事的民间戏剧。皮影角色分为生、旦、净、末、丑五类，不同皮影角色身段造型使用不同的雕刻花纹，再配以不同的头子，就能成为不同的角色。与北方皮影不同，成都皮影手上关节要多出一节，让手指和手掌关节分开，这就使得表演时更加细腻、生动、鲜活。

旧时皮影戏班影人角色多、剧目多，但演员少，一般十一二人，最少的只有三五人，演员忙时在家务农，闲时走街串巷，提起皮影能演，还能操琴、击鼓伴奏，并兼各种角色的腔调吟唱。艺人们在白色幕布后面，一边操纵皮影，一边用当地流行的曲调讲述故事，同时配以打击乐器和弦乐，形成一台完整的演出。

一个皮影戏班，两三件衣箱包裹就是全部家当，或肩挑或马驮，来去方便，收费低廉。乡村集镇庙会、民俗庆典、红白喜事、祭祀活动都离不开皮影戏的捧场，因此成都大皮影旧时长盛不衰，剧目多样，主要有三国戏如《群英会》《借东风》《打黄盖》，神话戏如《封神演义》《白蛇传》《西游记》《陈香救母》，武打戏如《狮子楼》《醉打山门》《武松打虎》，爱情戏如《西厢记》等。

据清人傅崇矩著《成都通览》记载，清时成都大皮影就已盛行，有 16 个"成都灯影"班，曾涌现出钟长兴、仲焕章、刘洪顺、蒲灯影、王大果等皮影艺术家。清末民初，伊莎贝拉·伯德、弗里茨·魏司、路德·那爱得等外国摄影家都曾用镜头留下了弥足珍贵的成都大皮影影像。

20 世纪 80 年代，皮影班逐渐淡出人们的视野，皮影家当也面临失散的境地。雕塑家赵树同和儿子赵洪见此情形，忧心忡忡。有人听说赵树同父子在收藏皮影，便拿了 100 多件前来问他们是否收购，赵洪一看大多是精品，但对方要价太高无力承担。临走前，赵洪多了个心眼，抄了个电话号码给对方，希望对方以后愿意出手时联系他。3 年过去了，就在赵洪以为自己将与那批珍贵的皮影擦肩而过时，却意外地接到了卖家电话，愿意降价转让，于是赵洪有了自己的第一批成都皮影藏品，其中的两件大皮影也成为成都皮影艺术博物馆的"镇馆之宝"。

成都皮影的尺寸比北方皮影高出一倍，因此称为"大皮影"。这两件"大皮影"中，左边的角色是《白蛇传》中的白素贞

香奈儿 5 号限量版

闻香识成都

文 ｜ 王国平

　　每家博物馆都有自己独特的气息，有的是历史的遗韵，有的是油墨的沉淀，有的是草木的清新……而当人们走进成都市香水艺术博物馆时，扑鼻而来的是沁人心脾的芳香，那是来自世界各地的上百款、1300 多支香水的味道。

　　以香水为主题的博物馆在国内非常少见，比较知名的有云南德馨香水博物馆、上海之白露嗅觉博物馆等。成都市香水艺术博物馆始建于 2019 年，坐落于都江堰市花木城博物馆集中片区。走进博物馆，瞬间进入了一个芬芳的世界。馆内的自主收藏包含四大主题，一是中西香水藏品 1320 件，二是中国香薰炉 11 件，三是世界珍稀香料 9 件，四是各国经典香水 135 件。琳琅满目，芳香四溢。

　　成都市香水艺术博物馆馆藏以绝版的香水最具特色，有诞生于 1948 年的莱俪比翼双飞、限量版水晶香水系列，高缇耶易碎品、裸女、裸男系列，爱马仕、梵克雅宝和蒙娜丽莎绝版老香系列，等等。其中香奈儿 5 号全球超大 900 毫升限量版香水堪称"镇馆之宝"。

　　香奈儿 5 号是一款具有悠久历史的香水，是香奈儿品牌最为经典的香水之一。该款香水由可可·香奈儿于1921年委托调香师恩尼斯·鲍制作，以其独特的抽象花香调和乙醛的前调而闻名，被认为是香水历史上的革命性作品，香水界的传奇。它融合了多种珍贵香料，层次丰富且优雅，而900毫升的大容量版本，是博物馆在日本的一次拍卖活动中所得，更增添了其独特性与稀缺性。大容量版本拥有独特的包装设计，在设计与工艺等方面匠心独具，具有极高的历史价值、文化价值和收藏价值。除此之外，娇兰鎏金风姿帝王之水500毫升限量版和科蒂牛至500毫升古董老香水等也是成市都香水艺术博物馆的重要收藏。

香水的历史久远，埃及艳后克娄巴特拉七世就已经开始用15种不同气味的香水洗澡，在她的时代，在公共场所不涂香水是违法的。欧洲香水业发展始于16世纪，凯瑟琳·德·美第奇从意大利来到巴黎和法国国王结婚，她凭借自己的高贵身份，把香水变成了巴黎的时髦物品，巴黎因此成为"香水之都"。到了18世纪，移居德国科隆的意大利人法理那制造的"科隆之水"（古龙水）一时席卷了整个欧洲，彻底改变了人们的生活。香水真正造福全人类是在第一次世界大战之后，娇兰、香奈儿、迪奥、圣罗兰等品牌将香水引入时装界，香水逐渐成为人们互赠的礼物和日用品。

其实，香水在中国的传统同样悠久，早在五代时期，古人便开始使用香水。当时的香水被称为"花露"，是女性化妆盒中的珍贵物品。"花露"以鲜花蒸馏而成，其中一款"蔷薇露"名噪一时，宋人赵汝适在《诸蕃志》中记载了"蔷薇露"首次登陆中国的细节："蔷薇水，大食国花露也。五代时，番使蒲诃散以十五瓶效贡，厥后罕有至者。今多采花浸水，蒸取其液以代焉。"

为了降低花露的价格，中国人开始寻找替代品，并逐步发展出本土生产的花露。到了宋朝，花露成为文人雅士生活中的必备

成都市香水艺术博物馆收藏了各个国家的经典香水 100 余件，其中不乏绝版香水

用品，不仅作为香水使用，还广泛应用于生活中的各个方面：将花露焚香，增添氛围；梳妆时，也用花露增添发丝的香气。此外，花露还被加入食物中，使美食更加美味，更加雅致高端。

1860 年以后，洋行大量涌入中国，由于航运业的发展，洋行中化妆品、香水的品种也更加丰富。成都也不例外，民国时期，成都市场的香水品牌主要有林文烟、双妹嚜和明星花露水等。这些香水多为花露水形式，具有清爽的香味，如林文烟的香味类似可乐，双妹嚜则以薰衣草为主调，而明星花露水则是一种复杂的花香。香水使用场景也变得较为多样，不仅用于日常生活中的装扮，还被用在特殊场合如宴会、舞会等，展现优雅精致的个人品位，也反映了成都的社会风尚和审美趋势。

如今，琳琅满目的香水早已是现代人生活中必不可少的物件，这 1300 多支香水，是香水文化在中国乃至世界的文化缩影，也让历史变得香气氤氲，清香四溢。

联合国证书

亚洲第一个"美食之都"

文｜吴云霞

　　成都，是中国川菜的发源地和中心，也是海内外闻名的国际美食荟萃城市，它还有一张名片，那便是"美食之都"。

　　从 2004 年起，联合国教科文组织发起建立世界创意城市网络，打造技术、信息和经验交流的平台，进而提高城市在世界范围的影响力，并设定了"美食之都""文学之都""电影之都""音乐之都""设计之都""媒体艺术之都""民间艺术之都"7 种称号。

　　2010 年 2 月，联合国教科文组织正式批准成都加入该组织的创意城市网络，并授予成都"美食之都"称号，这标志着成都成为亚洲第一个世界"美食之都"。"美食之都"的评选需要经历多个方面的考查，包括拥有高度发达的美食行业、专业的美食机构、大量的优秀厨师和传统的烹饪技巧，并通过举办美食节、烹饪比赛等活动推广和保护传统食品。2011 年 1 月 26 日，成都市政府在川菜博物馆举行捐赠仪式，将联合国教科文组织授予的"美食之都"称号的证书、函件和"美食之都"授牌、授牌现场的签名等资料捐赠给川菜博物馆永久收藏。

　　位于成都郫都区的川菜博物馆被称为"可以吃的博物馆"，馆内珍藏的 6000 余件先秦的陶罐、汉代的陶灶、清代的泡茶坛、民国的招牌，也勾勒着历史深处的川菜历史。

如今，这份红、白、黑三色相间的证书静静地陈列在成都川菜博物馆中。证书左侧是联合国教科文组织的 logo，右上角则是寓意成都美食文化的标识——由两根辣椒和一颗花椒组成的一张红唇，象征成都饮食文化中最具特色的麻辣口味。

联合国教科文组织总干事博科娃在给成都的函件中说，她相信这个称号能为成都与联合国教科文组织的更多创意城市进行文化交流提供极佳的机会。在给成都的题词中，博科娃写到，她非常喜欢成都的遗产与传统，变脸表演充满魔力，皮影戏、茶道、酒道也美妙绝伦。

大约 4800 年前，来自黄河地区马家窑文化的先民沿岷江河谷抵达成都平原，成为这片土地上的第一批居民。在他们的食谱中，黍和粟是主食，这是继承自祖先的北方旱作农业产物。但仅仅 300 年后，他们受到从长江中游迁徙而来的石家河文化先民的影响，开始在宝墩古城种植水稻，开启成都平原稻作文明源头。黄河文明和长江文明在成都相遇，融合诞生了新石器时代的宝墩文化。

战国时期，都江堰的修建使得成都成为"水旱从人，不知饥馑"的富饶之地，丰富的物产造就了成都独具特色的饮食文化。汉代卓文君与司马相如跨越礼教夜奔，在临邛开起了酒肆，也算是成都餐饮界的创业第一人了，而四川地区出土的汉代宴饮画像砖、庖厨俑，都是蜀人"尚滋味，好辛香"餐饮风尚的印证。

但成都的美食真正开始香飘全国，还要到两宋时期，无论是北宋的汴梁还是南宋的临安，都有四川风味的餐饮店。著名文人老饕——苏东坡，身体力行，创造性地把四川烹饪发扬光大到中原、江南和岭南地区。而另一位美食爱好者——陆游，则对成都东门的猪肉、新津的韭黄、茾羹中的嫩笋、薄切的鱼脍如数家珍，

联合国教科文组织授予成都"美食之都"称号的证书、函件和"美食之都"授牌、授牌现场的签名等资料是川菜博物馆的"镇馆之宝"

离蜀多年后还念念不忘。他的《剑南诗稿》中谈到四川饮食的竟达50多首，让我们得以从另一个角度一窥宋代美食的绚丽。

到了清代，伴随"湖广填四川"的移民浪潮，辣椒被引入四川，广泛种植于巴蜀大地。"好辛香"的蜀人，让川菜焕发出更闪耀的魅力。晚清，随着初期洋务运动的开展，来川的北方、江浙官员让川菜进一步发展，现代川菜逐步成型，采众家之长，以善用麻辣调味著称，形成了别具一格的烹饪方法和浓郁的地方风味。

文化的融合，使川菜取材广泛，调味多变，菜式适应性强，而成都这座城市也因海纳百川、兼容并蓄而保持经济发展、文化繁荣的状态。川菜博物馆中的这张"美食之都"证书，既是成都悠久的川菜历史见证，也是成都饮食文化的集中体现。

活字印刷雕塑

致敬一项伟大的发明

文 ｜ 中慧

在成都市锦江区三圣乡坐落着一座黑色的三角形建筑，远远看去，像一架巨大的三角钢琴。这座造型独特的建筑，就是许燎源现代设计艺术博物馆。这是全国首家设计艺术类民间博物馆，馆内展示了设计艺术家许燎源的代表作，包括家具、日用陶瓷、玻璃、金属制品等。

走进博物馆大厅，首先映入眼帘的是一件活字雕版雕塑，金属材质在光线照射下熠熠发光。它长 1.3 米，宽 0.35 米，高 2.3 米，好似一堵厚重的文化之门。这便是博物馆的"镇馆之宝"——不锈钢活字印刷雕塑。雕版上用繁体字刻着一段话："如果说书写文字的发明，使人类思想得以长久留存，那么，这一伟大的复制活动则使得知识超越个体的局限，印刷成为全人类共享的文明成果……"这段话中出现最多的一个词是"文明"。

活字印刷术是中国古代四大发明之一，始于唐朝的雕版印刷术。宋仁宗庆历年间（1041—1048），毕昇在总结雕版印刷基础上，发明了胶泥活字，完成了印刷史上一项伟大的技术革命。毕昇或许是从事雕版刻印的一名刻工，深知刻错字、漏字在雕版工作中经常发生，一个字刻错了，整块雕版就要作废，无形中增加

许燎源现代设计艺术博物馆的"镇馆之宝" 活字印刷雕塑，致敬了中国四大发明之一的活字印刷

了工作量。于是他便思索如果每个字都是活动的，就解决了错漏的问题，而且倘若使用过程中字模磨损，也不需要大费周章地重制整版，只替换磨损的字模就可以了。

毕昇的这一发明，原理与现在通行的铅活字排印方法完全相同，比欧洲古登堡发明铅活字整整早了 400 年。随着东西方交流的日益频繁，中国的活字印刷被传播到亚洲的朝鲜、日本、越南等地，15 世纪之后，更是通过俄罗斯和阿拉伯商人传播到了欧洲乃至世界各地。这便是博物馆中这件不锈钢活字印刷雕塑想表达的——"印刷成为全人类共享的文明成果"。

活字印刷要先制单字阳文反文字模，再按照稿件把单字挑选出来，排列在字盘内，涂墨印刷，印完后再将字模拆出，留待下次排印时使用。1965 年，浙江温州白象塔内发现了《佛说观无量寿佛经》，经鉴定，这是北宋元符至崇宁年间（1100—1103）的活字本，从另一个角度佐证了毕昇活字印刷技术的时间。

北宋科学家沈括的著作《梦溪笔谈》，描述了使用泥活字印书的过程：

> 用胶泥刻字，薄如钱唇，每字为一印，火烧令坚。

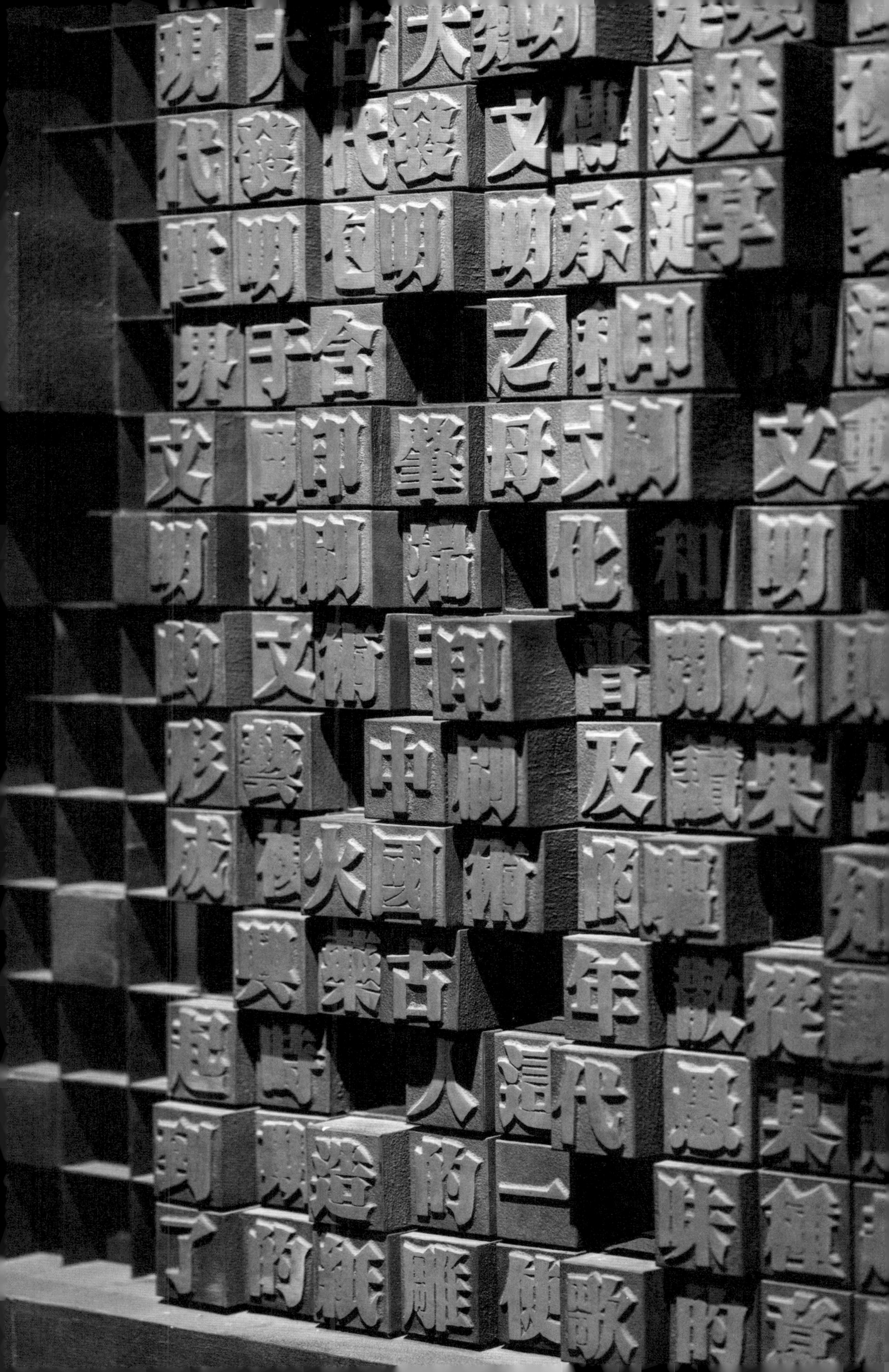

先设一铁板，其上以松脂、蜡和纸灰之类冒之。欲印，则以一铁范置铁板上，乃密布字印。满铁范为一板，持就火炀之，药稍熔，则以一平板按其面，则字平如砥……

作为许燎源现代设计艺术博物馆的"镇馆之宝"，不锈钢活字印刷雕塑体现了许燎源对活字印刷术的思考。雕塑采用名为"不锈钢薄壁浸润铸造法"的特殊工艺，使得雕塑的文字部分一体成型，无须焊接和打磨。凹凸不一的字模，对应汉字的抑扬顿挫；字模间的空白，则对应着标点符号。可以说，这是一件艺术与科学技术完美融合的作品。

1963年出生的许燎源，毕业于景德镇陶瓷学院，艺术生涯广泛涉猎书法、绘画、陶艺、雕塑、包装设计等领域，作品曾被故宫博物院、法国人头马博物馆收藏。他是一个难以被轻易定义的艺术家，总在不断挑战新的艺术语言与媒介——从早年的高分子材料编织、釉下彩陶器、不锈钢浇铸，到琉彩艺术、毛砖装置、新概念建筑，再到近年的新媒体、人工智能等媒介技术，许燎源游走于不同领域，持续打破"物我"边界，创造出一个充满新感受力的"物感"世界。

许燎源曾说："艺术是让找不到故乡的人，找到生命的欢欣。"过去近20年的时间里，他将这座全国首家设计艺术类博物馆，打造成为成都乃至全国的一处文化艺术高地。大量青年艺术家在这里被发掘，被看见；无数先锋艺术在这里孕育、发生，并持续影响着艺术潮流。

不锈钢活字印刷雕塑这件作品很难被归类，它像一个传统雕塑，也似一个艺术装置，它展现古典的文明，又拥有科技的力量。从这个意义上说，活字印刷的创新精神在这件作品中得到了现代性的传承。

金砖国家电影节奖杯

以熊猫为文化"使者"

文｜陆离 泽登

走进成都许燎源现代设计艺术博物馆，就像开启了一场现代艺术的视觉盛宴。"物感主义"、不锈钢装置艺术、雕塑、概念家具等艺术作品精彩纷呈。在一件件充满生活气息的艺术品中，如果要选出一件最具"明星气质"的藏品，显然就是它：一大一小两个"C"字形，组成了憨态可掬的头和身体。虽然脸上没有鼻子和眼睛，但是头上左右两个胖乎乎的耳朵显得活泼可爱，仿佛正在歪着脑袋打量着你。这尊28厘米高的奖杯采用了极简、抽象的设计，却依旧能看出其造型就是成都乃至世界人民的"团宠"——大熊猫。

这只大熊猫的来头可不一般。2017年，第二届金砖国家电影节在四川省成都市拉开帷幕，作为由中国、俄罗斯、印度、巴西、南非5个"金砖国家"共同举办的国际电影节，其5大奖项的评选备受瞩目。那么应该为这场国际盛会的奖项取一个怎样的名字呢？评委会最终给出了一个毫无争议的答案：熊猫奖。

让大熊猫作为金砖国家电影节的"代言人"，可谓众望所归，但伴随而来的是一个难题：在成都，大熊猫的出镜率实在太高了，该用什么样的艺术维度去构建，用什么样的艺术语言去承载，才

由许燎源设计的金砖国家电影节熊猫奖
奖杯,其造型灵感来源于大熊猫

许燎源现代设计艺术博物馆是全国首家设计艺术类博物馆

能消解人们的审美疲劳，创造出独属于金砖国家电影节的大熊猫形象呢？为此，金砖国家电影节组委会特别委托许燎源为这场国际电影盛会的最高荣誉，熊猫奖设计奖杯。此时距离电影节开幕仅有一个多月的时间，面对这项颇具挑战的任务，著名设计艺术家许燎源却没有感到太多压力，甚至是跃跃欲试，并说道："大熊猫是联结外国人和四川的，更是和成都的感情纽带，传达了文化的多元之美，也代表着金砖国家电影节增进友好的共同愿景。"

大熊猫是中国特有的珍稀濒危野生动物，也是生物界公认的生态保护代表动物。在距今约 300 万年的更新世初期，有一种化石被定性为大熊猫的小种。它像是一只胖胖的狗，体格是现在大熊猫的一半，从其化石牙齿推测，已进化成兼食竹类的杂食兽。8 万年之前，大熊猫的祖先"始熊猫"就已经出现在云南禄丰。

虽然大熊猫是仅产于中国的"活化石"，但在历来重视典籍的中国，有关大熊猫的文字记载却有些扑朔迷离。古人并没有关于"大熊猫"的明确记载，最为接近大熊猫形象描述的文字，出自明末清初四川井研人胡世安。他在《译峨籁》一书中披露了出没于峨眉山的大熊猫身影：

> 貔貅，自木皮殿以上，林木间有之。形类犬，黄质白章，庞赘，迟钝，见人不惊，群犬常侮之。声訇訇，似念陀佛，能援树。食杉松颠并实，夜卧高篱下。古老传名皮裘，纪游者易以'貔貅'。此兽却不猛，两存以备考。

150多年前，法国传教士、博物学家戴维在四川宝兴邓池沟发现了大熊猫，它憨态可爱，性格平和，令全球动物爱好者着迷。成都斧头山的大熊猫基地在30余年之中，攻克了大熊猫圈养繁殖的一系列难关，让成都有了"熊猫之都"的美誉。

一直以来，许燎源对大熊猫特别钟爱，在他的诸多作品中也不乏大熊猫的身影——"金熊猫"文创设计奖奖杯、三星堆立面熊猫，还有成都大运会火炬。而他此次为金砖国家电影节设计的奖杯，颠覆了熊猫的传统造型方法，走向更加当代和抽象的艺术表达。

和其他电影节奖杯多为玻璃材质不同，熊猫奖奖杯材质是青铜。青铜其实也是四川元素，三星堆和金沙遗址都出土了不少青铜制品，说明早在古蜀国时期，青铜的冶炼技术就达到了相当高的水平。设计师许燎源希望用这种古老的青铜工艺，向外国友人传递巴蜀文化的丰富内涵。

作为金砖国家电影节的重要象征，熊猫奖奖杯以其独特的设计语言和深厚的文化底蕴，成为中外文化交流与互鉴的桥梁。它以熊猫为媒，使金砖国家之间的友谊与合作紧紧相连，也将悠闲舒适、友好包容的天府文化传递给世界。

　　成都水井坊博物馆是在全国重点文物保护单位——水井街酒坊遗址的原址上建立的非国有专题博物馆，位于成都市锦江区水井街 19 号。

　　1998 年，四川成都全兴集团有限公司在水井街老厂区改扩建过程中发现了老酒坊遗址。随后几年，由成都市文物考古队对水井街酒坊遗址进行保护性发掘，该遗址在 2000 年被评为"1999 年全国十大考古新发现"。2013 年，成都水井坊博物馆正式开馆。截至 2022 年末，成都水井坊博物馆占地面积 12148 平方米，展厅面积 10295 平方米，基本陈列分为酒史厅、遗址厅、技艺厅、品牌厅 4 个展厅。

　　博物馆藏品包括不可移动文物水井街酒坊遗址和可移动文物，其中以考古发掘出土文物为主，共计 446 件，其中陶器 35 件、瓷器 37 件、铜器 14 件、其他类别 360 件。特色文物为遗址出土的青花瓷质酒具、食具。

成都市锦江区
水井街 19 号

成都水井坊博物馆

芯智慧音乐博物馆

成都市双流区国芯大道 399 号 1 栋 1—4 层

芯智慧音乐博物馆是一家以钢琴等乐器为主题的非国有博物馆，位于成都市双流区国芯大道 399 号 1 栋 1—4 层。

芯智慧音乐博物馆占地近 8000 平方米，是一座融合音乐艺术与现代科技的新型文化地标。博物馆通过程序互动、3D 影像、全息剧场、数字场景还原等前沿科技手段，赋予音乐故事以鲜活的生命力，让观众仿佛穿越时空，与不同时代的音乐大师"对话"。此外，博物馆还提供沉浸式互动体验，观众可以近距离了解和体验各种乐器的魅力。

芯智慧音乐博物馆藏品包括来自世界各地的古董钢琴及其他古董乐器 300 余件，其中以新中国第一台国产钢琴、飞机钢琴、超级双子星钢琴等珍贵藏品最具特色。

　　成都市香水艺术博物馆是一家以香文化为主题的非国有博物馆，位于成都市都江堰市花木城博物馆集中片区。

　　香水艺术博物馆占地10亩（约6600平方米），博物馆基本陈列为4个板块：（一）中西香水藏品展示区；（二）中国香薰炉展示区；（三）珍稀香料展示区；（四）各个国家经典香水展示区。博物馆的使命是为了保护世界经典和传承东西方香文化，为游客提供全面深刻的香文化体验，感受香水的独特魅力，沉浸式体验充满香气的美好生活。

　　博物馆共有香水、香薰相关藏品共计1400余件（套）。

成都市都江堰市花木城博物馆集中片区

成都市香水艺术博物馆

成都许燎源现代设计艺术博物馆

成都市锦江区三圣街道红砂社区联合三组 303 号

　　成都许燎源现代设计艺术博物馆是国家二级博物馆、全国首家设计艺术类博物馆，位于成都市锦江区三圣街道红砂社区联合三组 303 号。

　　许燎源现代设计艺术博物馆坐落在成都 AAAA 级旅游景区三圣花乡，为"馆园一体"的博物馆，于 2007 年 9 月正式对外开放。目前园区总占地面积逾 15000 平方米，建筑面积 7453 平方米。馆内有树木 500 余株，绿化面积达到 80%。博物馆基本陈列包括现代设计艺术馆、当代艺术馆、青铜艺术馆、许燎源泛博物馆，此外还设有新艺术实验中心、朴素堂设计工作室、时尚生活体验馆、创造力发生器、研学餐厅以及创想库艺术商店。

　　博物馆藏品主要包含设计艺术家许燎源先生的物感主义综合艺术、绘画、不锈钢装置艺术、雕塑、陶瓷艺术、概念家具及包装设计代表作等，展出作品共计 500 余件（套）。特色藏品为三星堆博物馆联名款"青铜立人"、金砖国家电影节奖杯等。

工 业 文 明

Industrial Civilization

⊙ 1957 年，运 -5 首飞成功，这是我国自行制造的第一款运输机，30 年后，运 -5B 研制成功；

⊙ 初教 -6，中国首款自行研制的初级教练机，中国飞行员的『摇篮』；

⊙ 红旗 CA72，『中国第一车』，中国汽车工业的标志和里程碑；

⊙ 『双鸽牌』打字机，见证了汉字在现代化进程中一场极其艰难的『突围』；

⊙ 白酒蒸馏冷却器，酿出成千上万斤白酒，染香了古镇；

⊙ 1657 架高仿真民航客机模型，对应了现实中真实存在的 1657 架客机，一部民航飞行史的缩影；

⊙ 166 舰，中国自行研发建造的第一代驱逐舰代表作，也是该型号最后退役的一艘。

运-5B

我国自行制造的首款运输机

文 ｜ 奈荷

　　成都环球中心，亚洲最大的单体建筑，购物娱乐的"天堂"。有意思的是，这里还停放着多架古老的飞机，它们不是玩具，而是货真价实的战斗机、运输机、训练机。原来，这里藏着一个航空博物馆——成都立巢航空博物馆。

　　作为国内首家以航空为主题的民间博物馆，立巢航空博物馆开放于2019年。约5000平方米的展厅里，收藏了数千件航空实物、文献和模型，展陈以人类百年航空史为主线，辅以各种有趣的航空知识，让人沉浸其中。在这里，不仅可以近距离观摩飞机驾驶舱、发动机、黑匣子等，还可以体验一把模拟飞行。

　　博物馆门口，停着一架虎纹涂装的飞机，引得许多航空迷前来打卡，这就是被称为"一代神机"的运-5B运输机。这架飞机原本是经典的军绿色八一涂装，考虑到展示效果，博物馆为它换上了醒目的虎纹涂装。"运-5"谐音为"运虎"，寓意老飞机在这里焕发新生命。

　　这架运-5B诞生于1987年，由522厂（石家庄飞机制造公司）研制，机身长12.7米，最多载员12人，最大起重5.25吨，最大载重1.5吨，最大时速256千米，起飞距离150米，着陆滑

运 -5B 运输机谐音运虎，诞生于 1987 年，是中国生产量和保有量最大的机型之一

跑距离 170 米，能在草地上起降。良好的性能、便捷的操作、低廉的成本，使运 -5B 成为我国生产量和保有量最大的机型之一。

如此优秀的运 -5B，它的基因来自哪里？这就不得不追溯其"父系家族"——从安 -2 到运 -5。

1954 年，中国从苏联进口了一批安 -2 运输机，这款飞机结构简单，拥有封闭式的座舱，最多可携带 12 名乘客或不超过 1 吨的货物，能在泥地和森林空地起降，具有极高的通用功能，且维修方便。

新中国成立初期，百废待兴，机场老旧，安 -2 运输机不仅几乎可在中国所有机场起降，还能适应各种复杂地形。1956 年 4

月，南昌 320 厂（现洪都航空工业集团）开始仿制安 -2 运输机。当时正值第一个五年计划末期，航空工业已初具规模，仿制工作进展神速，仅仅两个月时间，就完成了技术资料的翻译；半年完成了全机样板 11352 块、型架和标准工装 143 项工艺装备的制造。

1957 年，运 -5 首飞成功，《人民日报》头版做了《我国航空工业新的重大成就——第一架多用途民用飞机诞生》的报道，举国振奋。该机是我国自行制造的第一款运输机，当时称为"丰收二号"，后正式命名为运输五型飞机，简称运 -5。

运 -5 机身采用全金属半硬壳结构，简单紧凑。机舱有一个发动机摇把，加上巨大的轰鸣声，被戏称为"空中拖拉机"。在特定季节，每个大型农场都能迎来一架"空中拖拉机"，以均匀的速度播洒农药。

20 世纪 70 年代初，运 -5 转到石家庄红星机械厂生产。1987 年，运 -5B 研制成功，同年 12 月试制成功，12 月 28 日完成首飞。1990 年投放市场。运 -5B 保留了运 -5 的总体布局，对飞机结构和设备做了改进，采用了抗腐蚀结构和新型任务设备，包括具有应急抛投能力的大型药箱（或水箱）、大流量风动泵等，飞行也更加安全稳定。

此后，运 -5B 不断升级，衍生出各种型号，并广泛运用到各个领域。2019 年，运 -5B 迎来"高光时刻"。在石家庄举办的国际通用航空博览会上，俄罗斯采购了 10 架运 -5B 飞机。这款来自 20 世纪 40 年代苏联安 -2 运输机的复制品，开始反向输出，用实力演绎了什么是"青出于蓝而胜于蓝"。

运 -5B 的进化远没有停止。随着我国物流业和通用航空业的发展，运 -5B 有了更大的舞台。2021 年，以运 -5B 为平台研制的无人机运 -5U 首飞成功，该机配备了先进的电传操纵系统，可执行物资投送、快递运输、灾情监控救护等任务。2023 年，具

立巢航空博物馆是航空爱好者的乐园

备察打一体功能的运 -5B 灭火型飞机推出，可载 4 枚 200 千克级灭火弹，单次灭火面积不低于 1200 平方米。

38 年前，运 -5B 首飞成功。如今，它仍在活跃在一线。数十年来，对运 -5B 的一次次升级，不仅反映了中国航空工业的发展历程，更体现了一代代航空人的智慧和勇气。

初教 -6

中国飞行员的"摇篮"

文 | 熊晓灼　莫　雷

　　成都立巢航空博物馆有一件明星藏品——初教 -6 飞机，中文名"雏鹰"。简洁的机身，蓝色的八一涂装，远远看去像一只灵巧的蜻蜓。这就是 20 世纪 50 年代中国自行研制的初级教练机。半个多世纪过去了，初教 -6 飞机总计飞行约 1000 万小时，从未出现一起因设计、制造质量问题引起的重大飞行事故，并在 1979年 12 月荣获中国国家金质奖章，成为我国第一个获此殊荣的机型。

　　教练机，顾名思义是训练飞行员的特殊机种，分为初级、中级和高级 3 种类型。初教 -6 的结构非常简单，只有高度表、速度表、罗盘、电台等最基本的设备，发动机功率也只有 260 马力，全机重量仅 1 吨，起飞重量不到 1.5 吨。操纵系统采用软硬混合形式，起落架可以在草地或土路起降，起飞滑距不到 300 米，着陆滑距也只有 350 米。总之，初教 -6 具备了一款初级教练机的最大美德——安全便捷、皮实耐造。

　　中国的飞行员培养有严格的流程。学员们先在航校接受初级教练机和中级教练机训练，航校毕业后到训练基地学习高级教练机课程，最后分配到战斗部队，在作战飞机上进一步提升专项技术。可以说，初教 -6 是中国飞行员的"摇篮"。绝大多数飞行员（包

数以万计的飞行员的职业生涯都是从初教-6上起步的

括航天员），无论是航天英雄杨利伟，还是"中国机长"刘传健，都是从初教-6开始飞行梦的。如今，为了满足三代机的实战化需求，中国飞行员培养已走上快车道，可从初教-6直接跳到新型高教-10，但初教-6仍不可或缺，它就像飞行领域的基础知识，永不过时。

作为中国空军初级教练机的主力机型，初教-6诞生于1958年，由320厂（现洪都航空工业集团）自行研制。在初教-6之前，中国空军使用的教练机为仿苏联雅克-18的初教-5。该机采用后三点式起落架，增加了学员从初级教练机改飞高级教练机的难度。鉴于此，国家决定研制新型初级教练机。

当时正处于"大跃进"运动期间，1958年5月，320厂组织了90多人的设计队伍。这是一个年轻的团队，平均年龄只有20多岁，干劲儿十足。他们计划用5个月时间完成施工图设计。经过全厂动员，昼夜加班，用2个星期完成初装，7个昼夜完成总装。最后，仅用了72天就完成了设计，并试制成功4架试验飞机。

简单、可靠的设计理念贯穿了初教-6全身。比如外壳采用全铝合金半硬壳结构设计，既保证了飞机强度，又减轻了重量；主起落架采用半摇臂式气动避震，并带有轮舱和舱盖，这种机身结构在不牺牲飞机性能的前提下，使飞机具有极强的环境适应性，能够适应简易跑道和初学者的"暴力"驾驶。

从1958年首飞至今，67年来，已累计生产交付的初教-6有3000多架，不仅为我国培训了数以万计的飞行员，还出口海外，甚至远销欧美。可靠的安全性，良好的操控性，低廉的维护费，使初教-6成为西方飞行爱好者追捧的珍品。

2001年，初教-6总设计师程不时应邀赴美参加"飞行大会"。这是中国飞机设计师第一次作为嘉宾应邀参会。大会开始时，初教-6爱好者们组织了几十架初教-6编队飞越会场，满头白发的程不时就坐在领队飞机上。

在国内，初教-6同样备受瞩目。2011年，中国空军专门组建了一支由初教-6组成的"天之翼"飞行表演队。2019年，初教-6飞机获得TC/PC证（以个人娱乐和飞行体验为目的型号合格证／生产许可证）。这标志着，中国第一个进行军转民的飞机型号——初教-6飞机正式进入国内民用航空市场。

2021年，在第13届中国国际航空航天博览会上，新版民用初教-6飞机正式发布。设计团队在保留了初教-6经典外形的同时，对内部进行了智能化改装，以前那种密密麻麻的仪表和按钮，都集成到一块液晶屏上，驾驶体验跟开汽车相差无几。这也是国内唯一一款可收放起落架，可进行倒飞、全筋斗特技飞行的小型通用飞机，同时还拥有优异的巡航性能和机动性能。

初教-6诞生于我国技术力量薄弱的艰苦时期，它的外表简单质朴，内核却异常强大，在中国航空工业史上写下了浓墨重彩的一笔。跨越半个多世纪，它仍是"教坛常青树"，且继续书写着不老的空中传奇。

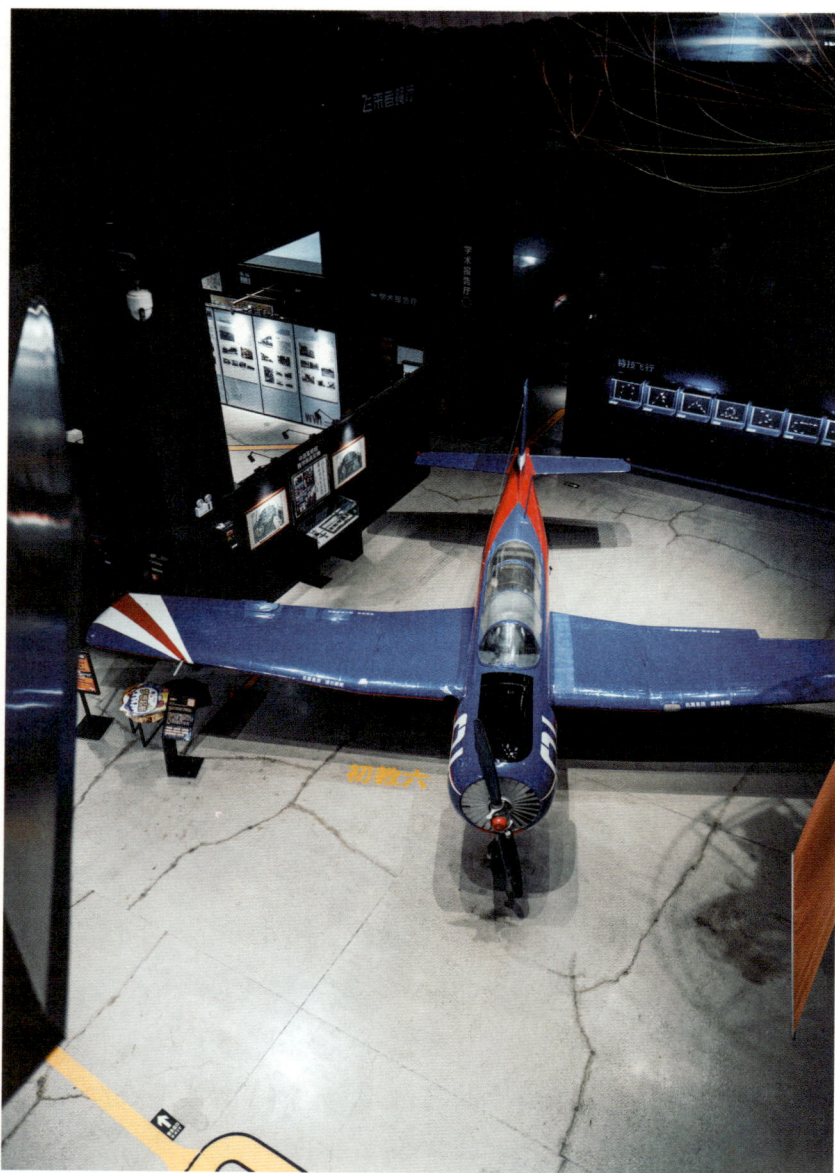

初教-6中文名为"雏鹰"，是训练飞行员的特殊机型

红旗 CA72

中国第一轿车

文 | 温月

1972 年 2 月 21 日，对太平洋彼岸那个神秘的东方大国所知甚少的美国人，通过卫星转播的电视，看到了一个令他们目瞪口呆的场面——美国总统理查德·尼克松和夫人，在北京的南苑机场，坐进了一辆他们从未见过的黑色高级轿车，而不是早已熟悉的凯迪拉克总统轿车！这对于出访必带本国特制座驾的美国总统来说，太不寻常了！

这款令亿万美国人好奇的黑色轿车，就是中国自主设计和制造的红旗 CA770 型高级轿车，其前身是红旗 CA72 轿车。今天，在成都三和老爷车博物馆里，我们还能观赏到 CA72 和 CA770 这两款红旗系列中的经典轿车。

CA72 是我国有编号的第一款红旗牌高级轿车，它的问世颇不寻常。

新中国成立初期，党和国家领导人的专车几乎都是从国民党军政部门缴获的战利品，多为美国制造的凯迪拉克、克莱斯勒和福特等。20 世纪 50 年代，制造中国人自己的轿车这一任务交给了共和国汽车工业的"长子"——第一汽车制造厂。

1958 年 5 月 12 日，中国第一辆自行设计和制造的轿车——

东风牌 CA71 小轿车在第一汽车制造厂问世。遗憾的是，东风 CA71 外形虽然漂亮，但体积较小，最高时速也不足，不符合中央领导人座驾和国家礼宾用车的标准。同年 8 月，为能在中华人民共和国成立 10 周年庆典上用上国产高级轿车，周恩来总理向一汽下达了研制任务。

一汽接到任务后，立即掀起了研制工作的热潮。几经斟酌，工厂最终以从吉林工业大学借来的一辆美国产克莱斯勒 C69 型高级轿车为蓝本，将其拆开，对每一个零件进行手工测绘，然后仿制。这辆车的动力系统和装备几乎与克莱斯勒一样，但在外形设计上却强化了中国风格。

红旗轿车制成后，一汽的设计师们在近一年的时间里精心打磨，进行了 5 次系统调试，终于推出了定样车，并将其正式编号为 CA72。红旗轿车虽是依照克莱斯勒 C69 型轿车设计的，但极富中国民族特色：车身硕大瘦长，通体黑色，庄重大方中更显雍容华贵；前脸格栅借鉴了中国传统的折扇扇面造型，优美雅致；后灯则为大红宫灯样式，别具一格。

红旗 CA72 头标采用流线型红旗立标设计，尾标为"红旗"二字，源自毛主席为 1958 年 5 月创刊的《红旗》杂志刊名题字。它的内饰亦富丽堂皇，透出浓郁的民族气息：仪表板采用福建"赤宝沙"大漆涂饰；方向盘采用长影美术师设计的"古车"图案，中间镶嵌纯金打造的葵花饰件；座椅则覆以杭州名产织锦缎；引擎乃是功率大，时速快，具有当时国际先进水平的 V 型 8 缸液冷发动机。

1959 年 10 月，10 辆崭新的红旗 CA72 高级轿车同时在首都国庆大典闪亮登场。"红旗招展"，气宇轩昂的"中国第一车"，以其独具一格的东方神韵和民族特色，引起国内外媒体的高度关注，轰动一时。

随后，中央领导人陆续换乘红旗轿车。1960 年，红旗 CA72 轿车被编入《世界汽车年鉴》，并参加了当年举办的德国莱比锡国际博览会。与西方汽车风格迥异的红旗轿车，以其颇具东方神韵的高端大气，令国际汽车业界耳目一新。意大利权威人士给予高度评价："'红旗'轿车是中国的'劳斯莱斯'。"红旗轿车亦跻身世界名车之列。1964 年，中华人民共和国成立 15 周年，红旗轿车成为接待来华参加庆典活动的外国政要的礼宾用车，此后被正式定为国家礼宾用车。

1965 年，一汽对红旗 CA72 实施全面升级，底盘、车身、发动机等全部进行重新设计。CA72 经过全新设计打造，改版为 CA770 豪华轿车，正式定型并立即投产，首批产量 20 辆。全新打造的红旗 CA770，其设计理念是提高整车性能，注重操纵的稳定性、可靠性和乘坐的舒适性，外观方面突破了 CA72"大、平、正、方"的观感，更加精致、协调和流畅。1966 年 4 月，20 辆红旗 CA770 三排座高级轿车送到北京，供周恩来总理、陈毅副总理等国家领导人正式乘用。

20 世纪六七十年代，是红旗轿车最为风光的时期。美国总统尼克松访华，竟破天荒未带走遍世界都不离的凯迪拉克总统专车，而是全程乘坐中国提供的红旗 CA770 轿车。电影《周恩来》中，尼克松前往中南海会见毛主席的桥段，就真实再现了这一情景。1965 年 9 月 22 日，柬埔寨国家元首西哈努克访问成都，乘坐的亦是专门从北京调来的红旗 CA770 敞篷轿车。红旗轿车的至尊地位由此可见。

红旗 CA72 轿车是中国汽车工业的标志和里程碑，由其升级的 CA770，堪称中国国产车的"王者"。CA72 与 CA770 如今更成为颇具收藏价值的车中珍品，在成都三和老爷车博物馆，人们依然能欣赏和品味它们昔日的风采与神韵。

三和老爷车博物馆的"镇馆之宝"是我国第一款自行设计的高级轿车红旗 CA72

红旗 CA72 车身颀长，通体黑色，因其精致兼具大气的风格曾引起国内外的高度关注

"双鸽牌"打字机

一场汉字的"突围"

文 │ 陆离

在许多国外影视作品中，都出现过这样一幕：一位作家端坐在桌子前，面前摆放着一台带有键盘的机器，手指在键盘上敲击发出"嗒嗒嗒"的声音，一个个英文字符随即跃然于纸上。这个机器对我们而言并不陌生，它就是打字机。但如果在打字机前面加上"中文"两个字，对于很多人来说，这场想象恐怕就会戛然而止，甚至令人疑窦丛生：历史上是否出现过"中文打字机"？如果有，它到底是怎样的？

成都市大邑县安仁古镇，便是可以解答这个疑问的地方。安仁古镇有着"中国博物馆小镇"之称，镇上可谓"卧虎藏龙"。洺轩汉字文化博物馆就是其中一家，它位于古镇老街，馆内收藏了许多 20 世纪制造的打字机，其中一台 1975 年上海打字机厂生产的"双鸽牌"打字机，是所有量产中文打字机中的"王牌"。

"双鸽牌"打字机主要由 3 个部分组成：一个四方形底座，上面放置着一块黑色的铅盘，铅盘上有密密麻麻的汉字，打字机需要"拾取"铅盘上的汉字，再将其打印在纸张上。铅盘上总共有 2450 个活字格，其中 2418 个为常用字，剩下 32 个是备用字，这些字格都可以单独替换。底座上方有一个横置的滚筒，滚筒主

大邑县洺轩汉字文化博物馆的"镇馆之宝"——"双鸽牌"中文打字机，是新中国成立以来第一款国产中文打字机

打字机的滚筒上还刊登着生产厂家"上海打字机厂"的电话和电报

要用于固定纸张，滚筒右侧的拨扭可以调节行距。滚筒的正面连接着一个可以滑动的控制中枢，通过控制中枢可以调整打字方向、字距，并实现打字、画线、空格等操作。

中文打字机的诞生与发展，见证了汉字在现代化进程中一场极其艰难的"突围"，其背后的故事耐人寻味。世界上第一台打字机诞生于19世纪初期，1968年，美国人克里斯托夫·肖尔斯发明了沿用至今的QWERTY键盘布局，打字机的设计得到显著改进。随后的10年，经由美国雷明顿、安德伍德等打字机公司的推广和改造，打字机逐步走向非英语国家，将全世界几乎所有文字书写形式都纳入了西方打字技术的范畴。但是，有一个西方始终无法攻克的市场，那就是中国。因为汉字是全世界使用范围最广的非字母文字，仅常用字就超过3500个。

美国的工程师发现，无论怎么尝试都无法通过改造键盘来解决中文打字的难题。基于此，西方一些学者下了论断："不存在中文打字机。"1900年，美国《旧金山观察报》刊登了一幅漫画，漫画里虚构的"中文打字机"异常庞大，长3.66米，上面有5000个按钮，需要5个打字员同时操作。

汉字在当时面临着两难的困境：中国如果没有国际上承认并流通的打字机，就等于自绝于现代化的语言体系；但如果用汉字去模仿字母文字，那无异于让汉字失去灵魂。胡适就曾在一篇文章中写道："打字机为文字而造，非文字为打字机而造者也。以不能作打字机之故，而遂欲废文字，其愚真出凿趾适履者之上千万倍矣。"

另一些中国工程师，则下决心要制造出可供中国人使用的打字机。1913年，留德归国的留学生周厚坤成功研制出中国第一台铅版打字机；1919年，上海商务印书馆的工程师舒震东对周厚坤的打字机进行改造后，制造出中国第一台有实用价值的中文打字机（称为舒式打字机）。舒式打字机使用了拾字板键盘，将常用的汉字排在中间以便拾取，并提供了相应的字表，成为中国第一种量产的机械中文打字机。1926 年，舒式打字机在费城世界博览会上亮相。

此外，在中文打字机的历史上还有一个不得不提的知名人物，那就是作家林语堂。1947 年，历经 10 余年的研究，林语堂发明了"明快打字机"。这是全世界第一台具备打字机键盘的中文打字机，林语堂为了这项发明投入了大量精力和物力，甚至欠下巨债。"明快打字机"通过自创的"上下形检字法"原理，将打字过程转化为搜索过程，从根本上改变了机械书写的运作方式，这个创举与如今"输入法"的原理如出一辙。可惜的是，尽管"明快打字机"的演示大获成功，但由于当时的中国正值解放战争时期，美国制造商对中文打字机的市场前景顾虑重重，"明快打字机"最终没有获得商业量产的机会，唯一一台原型机也遗失了。

新中国成立后，一位名叫张继英的打字员通过改变打字机键盘的排列方式，发明了十八盘拣字法，大大提高了中文打字的速度；1958 年，上海经产业优化将多个小型打字机工厂合并组建成上海打字机厂，"双鸽牌"打字机是其主要产品，它代表着计算机时代来临前中文打字机最后的辉煌。今天，在一个全面信息化的时代，越来越多的外国人开始学习汉语，汉字的活力与国际地位远远超过百年前中国人的想象。通过这台中文打字机，一个世纪以来，众多前辈披荆斩棘，为汉字传承呕心沥血的故事仍旧历历在目。

蒸馏冷却器

见证沱江古镇的白酒时光

文 ｜ 冯荣光

简阳石桥镇是沱江边上的一个水陆码头，明清时期水路上通金堂，下达内江、泸州，陆路则四通八达，车水马龙。石桥镇民间有 16 家白酒烧酒作坊，这类民间酒坊在沱江流域、东大路沿线星罗棋布，有古镇的地方，往往就有酒厂。

简阳酒厂便是石桥镇 16 家酒坊中的一员，成立于 1951 年，前身是简阳县专卖局第一实验厂、四川省专卖公司简阳县国营酿酒厂，1977 年更名为四川省简阳酒厂。简阳酒厂当年生产的白酒"尽春意"，曲酒"阳安曲酒""柳溪大曲"等驰名沱江流域和东大路沿线城镇乡村，因价廉物美而颇受欢迎。

简阳酒厂博物馆位于石桥街道新街 200 号沱江河畔老码头，一件件旧物，记录了酒厂与古镇相伴而生的时光，馆中还陈列着一件 20 世纪 70 年代的白酒蒸馏冷却器，别看这套装置貌不惊人，甚至有些"土气"，当年却是简阳酒厂功勋级"宝贝"，也是博物馆的"镇馆之宝"。

白酒蒸馏冷却器全手工打制，由 42 根冷却管组成，上帽盖三角形"云盘"连接甑桶导气管，下面连接酒液承接盘，酒液承接盘通过底部出酒管出酒；冷却器用四方形木架固定，冷却管、

1975 年制作、使用时长高达 40 余年的白酒蒸馏冷却器

帽盖、承接盘的材料均是锡材；锡板按事先设计的尺寸，再用手工钢剪进行剪裁；裁剪的冷却管锡条经锡匠师傅手工敲打成 138 厘米长、微呈弓形的圆筒管子，再用火烙铁对锡管缝隙进行焊接；最后，将云盘、承接盘和冷却管进行组装。这套白酒蒸馏冷却器在简阳酒厂投入使用了 40 余年，后来因设备老化"光荣退休"。如今作为酒厂工业遗产文物，陈列在博物馆内供人参观。

在中国白酒史上，白酒蒸馏冷却器和甑桶被称为两项重要发明。中国制酒历史源远流长，品种繁多。3000 多年前的商周时代，中国人独创酒曲复式发酵法，开始大量酿制黄酒。黄酒是含酒精量较低的米酒，颜色发黄，故名。古典小说名著《水浒传》中梁山好汉"大碗斟酒，大块切肉"，喝的就是这类低度黄酒。

元代，中国人发明了白酒蒸馏法，从此，白酒成为国人饮用的主要酒类。白酒用粮谷作为原料，以大曲、小曲、麸曲等为糖化发酵剂，采用固态发酵法工艺和蒸馏冷却法得到基酒，再经陈酿，勾调出度数不同、口感不同的白酒。元朝诗人朱德润在《轧赖机酒赋》中，描述了当时的蒸馏方法："观其酿器局钥之机，酒候温凉之殊，甑一器而两圈，铠外环而中洼。中实以酒，仍合之无余。少焉火炽既盛，鼎沸为汤。包混沌于郁蒸发，鼓元气于中央。熏陶渐渍，凝结为炀。瀩浮若云蒸而雨滴，霏微如雾而露瀼。中涵既竭于连爉，顶溜咸濡于四旁。乃泻之以金盘，盛之以瑶樽。"元代起，我国酿酒技术进入蒸馏酒的阶段，到明清时期技术已经十分成熟。蒸馏酒成为民间酒坊的传统生产方式，当时主要采用天锅蒸馏冷却器，天锅架在甑桶上方，锅内装冷却水。天锅的锅底尖部有一个酒液引流导管连接酒盘，将酒液引流出甑桶外。

天锅蒸馏冷却器操作比较复杂，出酒率低。1950 年，白酒生产进行了重大技术改革，在酒业全面推广白酒蒸馏冷却器，才逐步淘汰延续了数百年的天锅蒸馏冷却器。白酒蒸馏冷却器大大优于天锅蒸馏冷却器，主要在于将甑桶与冷却器进行"分体"，就是将甑桶与冷却器分离开来，两者之间通过导流管连接。从甑桶经过导流管传送过来的蒸馏气露，导入冷却器"冷处理"后，转化为白酒酒液，即基酒。

酿酒是一个复杂的过程，中国的白酒主要是粮食酒。在粮食经过糖化、发酵后，蒸馏是一个至关重要的步骤，它能够将发酵产生的液体分离成不同酒精含量的液体，从而得到所需的酒。白酒蒸馏冷却器能够保持酒液在适宜的温度范围内，避免因温度过高或过低而影响酒的品质。通过有效的冷却，可以提高蒸馏过程的效率，减少能耗，同时保证酒液的纯净度和口感。

这件白酒蒸馏冷却器，酿出了成千上万斤白酒，染香了古镇。沱江沿线的古镇上为数众多的酒厂，曾与百姓的生活密切相关，为婚寿、节庆、孩子满月等活动摆设的酒宴，让亲朋好友欢聚一堂，把酒言欢。

1657 架客机模型

一部民航飞行史

文 ｜ 郑咚咚

　　成都立巢航空博物馆第五展厅中有一排别致的玻璃柜，里面静置着 1657 架比例为 1 ∶ 400 的高仿真民航客机模型，它们对应了真实存在的 1657 架客机。如荷兰皇家航空百年历史中运营过的机型、全球最大航司美国航空 1930 年创立以来各时期的飞机、川航英雄机组驾驶的空客 A319 飞机、苏联超音速客机等。

　　高仿真飞机模型发端于 20 世纪初，近年随着材料、加工水平的进步，用料愈加考究，工艺愈加精良。模型材质多采用合金、塑料、橡胶，严格按现实中的真机缩比制作，从涂装、舷窗、舱门，到天线、机轮、叶片等各个细节，完全对应真实飞机，力求准确复现真机的实际状态，精准度与一般的玩具有着天壤之别。

　　这 1657 架飞机模型，直观地反映出民航业自 20 世纪 20 年代以来的百年历程，再现了航司、机型的传奇故事，激发观众对航空的想象和热情。而实际上，这些藏品本身，就来自一位航空爱好者的一腔热爱。

　　有一位四川西昌的航空爱好者，从小喜欢看飞机。长大后，他热衷于收藏高仿真飞机模型，博物馆里的这些品类齐全的飞机模型，是他用 10 余年时间，多方收集而来的。同时，他还为每

立巢航空博物馆收藏的 1657 架客机模型，反映了中国民航业的百年历程

架飞机都建了档案。随着藏品的日益累积，本不算宽敞的住房逐渐被填满。家里的展柜，每次只能展览数百架飞机模型，不得不每 3 个月换一批。

由于收藏量太大，为生活带来困扰，这些飞机模型差点在二手平台被卖掉，直到立巢航空博物馆成立，才有了合适的去处。最初，收藏者打算一次性打包卖给博物馆，后经过商量，改为博物馆租借其藏品，当租借费用达到购买成本后，即全部捐赠给博物馆。

博物馆工作人员回忆起这些模型初来时的场景：带着收藏盒的模型堆满了房间，团队用了 2 个月才整理出来。展陈布置好之后，收藏者感叹道："原来所有的模型展出来是这样！"飞机模型就这样找到了圆满的归宿。也许某一天，它们会在另一位观众心中

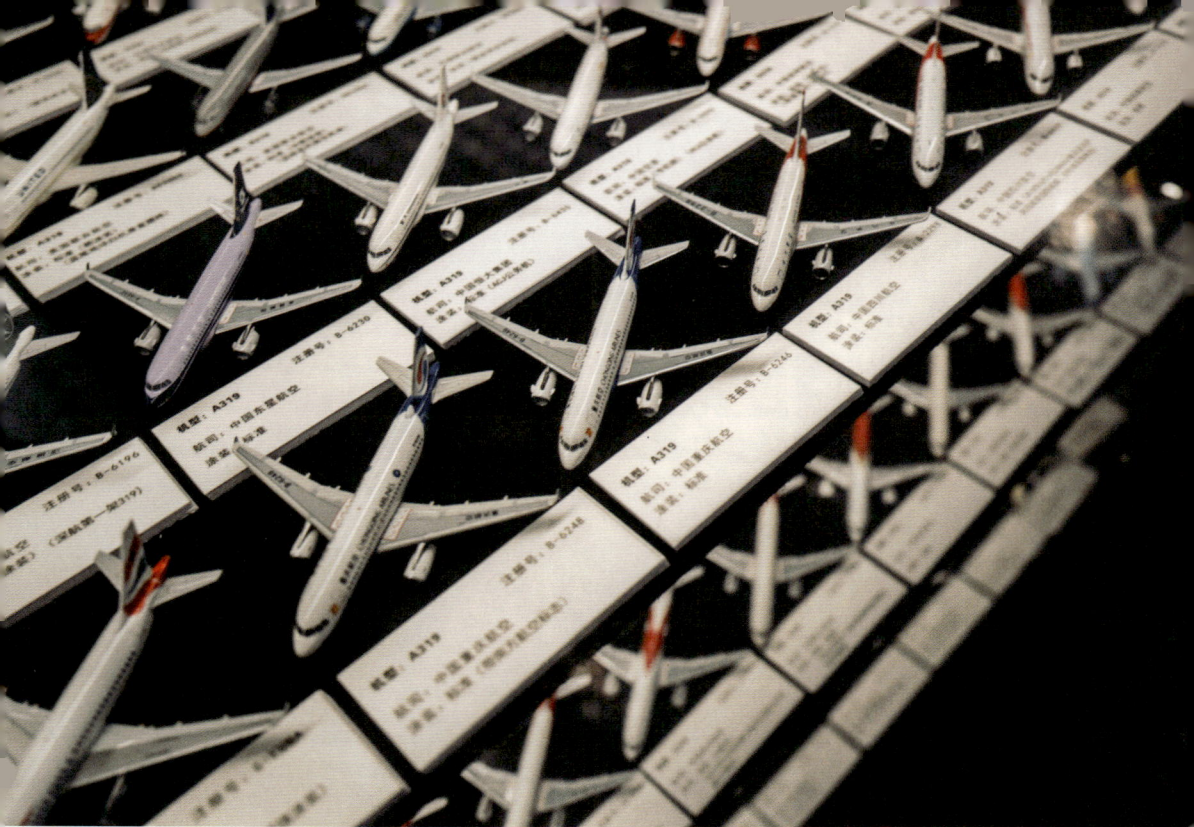

相同型号的飞机模型，也会因航司、涂装的区别呈现出不同的面貌

种下"航空梦"的种子。

后来另一位观众在这些模型前逗留了 5 小时，一架一架地欣赏。第二天，他将自己收藏的一架飞机模型捐给了博物馆，连姓名都没留下。从严格意义上讲，这里陈列着 1658 架民航客机模型。这些飞机模型，每一架都有自己的故事，但有几架特别值得关注。

一是周总理的伊尔专机模型。20 世纪五六十年代，中国没有远程飞机，国家领导人出访，都是租借外国航空公司的飞机。1957 年，苏联赠送一架伊尔 -14 飞机给周总理做专机。经历多年飞行退役后，这架专机现停放在天津周总理邓颖超纪念馆里。后来，我国从苏联购买了一架性能更好的伊尔 -18 飞机。1972 年尼克松访华，周总理陪同尼克松赴杭州，乘坐的就是伊尔 -18 专机。周总理一生乘坐最多的就是伊尔 -14 和伊尔 -18 飞机。

另一架是川航 3U8633 英雄机组的飞机模型。2018 年 5 月 14 日，该航班在重庆飞往拉萨的 9800 米高空，驾驶舱右侧玻璃脱落，机组临危不乱，成功处置了世界级航空险情。2019 年，这一史诗级事件被改编成电影《中国机长》，震撼了无数人。如今，在博物馆里，仿真模型以另一种方式，讲述着英雄机组的故事。

　　还有世界上"唯二"的超音速客机：苏联研制的图 -144，其外形像一只蓄势待发的游隼。1968 年，图 -144 首飞，速度可达 2 马赫，从纽约飞巴黎仅需 3.5 小时。1977 年，图 -144 在莫斯科至阿拉木图航线载客飞行。超音速客机是人类追求飞行速度极限的一个缩影。在民航史上，仅有两款超音速客机投入商业营运：英法合产的协和飞机和苏联的图 -144。超音速客机虽然采用了当时最先进的技术，但一直因安全、成本、环境等问题饱受争议，最终无奈退出历史舞台。

　　民航客机是离普通人最近的机种。当 1000 多架客机出现在面前时，最大的感受是震撼。千百年来，人类一直在探寻飞行的奥秘，从热气球、双翼飞机、喷气式飞机到超音速飞机，一代代航空器的进化，将七大洲紧密联系在一起，也将人类波澜壮阔的追梦之旅，延伸到地球的每个角落。

珠海号驱逐舰

从海疆英雄到传奇藏品

文丨吴志维

在中国辽阔的海岸线上，每一艘军舰都承载着一段辉煌的历史，而166舰——珠海舰，无疑是其中最为耀眼的篇章之一。这艘曾经驰骋在浩瀚太平洋上的战舰，如今已光荣退役，静静地停泊于四川省建川博物馆位于重庆的海疆博物馆中，成为一段传奇的见证者。舰长132米，宽12.8米，满载排水量达到3670吨，在舰体的显眼位置，舷号"166"赫然在目，它不仅是这艘战舰的身份标签，更是其无数次出征、守护海疆的荣耀印记。

站在长江边放眼望去，夕阳的金色光辉温柔地包裹着它那经过岁月洗礼的银灰色舰体。舰首尖锐如剑，直指前方，高耸的桅杆上，各种雷达与通信设备错落有致。主炮巍峨地矗立在舰首，不远处，防空导弹系统随时准备迎击来自空中的威胁。这座军舰虽已退役，却依然霸气十足。

时光回溯到1987年，那是一个中国海军蓬勃发展的年代。随着国际局势的变化和国家安全战略的需求，中国海军急需更新换代，以提升远洋航行和作战能力。正是在这样的背景下，166舰应运而生。这艘051型驱逐舰于1987年10月31日在大连造船厂开工建造，历时4年的精心打造，于1991年11月21日交付南海舰队，被命名为"珠海舰"，舷号166。

166舰的诞生，标志着中国海军在驱逐舰建造领域取得了重要突破。它不仅是中国自行研发建造的第一代驱逐舰的代表作，更是该型驱逐舰中最后退役的一艘，承载着中国海军从无到有、从小到大的壮丽历程。从下水的那一刻起，166舰便肩负着维护国家海洋权益、展示中国海军风采的重任，踏上了它的荣耀之旅。

1997年春天，对于166舰来说是一个永远值得铭记的季节。这一年，中国海军首次派舰出访美洲四国，而166舰正是这次历史性远航的成员之一。自2月20日起，由112号导弹驱逐舰、166号导弹驱逐舰和南运953号综合补给舰组成的舰艇编队，在王永国将军的率领下，踏上了跨越太平洋的征途。

这次远航历时98天，跨越了2.4万余海里，编队不仅成功横渡太平洋，首次抵达美国本土，还完成了环太平洋航行。在航行过程中，编队经历了连续15天的九级以上大风浪考验，数千吨排水量的导弹驱逐舰在滔滔浪潮中艰难前进，成功完成了访问任务。1997年，166舰横跨太平洋，历史性地访问了美国、墨西哥、秘鲁和智利4国的5个港口，开创了我国海军主战舰艇首次横跨太平洋的纪录。此次访问创造了出访时间最长、航程最远、出访国家和港口最多、出访人员最多等多项纪录。

在访问美洲4国期间，166舰以其威武的舰容、精良的装备和严整的军容风纪赢得了各国军政官员和民众的广泛赞誉。特别是在美国夏威夷和圣地亚哥的访问中，增进了中美两国海军之间的友谊与合作。

时光荏苒，转眼间已到了2020年。这一年，服役了近30年的166舰正式宣布退役。然而，它的使命并未因此结束。相反，这艘功勋卓著的战舰被赠予了四川省建川博物馆，这一决定不仅是对166舰历史价值的认可，更是对其在中国海军发展史上重要

166舰是中国自行研发建造的第一代驱逐舰代表作，现藏于四川省建川博物馆分馆重庆海疆博物馆

1997 年，166 舰横跨太平洋，历史性地访问美国、墨西哥、秘鲁和智利 4 国 5 港，开创了我国海军主战舰艇首次横跨太平洋的历史

地位的肯定。

退役后的 166 舰，需要从广东湛江被运往重庆。长江航道狭窄、桥梁众多，加之 166 舰体积庞大，吃水深，整个拖运过程极为复杂。2020 年 8 月 28 日，166 舰从湛江出发，经过黄海进入江苏锚地短暂休整后，继续前行进入长江航段，在通过三峡大坝时，由于缆绳无法完全固定，需要反复移动船位。经过近一个月的艰难拖运，166 舰终于于 10 月 23 日成功抵达重庆南岸东港明月沱码头进行休整。

抵达重庆后，专业团队开始对 166 舰进行全面的整修和改造工作，不仅修补了螺旋桨、发动机等关键部件，还改造了甲板武器装备和舷梯等设施，并加装护栏和夜景灯饰等安全设施。经过精心打造后，166 舰陈列展于 2021 年 6 月 27 日正式对外开放。这艘承载着无数荣耀与记忆的军舰虽已退役，但它所代表的中国海军精神却永远不会消逝，它也展示了中国海军官兵的坚韧意志与卓越能力。

　　成都立巢航空博物馆是国家二级博物馆，以展示航空器及其部件为主题的非国有博物馆，位于全球最大的单体建筑——环球中心之内。

　　立巢航空博物馆室内外面积约5000平方米，分上下两层陈列展览区，设有航空科技与历史综合馆及多媒体学术报告厅、模拟飞行厅、航空主题餐厅、航空衍生品商店、航空科普培训中心等功能性区域。基本陈列以"航空科技"为主题，分为"飞行从梦想到成功""飞行器的奥秘""那些先驱者""飞机与战争""航空与生活""飞向未来"6个展陈单位，运用金属、木材、玻璃、亚克力等复合材料，配以复古海报、影视媒介展现航空发展历程。

　　博物馆藏品以航空飞行器及其部件为主。核心展品包括歼教-5、PT-17、Bell 47G、赛斯纳-172、初教-6、运-5B、解放-5、冯如2号、波音C、P-51、Piper-J3、S.E.5a等退役真机或1：1的复刻品，以真机、发动机、材料零部件最具特色。

成都市天府大道北段
1700号环球中心

成都立巢航空博物馆

成都三和老爷车博物馆

成都市高新区机场路新加坡工业园区新园南一路 2 号

　　成都三和老爷车博物馆是国家二级博物馆，国内"馆藏级"经典车数量最多、配套设施和服务功能最为完备的汽车专题非国有博物馆，位于成都市高新区机场路新加坡工业园区新园南一路 2 号。

　　三和老爷车博物馆是根据汽车历史发展顺序，以各个重要时代诞生的经典老爷车为主进行陈列，分为一、二、三号 3 个主要陈列馆以及复古文化街、藏书馆、汽车轶事馆，总展览面积约 15725 平方米。其中，一号展厅位于博物馆 1 层，是博物馆的主展馆，场馆面积 2600 平方米，根据汽车历史发展顺序，内设汽车起源、汽车名人堂、黄铜时期、定制车身、GT 跑车、黄金年代和红旗经典车 7 个主题展区，展示各个重要时代诞生的经典老爷车。

　　博物馆目前有包括老爷车、汽车零配件和与汽车有关的油画、海报、图书、艺术收藏品等藏品 10000 余件（套），特色藏品为各类老爷车，数量近 300 辆。

　　大邑县洺轩汉字文化博物馆是一家以汉字文化教育为主题的非国有博物馆，位于成都市大邑县安仁镇迎宾路二段482号。

　　洺轩汉字文化博物馆于2021年正式开放，以老式中文打字机、汉字字模等近现代文印老物件的收藏品作为主要展品，开启汉字文化的博览、教育与研究，旨在打造成都民间汉字科普教育产业微生态。博物馆展馆面积790平方米，房屋建筑为2层，展览分为开启篇、思考篇和传播篇3个展厅，构成了基本陈列布局。开启篇设在1层，展品的展示述说着文化之大从何说起；思考篇设在2层，以"字"的形态展示中外文老物件，意在引导参观者对中西方文化的对比而形成思考；传播篇设在1层，展示藏品记载的历史时期文化传播方式及渊源。

　　博物馆藏品数量共计1320件（套）。

成都市大邑县安仁镇迎宾路二段482号

大邑县洺轩汉字文化博物馆

简阳酒厂博物馆

简阳市石桥街道新街

　　简阳酒厂博物馆是一家以展示简阳发展变化、反映石桥古镇历史文化变迁为主题的非国有博物馆，位于简阳市石桥街道新街。

　　简阳酒厂博物馆建筑面积 720 平方米，是原国营简阳酒厂 20 世纪 70 年代的仓库。博物馆于 2022 年正式对外开放，基本陈列分为 4 个展区。（一）酒厂历史展区：展品有酒类商标、书籍、书信、票据、办公用品、酒曲、瓶装酒、酿酒工具、盛酒容器等；（二）时代见证展区：展品有老木椅、茶几、木制量具、老旧工具、木制土青瓦模具、家用制鞋工具、老家电等；（三）红色文化展区：展品有老红军书信、对越自卫反击战军装、作战纪念章、照片等；（四）艺海拾贝展区：展品有奇石、根雕、字画、古书籍、现代工艺品等。

　　博物馆共有藏品 1800 余件（套），以在原国营简阳酒厂连续使用 40 余年的白酒蒸馏冷却器最具特色。